◎ 前 言

　　每个数学家都是一座丰碑，留给后世的不仅仅只有数学成就上绚烂的光芒，他们的个人成长经历及生活中的点点滴滴，那些执着、努力的付出，才是现在年轻人更应该知道和了解的。并且，无论是国内的数学家还是国外的数学家，只要是具有正能量的都是值得我们去挖掘并分享给学生的。

　　一粒米看大千世界，一叶舟看历史长河。课程思政挖掘的是数学深层的一些本质核心内容，虽然表面是数学符号或者数学公式，但其中凝结着对人生的感悟，对世界的看法，从而使得学生在对数学家人生观、世界观有所感悟的同时，真正感受到为人类奉献一生的数学家的高尚的价值观。

　　本书挖掘的重点立足于以下两方面：对于国内数学家，在介绍其个人成长经历的同时，更重视介绍其突出成果及贡献，增强学生的爱国热情和民族自豪感。对于国外数学家，重点放在其个人成长中正能量的元素，突出其人生观、世界观及价值观中对学生有启示的方面。

　　本书是在中国高等教育学会理科教育专业委员会重点项目（编号：21ZSLKJYZD03）、中国高等教育学会教育数学专业委员会的重点项目"大学与高中数学衔接及大学先修课的实践研究"，及高等学校大学数学教学研究与发展中心项目（编号：CMC20220108）的支持下完成的。本书能够顺利出版，要特别感谢哈尔滨工业大学数学学院老师提出的宝贵意见。谨以此书向哈尔滨工业大学数学学院已故教师吴从炘先生、杨克邵、刘锐、李冬松、高广宏老师致敬。在"从炘"精神指引下，一代又一代"哈工大数学人"肩负使命，披荆斩棘，砥砺前行。

　　由于时间仓促，书中如有不妥之处，诚挚欢迎批评指正。

作　者
2022 年 10 月

数学家的故事
——课程思政篇

尹逊波　任雪昆　编著

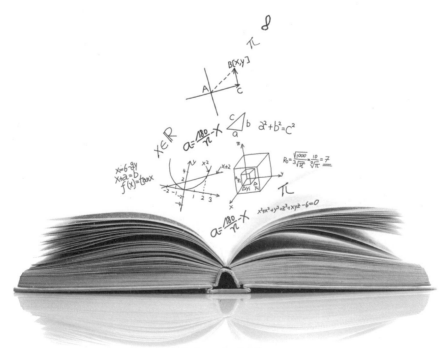

哈尔滨工业大学出版社
HARBIN INSTITUTE OF TECHNOLOGY PRESS

内 容 简 介

本书用简洁的文字介绍了 50 位数学家的主要经历、学术成就、治学态度和治学方法。其中,包括 29 位中国的数学家和 21 位国外数学史上有代表性的数学家。本书挖掘的重点立足于以下两方面:对于国内数学家,在介绍其个人成长经历的同时,更重视介绍其突出成果及贡献,增强学生的爱国热情和民族自豪感。对于国外数学家,重点放在其个人成长中正能量的元素,突出其人生观、世界观及价值观中对学生有启示的方面。

本书特色在于融入近几年课程思政、数学文化及新工科教学改革的相关成果,既有深度,又有广度和温度。本书是数学学习的补充读物,也是数学思政的参考书。既可以供大中小学学校师生参考,又可供广大数学爱好者阅读。

图书在版编目(CIP)数据

数学家的故事.课程思政篇/尹逊波,任雪昆编著.
—哈尔滨:哈尔滨工业大学出版社,2023.3
ISBN 978 - 7 - 5767 - 0664 - 2

Ⅰ.①数⋯ Ⅱ.①尹⋯②任⋯ Ⅲ.①数学家-生平事迹-世界 Ⅳ.①K816.11

中国国家版本馆 CIP 数据核字(2023)第 032650 号

SHUXUEJIA DE GUSHI——KECHENG SIZHENG PIAN

策划编辑 刘培杰 张永芹
责任编辑 聂兆慈
封面设计 孙茵艾
出版发行 哈尔滨工业大学出版社
社　　址 哈尔滨市南岗区复华四道街 10 号　邮编 150006
传　　真 0451 - 86414749
网　　址 http://hitpress.hit.edu.cn
印　　刷 哈尔滨市石桥印务有限公司
开　　本 787 mm×1 092 mm　1/16　印张 14.75　字数 286 千字
版　　次 2023 年 3 月第 1 版　2023 年 3 月第 1 次印刷
书　　号 ISBN 978 - 7 - 5767 - 0664 - 2
定　　价 48.00 元

第一篇

中国古代数学家

1. 赵爽

赵爽

赵爽(约182—250)，又名婴，字君卿，东汉末至三国时代吴国人。他是我国历史上著名的数学家与天文学家。他的主要贡献是在约222年深入研究了《周髀》，该书是我国最古老的天文学著作，唐初改名为《周髀算经》。赵爽为该书写了序言并做了详细注释。该书简明扼要地总结出中国古代勾股算术的深奥原理，详细解释了勾股定理，将勾股定理表述为："勾股各自乘，并之，为弦实。开方除之，即弦。"其中一段530余字的"勾股圆方图"注文是数学史上极有价值的文献。"勾股圆方图"以弦为边长得到的正方形是由4个全等的直角三角形再加上中间的一个小正方形组成，如图1所示。

利用此图可以给出"勾股定理"的证明

$$c^2 = (a-b)^2 + 4(\frac{1}{2}ab) = a^2 - 2ab + b^2 + 2ab$$

所以

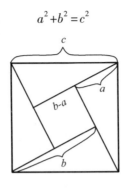

$$a^2 + b^2 = c^2$$

图1

证法的基本思想:图形经过割补后,面积不变,这就是中国古代数学中重要的面积"出入相补"原理,是我国古代数学的特色之一。

赵爽在其有关注文中,还得出与韦达定理类似的结果,进一步研究了二次方程等问题,并得出了一个关于二次方程求根的公式,进一步证明了勾股形三边及其之间和差关系的二十四个有关命题。

评论:无论是在自然世界还是在人类社会中,一切客观事物都处于运动变化之中。在这一过程中,即便事物的有些性质能够保持相对稳定而不改变,但事物大多数性质一定会改变。这就是我们哲学中通常所说的"变中有不变,变与不变有机统一"。在论证"勾股定理"时,赵爽严格而巧妙地通过割补图形,使得形体虽殊异,但数量仍相同,图形的总面积保持不变。这就是说,在事物变化之时,事物同时保持相对的稳定性,数学家们必须善于抓住事物的"变中有不变"的特性。

结语:在相当长的历史时期内,中国数学处于世界数学的领先地位。数学之所以被广泛应用,是因为数学是研究数量关系与空间形式的科学。中国传统数学的体系是应用数学体系;中国传统数学是以实用为目的的,理论密切联系实际,一直注重将成果广泛应用于社会生产生活,其内容多来自生产生活实践。这都极大地推动了中国传统数学的发展,并且使得中国传统数学取得了诸多令世界瞩目的成就。在中国传统数学的熏陶之下,赵爽也在《周髀算经》的注文中充分说明了他的数学实用思想,论证了数学应用的价值及其广泛性。

恩格斯也曾深刻指出,数学是从人们的现实生活生产需要中产生出来的,是从计算时间、测量容积、丈量土地、制造器皿等实践中形成的。

2. 刘徽

刘徽

1. 极限的思想——割圆术

刘徽(约 225—295),魏晋时期中国最伟大的数学家,在中国数学史上做出了极大的贡献,他的杰作《九章算术注》和《海岛算经》是中国最宝贵的数学遗产。

刘徽创造了用"割圆术"来计算圆周率的方法,从而开创了我国数学发展中圆周率研究的新纪元。其中提出的"割之弥细,所失弥少,割之又割以至于不可割,则与圆合体而无所失矣",这可视为中国古代极限观念的佳作。他从圆的内接正 6 边形算起,依次将边数加倍,一直算到内接正 192 边形的面积,从而得到圆周率的近似值为 $\frac{157}{50}$ = 3.14,后人为了纪念刘徽,称这个数值为"徽

5

率"。以后他又算到圆内接正3 072边形的面积,从而得到圆周率的近似值为$\frac{3\ 927}{1\ 250}=3.141\ 6$。外国关于$\pi$是3.141 6的最早记载是印度的阿利耶毗陀(Aryabhato),但比刘徽晚二百多年,比祖冲之晚半个世纪。《海岛算经》一书中,刘徽精心选编了九个测量问题,这些题目的创造性、复杂性和代表性,都为西方所瞩目。刘徽思维敏捷,方法灵活,既提倡推理又主张直观。他是我国最早明确主张用逻辑推理的方式来论证数学命题的人。

评论:现如今,国内多数《高等数学》的教材中在介绍极限思想的时候一定都会提到刘徽割圆术,这也是最早最直观地体现极限思想的例子,体现了我国古代数学家的智慧。

2. 古典数学理论奠基人

刘徽是我国古典数学理论的奠基人之一,他的著作堪称中国传统数学理论的精华。刘徽研究了曲体体积的求法。他指出,在一立方体中作两内切圆柱体,其交叉部分形成的特异曲体(牟合方盖(图2))体积的确定乃是求曲体体积的关键。经过周密的思考,他未能解决问题,他采取了严肃的态度,决定把它留给后人。他说:"敢下阙疑,以待能言者。"刘徽的敏锐观察被继承下来,到5世纪时,终于被祖暅完满地解决了,祖暅获得了一个普遍原理:"幂势既同,则积不容异。"后世称为祖暅原理,即:两等高立体,若在每一等高处的截面积都相等,则两立体体积相等。

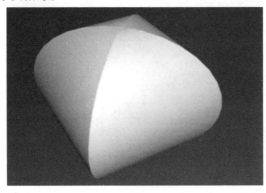

图2　牟合方盖

刘徽在《九章算术注》中对二元一次方程组创立了互乘相消法,在"盈不足"章的注释中建立了一个等差级数,刘徽还推广了陈子的测日法,撰写了《重差》和《九章重差图》,其内容是对汉代天文学家测量太阳高度和距离方法的论述,是运用几何知识测量远处目标的高、远、深、广的数学著作。唐初时,《九章重差图》失传,现仅存《重差》一册卷。因其所论第一标题是测量海岛的高度和距离等问题,所以又名《海岛算经》。

评论:实事求是地提出问题,留待后人去解决,表现出了一位杰出科学家的虚心和慎重的科学态度。这种治学严谨的态度,时至今日还是值得年轻人去学习的。

结语:从对数学贡献的角度来衡量,刘徽应该与欧几里得、阿基米德相提并论。

——吴文俊

扩展阅读1:数学名著《九章算术》

《九章算术》其作者已不可考。一般认为它是经历代各家的增补修订,而逐渐成为现今定本的,西汉的张苍、耿寿昌曾经做过增补和整理,其时大体已成定本。最后成书最迟在东汉前期,现今流传的大多是在三国时期魏元帝景元四年(263年),刘徽为《九章算术》所作的注本。

我国古代数学,传下来的主要有十种,称为《算经十书》。其中最重要的一种是《九章算术》,全书共有九章:(1)方田,主要讲分数四则算法和平面图形的面积算法;(2)粟米,主要讲粮食的交换计算;(8)衰分,主要讲配分比例和等差、等比数列等问题;(4)少广,主要讲从田亩(平面图形),或球的体积,求出边长或径长的算法,其中讲到了多位数开平方、开立方的方法;(5)商功,讲各种立体的体积计算;(6)均输,处理粮食运输,均匀负担等问题;(7)盈不足,讲盈亏类问题的解法,其中使用了"盈不足术",实际上就是现在的线性插值法;

(8)方程,主要讲解联立,一次方程(线性方程组);(9)勾股,讲勾股定理的应用和简单测量问题的解法。

《九章算术》中还有最早的有关最小公倍数计算的记录,如下所示

$$\frac{2}{3}+\frac{4}{7}+\frac{5}{9}=\frac{2\times7\times9+4\times3\times9+5\times3\times7}{3\times7\times9}=\frac{339}{189}=1\frac{50}{63}$$

当时并未明确求最小公倍数的法则,在后来的刘徽《九章算术注》《孙子算经》和《张丘建算经》等古算中,也有这类应用。

在西欧,最早求最小公倍数的是意大利数学家斐波那契(L. Fibonacci),但比我国《九章算术》晚一千多年。英国科学史家李约瑟(J. Needham)考证说:"欧洲直到十五六世纪才应用最小公倍数、最大公约数。"如英国数学家温孟特(E. Wingata)在《自然算术》(约 1629 年)中,才详细给出求最小公倍数的一般法则。

评论:以《九章算术》为代表的中国古代传统数学,与欧几里得《几何原本》为代表的西方数学,代表着两种迥然不同的体系。《九章算术》着重应用和计算,其成果往往以算法形式表达。《几何原本》着重概念与推理,其成果以定理形式表达。从而形成大相径庭、东西辉映的两部数学名著。

3. 张丘建

张丘建

　　张丘建,生卒年不详,北魏时清河(今河北省清河县)人,是我国古代一位伟大的数学家,所著《张丘建算经》(图3)流传于世。《张丘建算经》与《周髀算经》《九章算术》《孙子算经》《五曹算经》《夏侯阳算经》《海岛算经》《五经算术》《缀学》《缉古算经》合称《算经十书》,在我国数学发展史上起着重要的作用。

图3

《张丘建算经》不仅是中国数学史上一部杰作,也是世界数学史上的一座里程碑。它共三卷93题,现传本有92问。比较突出的成就有最大公约数与最小公倍数的计算,各种等差数列问题的解决、某些不定方程问题求解等。"百鸡问题"是《张丘建算经》中的一个世界著名的不定方程问题,它给出了由三个未知量的两个方程组成的不定方程组的解。百鸡问题是:今有鸡翁一,值钱五;鸡母一,值钱三;鸡雏三,值钱一。凡百钱买鸡百只,问鸡翁母雏各几何。

解答为:"鸡翁每增四,鸡母每减七,鸡雏每益三,即得."这个解法怎么来的呢?用代数方法来说明这一点。设公鸡为 x 只,母鸡为 y 只,小鸡为 z 只,则有:

$$\begin{cases} x+y+z=100 \\ 5x+3y+\dfrac{z}{3}=100 \end{cases}$$

所以

$$\begin{cases} y+z=100-x \\ 3y+\dfrac{1}{3}z=100-5x \end{cases}$$

解得

$$\begin{cases} y=25-\dfrac{7}{4}x \\ z=75+\dfrac{3}{4}x \end{cases}$$

为了得到正整数解,令

$$x=4t, y=25-7t, z=75+3t$$

为了得到正整数解,当 $t=1,2,3$ 时,即得到前面所说的三组解:自张丘建以后,中国数学家对"百鸡问题"的研究不断深入,"百鸡问题"也几乎成了不定方程的代名词,"百鸡问题"是世界上首次提出三元一次不定方程及其一种解法,比欧洲发现和研究这个问题早 1 000 多年。

有关"百鸡问题"还有以下的一个传说。史书记载张丘建家世代以养鸡为业,其父张公尤善养鸡,他家养的鸡,个头大,肉质美,特别畅销,前来买鸡的人,络绎不绝。因为鸡的品种、大小、雌雄不同,价格也各不相同,这就极大地挑战了人的计算能力。往往是当大人还在忙着加减乘除的时候,小丘建就已把总价准确地脱口而出。消息不胫而走,县令觉得不可置信,决定亲自验证一下。于是他就派了一名差役把张丘建的父亲张公找来,问:"你家的鸡多少钱一只?"张公回答说:"公鸡每只五文钱,母鸡每只三文钱,小鸡三只一文钱。"县令说:"嗯,现在我就按你说的价格,100 文钱买你 100 只鸡,你立即回家给我送来。"

这就是我们刚刚提到的"百鸡问题"。

张公回家一路也没想明白到底这100只鸡该怎样给县令送,心情沮丧地回到了家。对儿子一说,张丘建却毫无难色,略一思考,说:"送4只公鸡,18只母鸡,78只小鸡就可以了。"张公一算价钱正好,立即挑选好鸡给县令送去。县令一算价钱正好。又给了张公100文钱让他再送100只鸡,不过各种鸡的数目不能和之前相同。结果张公又在相同的时间内把鸡送到了县衙,这次是8只公鸡,11只母鸡和81只小鸡,县令一算仍是分文不差。这下县令来了兴致,给了张公100文钱,让他送和上两次数目都不同的鸡,而且还务必要把小丘建带来。张公不知县令是何用意,想儿子毕竟才八岁,万一算错了可怎么办,满面愁容地回到了家。张丘建一听父亲说完情况,赶紧笑着安慰父亲说:"父亲请放心,您这次只要送12只公鸡,4只母鸡,84只小鸡就可以了。"

张家父子带着鸡赶到县衙,县令一算钱数又是正好,很是高兴,赞不绝口地夸小丘建是神童。在征得张公的同意后,把小丘建留在了县衙里读书。张丘建学习很努力,长大后写成了《张丘建算经》,成长为一位著名的数学家。

评论:后世学者北周甄鸾、唐朝太史令李淳风相继为该书作注释,特别是经李淳风整理,该书收入《算经十书》,成为当时算学馆先生的必读书目。实际上,现在初中教学中也有类似的不定方程的问题,而很多学生却不知道早在北魏时期我们的数学家就已经取得了如此卓越的成就,这是值得我们每个中国人骄傲和自豪的事情。

结语:张丘建的名字可能并不为很多人所知,让更多人了解到我们先辈取得的数学成就,同时激发学生们对数学的兴趣和爱好,这也是本书出版的初衷之一。

扩展阅读2:《算经十书》

唐代国子监内设立算学馆,置博士、助教,指导学生学习数学,唐高宗显庆元年,规定《周髀算经》《九章算术》《海岛算经》《孙子算经》《张丘建算经》《夏侯阳算经》《五曹算经》《五经算术》《缀术》与《缉古算经》汉、唐一千多年间的十部著名数学著作为国家最高学府的算学教科书,后世通称为《算经十书》。钱宝琮先生在《校点算经十书》"序"中说:"《算经十书》包括从汉初到唐末一千年中的数学名著,有着丰富多彩的内容,是了解中国古代数学必不可少的文献。在这一千年的时间里,我们的祖先发展了许多数学知识,创造了许多计算技能。有些光辉成就不仅当时在世界上是先进的,就是对现在的数学教学也还有一定的参考价值。"

《周髀算经》原名《周髀》，作者名氏不详，成书于前一百年左右。它是我国最古老的天文学著作，《周髀》开始的叙述中，有讨论勾股测量的方法，举出"勾三股四弦五"的特例，从而有勾股定理的发现。

《九章算术》与《海岛算经》前面已做介绍，这里不再赘述。

《孙子算经》成书大约在 400 年前后，作者生平和编写年不详。传本的《孙子算经》共三卷。现行人教版数学五年级上册补充教材所用"鸡兔同笼"问题即出自《孙子算经》。

《张丘建算经》前面已做介绍，这里不再赘述。

《夏侯阳算经》是夏侯阳撰数学著作，由于《张丘建算经》序中提到过夏侯阳的著作，因此著作年代应该在《张丘建算经》之前。但后来失传，现有的传本是唐代中期写成的，共三卷。

《五曹算经》《五经算术》《数术记遗》的作者都是北周的甄鸾。《五曹算经》是为地方行政官员写的应用算术书，《五经算术》书中对《易经》《诗经》《尚书》《周礼》《仪礼》《礼记》《论语》《左传》等儒家经典及其古注中与数字有关的地方详加注释。

《缀术》是中国南北朝时期的一部算经，汇集了祖冲之和祖暅父子的数学研究成果。这本书被认为内容深奥，以致"学官莫能究其深奥，故废而不理"（《隋书》）。《缀术》在唐代被收入《算经十书》，成为唐代国子监算学课本，当时学习《缀术》需要四年的时间，可见《缀术》的艰深。

《缉古算经》是唐代初期数学家王孝通著。《缉古算经》是中国现存最早介绍开带从立方法的算书，它集中体现了中国古代数学家早在公元七世纪在建立和求解三次方程等方面所取得的重要成就。在西方，虽然很早就已知道三次方程，但最初解三次方程是利用圆锥曲线的图解法，一直到十三世纪意大利数学家斐波那契才有了三次方程的数值解法，这比王孝通晚了六百多年。

4. 祖冲之

祖冲之

1. 兴趣激发创造力

祖冲之(429—500),出生在南北朝时期,那时候流传这样一首儿歌:

> 初一看不见,初二一条线。
> 初三初四镰刀月,初七初八月半边。
> 一天更比一天胖,直到十五月团圆。
> 十七、十八月迟出,廿半夜见半月。
> 一天更比一天瘦,廿九、三十月难见。

　　幼年的祖冲之,一听便极感兴趣。便向曾研究过历法的祖父请教各种其中的问题,"为什么十五月团圆""为什么廿九、三十月难见",等等。当爷爷已无法解答小孙儿的疑问时,便引导他读一些天文学的典籍,如汉朝大文学家张衡的著述《临宪》等。又带小孙儿去拜访当时颇有名气的天文学家何承先。爷爷的启蒙,何承先的引导,给祖冲之奠定了扎实的基础。因此,何承先与爷爷相继去世之后,15岁的祖冲之,不仅能独立观察天象,还逐渐发现旧历法有三个重

13

大错误。于是仔细订正,制出以年代命名的大明历法。此历法被认为是开辟了历法的新纪元。

评论:我国很多优秀的传统文化,比如童谣,实际上都是青少年的精神食粮,它会激发学生对科学的浓厚兴趣,甚至成就一项伟业。而学生的兴趣有了正确的引导,才会让兴趣真正变成学生成才的原动力。

2. 古代数学的巅峰——圆周率、密率

因圆的面积、周长,球的体积、表面积计算都离不开圆周率,因此,全世界各国各民族都有许多数学家去计算圆周率。祖冲之在科学上最大的贡献,乃是圆周率的计算。π是个无理数,不能用分数或有限位小数表示,只能逐步得出较好的近似值。因此,π的计算,一直都是古代中外数学家在研究的一个重要问题。

我国古时候制圆形器具,最初都是"径一周三"。后经不断地改进到三国时代刘徽在注释《九章算术》时开创了割圆术。他创建的这一理论,开辟了计算圆周率的新纪元。并用此法,从正六边形时开始一直算到圆内接正192边形,得出 $\pi \approx 3.14$,化为分数 $3.14 = \dfrac{157}{50}$,被称为徽率。

在当时计算工具简陋的条件下想把精确度再提高一位小数都是非常困难的,而祖冲之的卓越贡献在于:竟一下就把圆周率的精确度提高到七位小数。《隋书·律历志》记载着祖冲之计算出的结果是

$$3.1415926 < \pi < 3.1415927$$

他创造的这一世界纪录,一直保持了一千多年,直到1427年才由中亚细亚的阿尔·卡希首先超过。如果沿用刘徽的割圆术,要得出这一结果,需要算至圆内接正24 576边形。在一个直径为一丈的圆周上,即使用细细的针尖,也难画出这样的正多边形。祖冲之究竟用的是哪种高超的计算技巧,才完成这难以想象的、庞大又繁复的计算?目前仍是一个谜。据说祖冲之父子当年创建的《缀术》是"唐初十部算经"之一,可以大大地简化计算。但遗憾的是后来失传,这也是我国数学史上让人备感痛惜的巨大损失。

用分数来表示圆周率在实际应用当中非常有用,由周长公式 $S = 2\pi r$,我们知道π可以用圆周与直径比例表示。刘徽给出了"徽率",而祖冲之给出了"祖率"。据《隋书·律历志》记载,祖冲之给出

密率:圆径一百一十三,圆周三百五十五

圆周与圆径之比 $\frac{355}{113}$，便是祖冲之为我们求出的圆周率。而且这个分数还精妙至极：

"精"——$\frac{355}{113}$＝3.141 592 9…，有 6 位准确的小数；

"妙"——在分母、分子连排后得到：113 355，简单好记且有规律。

祖冲之寻得的这个密率，一举两得：既准确性高，又幸遇美妙的形式，便于我们记忆。自祖冲之找到这个精妙的分数之后，过了一千多年，才由德国数学家奥托（V. Otto，约1550—1605）于1573 年得到这一分数。

评论：祖冲之发现的圆周率与密率，都是领先一千多年的世界纪录。不仅我国人民引以为傲，许多外国数学史家也十分推崇。有的数学史家还建议称 $\frac{355}{113}$ 为祖率，以纪念祖冲之为数学做出的这一重大贡献。祖冲之不畏艰苦，有坚强的毅力，才能获得这光辉的成果，这就像马克思所说的："在科学上没有平坦的大道，只有不畏劳苦沿着陡峭山路攀登的人，才有希望达到光辉的顶点。"

3. 广泛涉猎，事必躬亲

祖冲之曾在著作中自述说，从很小的时候起便"专功数术，搜烁古今"。他把从上古时起直至他生活的时代止的各种文献、记录、资料，几乎全都搜罗来进行考察。同时，主张绝不"虚推古人"，绝不把自己束缚在古人陈腐的错误结论之中，并且亲自进行精密的测量和仔细的推算。像他自己所说的那样，每每"亲量圭尺，躬察仪漏，目尽毫厘，心穷筹策"。

除了数学方面的成就之外，他还擅长机械制造，重造出了用铜制机件传动的指南车，发明了一天能走百里的"千里船"、水碓磨（利用水力加工粮食的工具），还设计制造过漏壶（古代计时器）和巧妙的欹器。此外，在文学艺术方面也多有建树，流传下来的就有小说《述异记》十卷。在音乐方面也有很高的造诣，史书称他"精通钟律，独步一时"，可见才气过人。

评论：祖冲之的故事提示我们，广泛涉猎各个学科，在现在依然是趋势。只有学了更多的知识才能完成其他人所不能完成的很多事情。同时要批判地接受前人的学术遗产，并勇于提出自己的新见解。

结语：祖冲之虽然已去世一千多年，但人民并没有忘记他创建的伟业。1965 年，我国发行了一套古代科学家纪念邮票，祖冲之就占其中的一枚。肖像的下面写着：算出圆周率为 3.141 592 65。

为纪念这位伟大的古代科学家,1967 年,国际天文学家联合会把月球上的一座环形山命名为"祖冲之环形山"。

1964 年 11 月 9 日,为了纪念祖冲之对中国和世界科学文化做出的伟大贡献,紫金山天文台将 1964 年发现的国际永久编号为 1888 的小行星命名为"祖冲之星"。

扩展阅读3:圆周率

战国时期墨家学派代表作《墨经》最早给出了圆的几何定义:"一中同长也",意思是说"一个动点沿着固定点(圆心)以一定距离运动所得的行动轨迹"。用圆规画任何圆,我们把它的圆周长除以它的直径,不管圆的大小这数值是一定不变的,即数学上称为常数。古代埃及、巴比伦、希腊、以色列、印度人民先后发现这事实。这个比值在数学上称为圆周率,1600 年,英国威廉·奥托兰特首先使用 π 表示圆周率,因为 π 是希腊文之"圆周"的第一个字母,欧拉在 1748 年发表的《无穷分析导论》也以 π 来表示圆周率,使 π 表示圆周率的概念得以推广及风行。

意大利物理学家伽利略在 1581 年的某一天在比萨斜塔旁边观察到教堂悬挂的钟来回动的周期好像是不变的,后来他给出单摆周期 T 的公式:

$$T = 2\pi\sqrt{\frac{l}{g}}$$

这里 l 是长度,g 是重力加速度。

16 世纪的德国天文学家和数学家开普勒给出的行星运动三大定律,用来计算距离地球遥远的太阳系行星的运转周期公式里就有圆周率。物理上有一个库仑定律可以计算这些带电体间吸力或斥力 F 的大小,里面也有圆周率。它的公式是

$$F = \frac{1}{4\pi\varepsilon_0} \cdot \frac{Q_1 Q_2}{r^2}$$

这里 ε_0 是常数,Q_1,Q_2 是电量,r 是两个物体间距离。

除此之外,在流体力学及量子力学中的一些公式也都包含圆周率,这里就不再一一列举。由于 π 的应用范围广,因此圆周率的计算一直是数学家关注的问题。

在公元前 100 年中国最古老的数学书《周髀算经》里,最早记载了圆周率为"径一周三",这显示出在春秋战国到秦朝那段时期,人们认为 π＝3。后汉的

张衡得到圆周和直径的比是 92：29，即约等于 3.172 4，这数值是比 3 精确一点。到了三国魏末晋初时的刘徽，他利用"刘徽割圆术"计算到圆周率的近似值是 3.141 024。刘徽之后两百年，南北朝时期南朝的祖冲之得到圆周率 π 是在下面两数之间；

$$3.141\ 592\ 6 < \pi < 3.141\ 592\ 7$$

祖冲之还用两个分数值来表示圆周率的近似值：$\frac{22}{7}$ 称为约率，$\frac{355}{113}$ 称为密率。

祖冲之儿子祖暅得到球的体积公式：

$$球体积 = \frac{4}{3}\pi X R\ (球半径)^3$$

祖冲之得到的密率 $\frac{355}{113}$，德国数学家奥托及荷兰数学家安托尼兹 1 000 年后才得到。祖冲之死后一千年，清朝有朱鸿求圆周率至小数点后 40 位只在前 25 位是对的。

在电子计算机发明之后，数学家开始利用计算机计算圆周率，下边是电子计算机计算圆周率的情况（表 1）：

表 1

1957 年	费尔顿（G. E. Felton）	7 480 位小数
1958 年	热尼（Francois Genuys）	70 000 位小数
1958 年	费尔顿	10 020 位小数
1959 年	热尼	16 167 位小数
1961 年	IBM 7090 晶体管计算机	20 000 位小数
1961 年	伦奇（J. W. Wrench）及史密斯（L. R. Smith）	100 000 位小数
1966 年		250 000 位小数
1967 年		500 000 位小数
1974 年		1 000 000 位小数
1981 年	金田康正等	2 000 000 位小数
1982 年		4 000 000 位小数
1983 年		8 000 000 位小数
1983 年		16 000 000 位小数
1985 年	戈斯珀（Bill Gosper）	17 000 000 位小数

1986 年	贝利(David H. Bailey)	29 000 000 位小数
1986 年	金田康正	33 000 00 位小数
1986 年		67 000 00 位小数
1987 年		134 000 00 位小数
1988 年		201 000 00 位小数
1989 年	丘德诺夫斯基(Chudnovsky)兄弟	480 000 000 位小数
1989 年		535 000 000 位小数
1989 年	金田康正	236 000 000 位小数
1989 年	丘德诺夫斯基兄弟	1 011 000 000 位小数
1989 年	金田康正	1 073 000 000 位小数
1992 年		2 180 000 000 位小数
1994 年	丘德诺夫斯基兄弟	4 044 000 000 位小数
1995 年	金田康正和高桥大介	4 294 960 000 位小数
1995 年		6 000 000 000 位小数
1994 年	丘德诺夫斯基兄弟	8 000 000 000 位小数
1997 年	金田康正和高桥大介	51 500 000 000 位小数
1999 年		68 700 000 000 位小数
1999 年		206 000 000 000 位小数
2002 年	金田康正的队伍	1 241 100 000 000 位小数
2009 年	高桥大介	2 576 980 370 000 位小数
2009 年	法布里斯·贝拉(Fabrice Bellard)	2 699 999 990 000 位小数
2010 年	近藤茂和余智恒	5 000 000 000 000 位小数
2010 年	施子和	20 000 000 000 000 位小数
2011 年	IBM 蓝色基因/P 超级计算机	60 000 000 000 000 位小数
2013 年	卡勒斯(Ed Karrels)	80 000 000 000 000 位小数

一般科技方面,圆周率只用到小数点后五位就够了。计算到位数多主要用来检验电子计算机的效率以及问题设计程序的优劣。

历史上数学家们给出了很多用 π 来表示的公式,下面我们列出 400 年来数学家发现的一些美丽的公式。1593 年,韦达给出

$$\frac{2}{\pi} = \frac{\sqrt{2}}{2} \cdot \frac{\sqrt{2+\sqrt{2}}}{2} \cdot \frac{\sqrt{2+\sqrt{2+\sqrt{2}}}}{2} \cdot \cdots$$

沃利斯(Wallis)1650 年给出乘积公式:

$$\frac{2}{\pi} = \frac{2 \cdot 2 \cdot 4 \cdot 4 \cdot 6 \cdot 6 \cdot 8 \cdot 8 \cdot \cdots}{1 \cdot 3 \cdot 3 \cdot 5 \cdot 5 \cdot 7 \cdot 7 \cdot 9 \cdot \cdots}$$

1658 年布龙克尔(Brouncker)给出

$$\frac{4}{\pi} = 1 + \cfrac{1^2}{2 + \cfrac{3^2}{2 + \cfrac{5^2}{2 + \cfrac{7^2}{2 + \cfrac{9^2}{2 + \cdots}}}}}$$

1665 年牛顿(Newton)给出:

$$\frac{\pi}{6} = \frac{1}{2} + \frac{1}{2}\left(\frac{1}{3 \cdot 2^3}\right) + \frac{1 \cdot 3}{2 \cdot 4}\left(\frac{1}{5 \cdot 2^5}\right) + \frac{1 \cdot 3 \cdot 5}{2 \cdot 4 \cdot 6}\left(\frac{1}{7 \cdot 2^7}\right) + \cdots$$

$$\frac{\pi}{2\sqrt{3}} = 1 - \frac{1}{3 \cdot 3} + \frac{1}{5 \cdot 3^2} - \frac{1}{7 \cdot 3^2} + \frac{1}{9 \cdot 3^4} - \frac{1}{11 \cdot 3^5} + \cdots$$

$$\frac{\pi}{2} = 1 + \frac{1}{3} + \frac{1 \cdot 2}{3 \cdot 5} + \frac{1 \cdot 2 \cdot 3}{3 \cdot 5 \cdot 7} + \frac{1 \cdot 2 \cdot 3 \cdot 4}{3 \cdot 5 \cdot 7 \cdot 9} + \frac{1 \cdot 2 \cdot 3 \cdot 4 \cdot 5}{3 \cdot 5 \cdot 7 \cdot 9 \cdot 11} + \cdots$$

$$\frac{\pi}{2} = \frac{2 \cdot 2}{1 \cdot 3} \cdot \frac{4 \cdot 4}{3 \cdot 5} \cdot \frac{6 \cdot 6}{5 \cdot 7} \cdot \frac{8 \cdot 8}{7 \cdot 9} \cdot \frac{10 \cdot 10}{9 \cdot 11} \cdot \cdots$$

$$\frac{\pi^2}{6} = \frac{2^2}{2^2 - 1} \cdot \frac{3^2}{3^2 - 1} \cdot \frac{5^2}{5^2 - 1} \cdot \frac{7^2}{7^2 - 1} \cdot \cdots (欧拉)$$

$$\frac{\pi^2}{8} = \frac{1}{1^2} + \frac{1}{3^2} + \frac{1}{5^2} + \frac{1}{7^2} + \frac{1}{9^2} + \cdots$$

$$\frac{\pi^2}{6} = \frac{1}{1^2} + \frac{1}{2^2} + \frac{1}{3^2} + \frac{1}{4^2} + \frac{1}{5^2} + \cdots (欧拉,1748 年)$$

如果用 $n!$ 来表示 $n \cdot (n-1) \cdot \cdots \cdot 3 \cdot 2 \cdot 1$,读作 n 的阶乘,清朝的数学家夏鸾翔得到:

$$\frac{\pi}{2\sqrt{2}} = 1 + \frac{1^2}{2 \cdot 3!} + \frac{1^2 \cdot 3^2}{2^2 \cdot 5!} + \frac{1^2 \cdot 3^2 \cdot 5^2}{2^3 \cdot 7!} + \frac{1^2 \cdot 3^2 \cdot 5^2 \cdot 7^2}{2^4 \cdot 9!} + \cdots$$

$$\frac{\pi}{2} = 1 + \frac{1^2}{3!} + \frac{1^2 \cdot 3^2}{5!} + \frac{1^2 \cdot 3^2 \cdot 5^2}{7!} + \frac{1^2 \cdot 3^2 \cdot 5^2 \cdot 7^2}{9!} + \cdots$$

$$\frac{\pi}{4} = 1 - \frac{1}{3!} - \frac{(2^2-1)}{5!} - \frac{(2^2-1)(4^2-1)}{7!} - \frac{(2^2-1)(4^2-1)(6^2-1)}{9!} - \cdots$$

康熙时期的数学家明安图创立了"割圆密率捷法",他的公式是:

$$\pi = 3 + \frac{3}{4 \cdot 3!} + \frac{3 \cdot 3^2}{4^2 \cdot 5!} + \frac{3 \cdot 3^2 \cdot 5^2}{4^2 \cdot 7!} + \cdots$$

2020 年 3 月 14 日,是人类第一个"国际数学日"。这个节日的昵称是"π日(Pi Day)"——国际数学日之所以定在 3 月 14 日,也是因为"3.14"是圆周率数值最接近的数字。此前数学界也庆祝过"圆周率日",但这一次,将每年 3 月 14 日定为国际数学日,是 2019 年 11 月 26 日"联合国教科文组织"第四十届大会上正式宣布的。

5. 祖暅

祖暅

1. 祖暅原理

祖暅(gèng)(456—536),又名祖暅之,字景烁,是中国古代杰出的数学家和天文学家,祖冲之的儿子。《南史》上载:"祖暅少传家业,究极精微,已有巧思。"《南史》上还讲了下面这个故事:一日祖暅边行路边思考一个数学问题,一头撞倒了大官徐勉,徐疼得大叫,祖暅才发现了题外之事,连连向徐大官人道歉,祖暅对数学痴迷的程度由此可见一斑。

受家庭的影响,尤其是父亲的影响,他从小就热爱科学,对数学具有特别浓厚的兴趣。祖暅对其父的《大明历》和《缀术》进行了修订与补充,且鼎力推广。为了研究历法,祖暅在河南嵩山之巅筑天文观测站,亲自登顶观测数据,根据他不舍昼夜的观测与研究计算,著《天文录》30卷。504年,祖暅上书梁武帝萧衍,指出原《元嘉历》多处疏误,主张改用《大明历》,萧衍不批准。5年后,祖暅对《元嘉历》与《大明历》的短长进行公开答辩,经朝廷主管部门对观测数据的核对,证明《大明历》确实先进于《元嘉历》,萧衍颁榜,下令在全国实行《大明历》。

祖暅原理是关于球体体积的计算方法,这是祖暅一生最有代表性的发现。

祖暅应用这个原理,解决了刘徽尚未解决的球体积公式。该原理在西方直到17世纪才由意大利数学家卡瓦列利(Bonaventura Cavalieri)发现,比祖暅晚1 100多年。

祖暅是我国古代最伟大的数学家之一。513 年,祖暅效力的南梁与北魏开战,梁武帝不听祖暅建议,反将其关进监狱 9 年之久。525 年,魏军攻占徐州,把祖暅从狱中劫走,魏将出于对祖暅是当时著名的数学家和天文学家之崇敬,待祖暅为座上宾。

评论:科学家的贡献,在当时世人眼里是有目共睹的,在历史上同样会留下浓墨重彩的一笔。

2. 祖暅之子——祖皓

祖暅之子祖皓子承父业,精通天文与数学,文武双全。《南史》上称"暅之子皓,志节慷慨,有文武才略,少传家业,善算功"。可惜祖皓亦贪图仕途,曾做江都县令,后提拔为广陵太守,相当于现在的警备区司令。祖皓在一次战争中被俘,《南史》载:"城陷,皓见执,被缚射之,箭遍体,然后车裂以殉。"一位祖家的数学天才白白送了命,落了个尸骨不全的悲惨下场,实在令人惋惜!从此绵承三代的祖氏数学世家而不幸中断了。

评论:祖氏一家三代在中国数学史上是最为著名的数学家族,为推动我国古代数学发展起到了卓越的贡献。虽然年代久远很多事情不可考,但家庭的影响对孩子一生的成长必然起着重要的作用。

结语:数学史上,国外有伯努利家族连续几代出现了八位数学家,我们中国古代也有祖冲之三代数学家,也是数学史上的佳话。后面我们还会介绍中国古代以梅文鼎为首的梅氏家族,也是数学世家。

6. 王孝通

王孝通

　　王孝通,隋唐人,生卒年与籍贯不详。大约生于北周武帝年间,逝世在贞观年间。王孝通曾在隋朝做官。唐初为算历博士。他向唐王朝进呈《缉古算术》(约 630 年成书,后改名为《缉古算经》,并收入《算经十书》,又作为十本数学教科书之一、也是较难懂的一种)时,写了一篇"上缉古算术表"中说:"臣长自闾阎,少小学算。""闾阎"指平民居住地区,可知他非名门大户,生身平民。

　　王孝通早年学算,约 626 年升任通直郎太史丞,从第七品下。王孝通的数学成就主要是《缉古算经》一卷,共 20 题,除第一题为天文问题外,其余均为几何问题,涉及土木工程中体积及勾股计算问题,大多数题目的解法用到三次方程的数值解法,是当时较高深的数学理论,也是世界上最早提出三次代数方程的解法,使中国数学进入新阶段。

　　王孝通《缉古算经》中第七题:"假令亭仓,上小下大。上下方差六尺,高多上方九尺,容粟一百八十七石二斗。今已运出五十石四斗。问仓上下方、高及余粟深(即高)、上方各多少?"此题即三次方程的代表,"亭"即现代的"正四棱台",其计算方法与现代体积公式求解所得的三次方程完全相同。

王孝通对《缉古算经》得意地写道:"臣昼思夜想,临书浩叹,恐一旦瞑目,将来莫者见(睹)。遂于平地之余,续狭斜之法,凡二十术,名曰《缉古》。请访能算之人考验得失,如有排其一字,臣欲谢以千金。"上面这段话意思是,"他昼思夜想,对着《缉古算经》书稿叹息,唯恐有一天自己死了,计算方法泯灭。因此还是把它们写出来。共有20术,名叫《缉古》。谁要是能发现有一字错误,可酬以千金。"事实上,此书错误很少,可见他治学一丝不苟。

唐显庆元年(656年)做出的规定,包括《缉古算经》在内的《九章算术》《缀术》《周髀算经》等十部汉、唐一千多年间的著名数学著作,成为当时最高学府的数学教育用书,后世通称为《算经十书》,科举考试中明算科的考试内容主要就是从《算经十书》中选题。国子监算学馆还对《算经十书》中唯一的一部由唐代数学家撰写的《缉古算经》做出了规定:学生在学习《缉古算经》时,必须学满三年。这也足见其在唐代数学教育中的重要地位。王孝通在《缉古算经》中对高次方程解法的研究,对宋元时期的数学发展影响极大。宋元数学家在王孝通建立和求解三次方程的基础上继续深入研究,终于发明了"天元术"和"四元术",建立并完善了高次方程的布列方法和数值解法,达到了中国古代数学发展的高峰。

《缉古算经》自唐代起便出现了抄本,宋元丰七年(1084年)时,更有秘书监赵彦若等校定刊本。至明代,刊本几乎遗失,仅存山东章丘人李开先所藏的一部南宋刊本。在千余年的辗转相传之中,也曾出现衍、脱、误、压等问题,甚至有的题目难以读懂。至清代孔继涵刊刻微波榭本《算经十书》,方得以首次校补。随后毛晋获得《缉古算经》后,加以影抄而留传于世。到了清代中期,对《缉古算经》的研究之风盛行,先后有诸多学者加以校刊,如李潢的《缉古算经考注》、张敦仁的《缉古算经细草》、陈杰的《缉古算经细草》以及《缉古算经注》《缉古算经音义》等。

评论:他的三次方程比西方斐波那契特殊三次方程的数值解法早600多年,比16世纪意大利出现的一般三次方程解法提前8~9个世纪。所以,王孝通是唐代,甚至是中国大数学家之一。而这些在历史上赫赫有名的数学家及数学著作,更不应该被我们现代人遗忘。

结语:后人为了让这些名题流芳千古,体现传统数学"源于实际,用于现实",将这些公式编成歌诀流传下来,如唐代王孝通《缉古算经》、元末安止斋和何平子合著《详明算法》、明代程大位《算法统宗》等书上都有王孝通所述名题。他们所编歌诀,在民间广为流行,直到今天。元末数学家安止斋、何平子合著的《详明算法》"盘景仓窖"卷下和程大位《算法统宗》中的体积近似公式诗歌为方仓长用阔相乘,堆与圆仓周自行。

各再以高乘见积,唯圆十二一中分。

尖堆法用三十六,倚壁须分十八停。

内角聚时如九一,外角三九甚分明。

若还方窖兼圆窖,上下周方各自乘。

乘了另将上乘下,并三为一再乘深。

如三而一为方积,三十六兮圆积成。

解法却将除见数,一升一合不差争。

令人叹为观止。伟大!中国古算。伟大!中华民族。

7. 张遂

张遂

1. 人品与学问

张遂(673—727），是河北巨鹿人，生于唐朝。张遂幼年表现出超常的天分，博览百家经典，青年时代即以才气与学问著称于世。

张遂不愿与沽名钓誉的人为伍，又不愿得罪朝廷，因而剃度为僧，取法号"一行"，隐居嵩山和天台山，在山中张遂专心研究数学、天文与佛经。后朝廷多次下诏张遂回朝听命，张遂未应。直到721年，唐玄宗登基之后，授命主编新历法《大衍历》，张遂埋头奋斗两年，727年写成《大衍历》后即早逝；729年《大衍历》在全国施行。734年传入日本，日本照行《大衍历》百余年。为编制《大衍历》计算之需，他创造了正切函数表和二次不等距插值算法。这种"一行算法"比牛顿(Newton)的同类插值法早千年，实为我国计算方法学科上的丰碑。当年一行的二次插值法与上述的现代写法仅仅是表述形式上不同而已。张遂当年只是未给出这种插值法正确性的证明。

旧唐书对其描述"一行少聪敏，博览经史，尤精历象、阴阳、五行之学。"时道士尹崇博学先达，素多坟籍。一行诣崇，借扬雄《太玄经》，将归读之。数日，复诣崇，还其书。崇曰："此书意指稍深，吾寻之积年，尚不能晓，吾子试更研求,何遽见还也?"一行曰:"究其义矣。"因出所撰《大衍玄图》及《义决》一卷以示崇。崇大惊,因与一行谈其奥赜,甚嗟伏之。谓人曰:"此后生颜子也。一行由是大知名。"

张遂为了天文观测之需,还与他人合作制作了测量太阳位置的"黄道游仪"和测定星辰运行周期的"浑天铜仪",在世界上首次测量出子午线的长每隔一度(1°)南北相距 122.0 km,与现代所测数据仅相差 11 km。利用"浑天铜仪"测得了 150 多颗恒星的位置等。

评论:张遂是一位天才的数学和天文学家,且为人耿直廉洁,在科学事业上勤奋实践,硕果累累。不论人品上还是做学问上,都是后人永远学习的典范。

2. 逸闻趣事

唐玄宗有一次把一行和尚召进宫里,开门见山地问:"师父有什么高能?"一行回答说:"也没什么,只是善于记忆而已。"也就是今天说的他有速记的能力。玄宗兴致勃勃,马上派人取来了宫人的花名册,这东西毫无关联,又没有任何的规律可循,应该是最难记忆的东西。一行和尚拿到花名册之后,浏览了一遍,就合上了,说他已经记熟了。玄宗随手翻开一页,只要点到名字,他立即能将这位宫人的籍贯、年龄等脱口道出。玄宗念了几页之后,就不由得从御榻上下来,对着一行恭恭敬敬地行了礼,赞叹地说:"禅师真是一位大圣人啊!"

还有一位卢鸿居士,此人道高学富,隐于嵩山,曾为寺院的法会撰写了一篇数千字鸿文。他自己认为文章"字僻而言怪",如果有哪个小和尚能读下来,就可以给他当个弟子。结果,一行来了看了一遍,就能在法堂上高声朗诵,连一字都不错。卢鸿当初还怪他太"疏脱",但看到这个场景,佩服得五体投地,直接说:"这样的人我哪里能教,我应该是跟着他学习才对。"

一行和尚不仅有这样惊人的记忆力,他的算学才是旷代绝学,说起来也有一段奇遇。

一行起初学习过《易经》后对算学产生了极大的兴趣,只要听说哪里有算学高人,不管多远,他都前往求教。这一天,他来到了天台山的国清寺,见寺旁有一个小院,古松静立,溪流横前,景色清绝,不觉走到门前,忽然听到里面有很熟练地拨打算盘的声音。他正侧耳细听,算盘声停了,有人说:"今天我有弟子从远处来,算着已到门外了,怎么还没有进来呢?"接着又听到算盘珠子"噼里啪啦"响了几声,里面又说:"门前的溪水如果倒流,我的弟子就该进来了。"

一行在外听得清楚,回头一看,溪水果然倒流了(图 4)。于是他便整理行装,走了进来,一进门即拜倒在地,口称:"弟子一行顶礼!"院内的僧人立刻扶他起来,略述因缘后,即把所有算法都教授予他。

27

图4

评论：一行少聪敏，博览经史，尤精历象——《旧唐书》。

结语：《列传》赞曰：术数之精，事必前知。粲如垂象，变告无疑。怪诞之夫，诬罔蓍龟。致彼庸妄，幸时艰危。

8. 贾宪

贾宪

贾宪(生卒年不详),11世纪前半叶中国北宋数学家。贾宪的老师楚衍是北宋前期著名的天文学家和数学家,"于《九章算术》《缉古算经》《缀术》《海岛算经》诸算经尤得其妙"。北宋官员王洙记载:"世司天算,楚,为首。既老昏,有子贾宪、朱吉著名。宪今为左班殿直,吉隶太史。宪运算亦妙,有书传于世。"意思是北宋早期,司天监里数学最好的叫楚衍,徒弟中贾宪、朱吉最为有名,而贾宪担任左班殿直——一个宫廷内的低级武官,朱吉担任太史,其中贾宪有著作流传于世。

根据文献记载,大约1050年时,贾宪完成《黄帝九章算经细草》《释锁算书》《算法学古集》等书。贾宪著作在一定程度上逐渐代替了传承数千年的《九章算术》,可见他对南宋数学的影响之大。可惜的是,贾宪著作都失传了,但又幸运的是,贾宪研究出的部分成果,被南宋杨辉收录在了《详解九章算法》中,得以传承了下来。

南宋时期,中国数学进一步发展,涌现了不少大数学家,以秦九韶、杨辉最为知名。其中,杨辉是宋末官员,在南宋灭亡前夕,1261年他完成《详解九章算法》,之后到1275年又陆续完成四本数学专著,这些著作都流传于世界。在《详解九章算法》中,杨辉提到贾宪两项数学成就:

首先是"贾宪三角"或"杨辉三角",研究的是高阶等差级数求和问题。后来,元朝朱世杰在贾宪三角的基础上,扩充"贾宪三角"成"古法七乘方图"。1655年,法国数学家布莱士·帕斯卡(Blaise Pascal)介绍了这种三角(贾宪三角),他搜集了几个关于它的结果,并以此解决一些概率论上的问题。尽管帕斯卡比贾宪迟了600年,但欧洲将之命名为"帕斯卡三角",至今仍是如此。

　　其次是"增乘开方法",指中国古代数学中求高次方程数值解的一般方法,该方法由《九章算术》的开方术衍生而来。贾宪在前人的基础上,将求高次方形成固定的程序,"增乘开方法"的计算程序与欧洲数学家霍纳(1819年)的方法大致相同,但比他早770年。尽管贾宪在这一问题上研究得还不够透彻,但他简化了筹算程序,提出固定的解体程序,并使程序化更加合理,这一点对宋元数学影响深远。

　　评论:贾宪的数学研究方法非常独特,他的数学成就不是宋朝第一,但他将数学研究系统化、规范化的数学方法论,对宋元数学家产生了深远影响,纵观"宋元四大家"(即秦九韶、杨辉、李冶、朱世杰),莫不从中汲取精髓。在中国数学史上,魏晋刘徽奠定了数学理论基础,南宋杨辉使理论得到基本完善,而贾宪起到承上启下的关键作用,没有他就难有宋元数学的辉煌成就。

　　结语:虽然贾宪的著作没能完整流传下来,但他依然是中国11世纪上半叶(北宋)的杰出数学家之一。

9. 卫朴

卫朴

　　卫朴(1023—1077),北宋楚州(今江苏淮安)人,出身平民之家。自幼好学,喜读算学、天文学,只要借到这方面的书,便连夜攻读。因白天还须帮助家里干活,又因家贫,夜读只靠一盏省油的小灯。昏暗的灯光自然伤眼,久而久之,视力逐年明显下降,才30来岁,不幸双目失明。失明后的卫朴,仍自强不息,为了使失明前刻苦学习的收获不致付诸东流,卫朴加强了如下两方面的训练:

　　一是强化记忆,过耳不忘。失明后,不能像以前随时查阅资料,只能请人帮他读一遍,边听边记在心中,然后在自己头脑中建立所需的资料库。由于不能让别人读很多遍,卫朴便心里琢磨:怎样才能默记得又快又牢。功夫不负有心人,卫朴慢慢地摸索到了一些记忆的窍门,终于达到过耳不忘。有一次,他请人代抄一本历书,抄完之后请人再读一遍,听的过程中,他忽然说:"请停一下,这里抄错了一个字。"读的人马上对照原书,果然如卫朴所言。由此可见,卫朴记忆力之强,已达过耳不忘,与过目成诵异曲同工。

　　二是强化计算,运筹如飞。历法、天文学都离不开计算、推演。因此,提高计算能力,也是必不可少的。古代计算没有现在这么方便,即使简单的加、减,也要先用算筹(指同样大小的一些小竹棍)摆在不同的行列上表出被加的数

31

字，然后移动这些算筹进行加、减运算。乘、除、开方，也是这样的过程，只是更复杂而已！稍有不慎，便会前功尽弃，得不到正确的结果。为提高计算能力，卫朴常把摆弄算筹的过程在心中默演一遍。因此，虽说失明，但演算之快，超过常人，史料记载"运筹如飞"，说明筹算之快。有一次，卫朴在推演过程中，有人跟他开玩笑，也有意试试他，便悄悄地挪动一根算筹。谁知卫朴再次触摸时，便发觉位置有变，只好重新演算。

卫朴过耳不忘、运筹如飞的才华，在当地虽小有名气，但在那个时代，生理上有失明的缺陷，想找个用武之地，是非常困难的事情。好在卫朴只想钻研自己喜欢的历法，并不在意其他。一次他发现旧历法中推演中的错误，当时使用的《崇元历》预报1068年7月15日晚将发生月食。卫朴经仔细推算，得出"该日不可能发生月食"的新论断，并把这一论断写信告诉朝廷中负责观测天象、推算历法的司天监。当时司天监的官员并不相信一个盲人的话，因此并未理睬。到了那天晚上，一轮明月高高地挂在天上，这也宣布了旧历书的确如卫朴所指出的，错了！

1072年兼任提举司天监的是精通算学、天文学的沈括（1031—1095），听说了此事，不拘一格提拔，由此改变了卫朴的命运。沈括学识渊博，是难有的通才。他得知卫朴纠错之事，便生爱才之心，拟选卫朴到司天监工作，以扬其长。但历法是国家一项重要的大事，盲人能否完全胜任，他心中无底。于是决定先召其来京都，面试一下，再定不迟。卫朴到京都后，沈括请他到官府叙谈。寒暄后，便专谈历法。由于卫朴确对历法深有研究，不仅对答如流，还畅谈了现行历法的疏漏和如何修订的见解。之后，又进行了一次面试，再一次证实卫朴对天文知识有坚实的功底。接着，沈括又命人取出算筹，当场演算，只见卫朴飞快地摇弄着算筹，很快地将前人尚未验证的日食验算出来。

沈括亲眼目睹双目失明的卫朴，果然名不虚传，运筹如飞。惊叹不已，便倍加爱惜，遂决定正式推荐卫朴到司天监任职。神宗熙宁五年（1072年）沈括"招卫朴造新历，募天下，上太史占书，杂用士人，分方技科五，皆施用"。（《宋史·沈括传》）举荐卫朴"入司天监"。当时一些世袭的历官，瞧不起这位出身贫贱的盲人，故意从中阻挠，沈括力排众议，让卫朴主持修订《奉元历》。卫朴也不辱使命，以他辛勤积累的丰富知识和多年练就的演算技能，全力以赴，补偏救弊。终于修订出较为完善的《奉元历》，并于1074年在全国颁布施行。不幸双目失明的卫朴，也因修订《奉元历》的业绩而名垂青史。

评论：宋人周密在其《齐东野语》"律历"条中也明确记载："沈存中（即沈括）云，近世精于历者，莫若卫朴，虽（僧）一行亦不及也……"卫朴在天文学、数学上的贡献是卓越的，他的名字不应为历史所湮没。人的一生难免有不如意的时候,或者遇到挫折,甚至灾难空降的时候,向卫朴学习,你就会被他自强不息的精神所打动,从而坚定信心,战胜困难,走向成功。

扩展阅读4:俄国的盲人数学家——庞特里亚金

庞特里亚金(Pontryagin)出生在莫斯科的一个普通家庭,正在学生时代的他于13岁那年,因一次汽炉的突然爆炸,不幸双目失明。在这突如其来的灾难面前,是崇高的母爱给了他力量和信念。母亲不仅帮助他克服失明给生活造成的不便和困难,更重要的是,母亲耐心的开导和鼓励,使他逐渐坚定了战胜种种困难的勇气,从而振作起来,面对失明的现实,重新树立人生理想。并用勤奋、毅力和智慧,以求在某个方面创造出辉煌的未来。

在中学八九年级时,庞特里亚金对数学产生了强烈的兴趣,甚至达到着迷的程度。17岁的庞特里亚金中学毕业时,报考著名的莫斯科大学数学物理系,以便专攻心爱的数学。在大学里,庞特里亚金仅凭听觉学习数学。每次听完课,立即进行复习,巩固。因无法阅读课本,还必须加以熟记,以备随时运用。由于精力集中又刻苦好学,尚有余力,二年级起,庞特里亚金还参加了由著名数学家亚历山大洛夫(Aleksandrov)开设的讨论班,提前进入科研的领域。

庞特里亚金在近代拓扑学的发展中做出了不可磨灭的贡献。以他的名字命名的庞特里亚金对偶定理、庞特里亚金示性类、庞特里亚金数……便是纪念他在拓扑学中多方面的成就。除了在纯数学领域中获得丰硕的成果,他又和物理学家安德罗诺夫(A. A. Andronov)合作,在应用数学领域取得了令人瞩目的成就。1956年提出的"庞特里亚金极值原理"开创了最优化原理的先河。接着又对这一原理做了多种推广,它们对偏微分方程与随机过程的发展都产生了有益的影响。

由于庞特里亚金在数学上的突出贡献,他获得了两次(1941年、1975年)国家奖金,1952年同三位学生一起同获"列宁勋章",1966年获苏联科学院颁发的、具有国际性的"罗巴切夫斯基奖",1969年获"社会主义劳动英雄金星奖章"。

评论:庞特里亚金的成功,原因当然是多方面的。母亲的帮助和开导,名师的指导,学校与政府的支持,这些都是不可忽视的因素。但仅凭这些,还不足以成为一代大师。因为大多数健全的人,也都可能具备这些因素。能够使得他成功的最核心、最重要的因素还是他的勤奋努力,失明使他的理性思维更加专注,也更加"迷恋"数学,一个全身心投入又有天赋且还努力的人,何愁不成一代数学宗师!

结语:无论中国古代还是国外,都有这样身残志坚的数学家值得我们敬仰!

10. 秦九韶

秦九韶

1.《数书九章》

秦九韶（1208—1268），南宋人，他知识渊博，"性极机巧，星象、音律、算术以至营造等事无不精究"。秦九韶对数学情有独钟，他盛赞数学可以论证很多变化的机理。《数书九章》是他的代表作，这是一部中国古代水平最高的数学著作之一。这本数学名著又名《数学大略》，是他在1244—1247年之间，利用在潮州为母亲守孝的3年时间完成的。此书包括81个重要的应用问题，分成9大类，每类9题。

秦九韶在数学上的主要成就就是系统地总结和发展了高次方程数值解法和一次同余组解法，提出了相当完备的"正负开方术"和"大衍求一术"，达到了当时世界数学的最高水平。2016年高考数学全国二卷就考查了计算多项式值的秦九韶算法。

中国古代有计算多项式值的秦九韶算法，图5是实现该算法的程序框图。

执行该程序框图,若输入的 $x=2,n=2$,依次输入的 a 为 $2,2,5$,则输出的 $s=(\quad)$。

    A. 7   B. 12   C. 17   D. 34

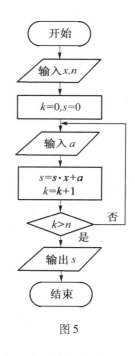

图 5

秦九韶在他的著作里提出一个利用三角形三边求面积的公式,被称为"秦九韶公式",也叫三斜求积公式。这个公式和海伦公式是等价的,所以海伦公式也被称为海伦-秦九韶公式。

海伦公式是这样的,如果一个三角形的三边长为 a,b,c,设 $p=\dfrac{a+b+c}{2}$,则三角形的面积:

$$S=\sqrt{p(p-a)(p-b)(p-c)}$$

而秦九韶公式是:

$$S=\sqrt{\frac{1}{4}\left[a^2b^2-\left(\frac{a^2+b^2-c^2}{2}\right)\right]}$$

除了上面这个大家熟悉的公式之外,《数书九章》中的最重大的成就是所谓"大衍求一术"。"大衍求一术"被西方数学史家称之为"中国剩余定理",是我国数学科学的重大成就,为中华民族在世界数学界争得了荣耀。

1743 年和 1801 年,欧拉(Euler)与高斯(Gauss)分别给出上述"中国剩余定理"的严格证明。1852 年,英国的伟烈亚力(Wylie)发表《中国科学记述》文,向西方数学家介绍了秦九韶的"大衍求一术",西方数学家从此把"大衍求一术"译成"中国剩余定理"。

评论:美国科学史专家萨顿(Sarton)称秦九韶"是他那个民族,他那个时代乃至所有时代最伟大的数学家之一"。秦九韶治学态度非常严谨,而且肯于无私地把自己的研究成果奉献于世人,令人肃然起敬。他说:"数理精微,不易窥识,穷年致志,感于梦寐,幸而得知,谨不敢隐。"西方科学史家李约瑟(Joseph Needham)称"秦九韶具有迷人的品格"。美国波士顿科技馆的塑像群里有四位中国数学家,古代的只有秦九韶一人,另外三位是华罗庚、陈省身和丘成桐。

2. 道古桥

秦九韶,字道古,出生在四川普州安岳,后随父亲来到京城临安,全家住在西溪河畔。他自幼聪颖好学,兴趣广泛。他的父亲来临安后一度出任工部郎中,掌管营建;后任秘书少监,掌管图书,这使秦九韶有机会博览群书,学习天文历法、土木工程和数学、诗词等。1238年,秦九韶回临安丁父忧(为父奔丧),见河上无桥,两岸人民往来很不方便,于是亲自设计,再设法从府库获得银两资助,在西溪河上造了一座桥。

桥建好后没有取名字,因为建在西溪河上,所以被称作"西溪桥"。直到元代初年,另一位大数学家、游历四方的北方人朱世杰来到杭州,才提议将"西溪桥"更名为"道古桥",以纪念造桥人、他所敬仰的前辈数学家秦九韶,并亲手将桥名书镌桥头。2000年左右西溪路扩建改造,原有的桥和小溪消失。2005年在原址100米处新修一座人行石桥,由蔡天新先生挑选石料,亲拟碑文,王元先生题字,又重建了"道古桥"。

评论:秦九韶造桥的故事,堪与牛顿(Newton)造桥的故事媲美。现今流经剑桥大兴皇后学院的剑河上有一座数学桥,相传设计师是牛顿,并因此闻名。据说牛顿造桥时没用一根钉子,后来有好事者悄悄把桥拆开,发现真是这样,却再也无法安装回去,只好在原址重造一座桥,如今它是到访剑桥的游客必游之地。

结语:周教大艺,数实成之;大则可神明,顺性命,个则可以经世务,类万物。
——摘自秦九韶《数书九章·序》

扩展阅读5:中国剩余定理

中国剩余定理古时被称为"大衍求一术"。公元四五世纪左右,中国有一部名书《孙子算经》,此书的作者不详。《孙子算经》卷下有所谓的"物不知数"问题:"今有物不知其数,三三数之余二,五五数之余三,七七数之余二,问物几何?"答曰:"二十三"。术曰:"三三数之余二,置一百四十;五五数之余三,置六十三;七七数之余二,置三十;并之,得二百三十三,以二百一十减之即得;凡三三数之余一,则置七十;五五数之余一,则置二十一;七七数之余一,则置十五;一百零五减之,即得。"孙子只是给出了一个特殊的例子。

宋代人把上述算法编成口诀如下:

三岁孩儿七十稀,
五留廿一事尤奇,
七度上元重相会,
寒食清明便得知。

上元指正月十五元宵节,寒食即寒食节,从冬至到第二年的清明节为105 天。

明代程大位把口诀改写得更通俗:

> 三人同行七十稀,
> 五树梅花廿一枝,
> 七子团圆正月半,
> 除百零五便得知。

说到这里不得不提的就是"韩信点兵,多多益善"的故事。民间传说里这则故事可追溯至公元前二三世纪,西汉名将韩信用此方法点兵,以提升和振奋士气。

秦朝末年,楚汉相争。一次,韩信率兵与楚军交战。苦战一场,汉军死伤数百,遂整顿兵马返回大本营。当行至一处山坡,忽报楚军骑兵追来。只见远方尘土飞扬,杀声震天。此时汉军已十分疲惫,韩信令士兵 3 人一排,结果多出 2 名;接着令 5 人一排,结果多出 3 名;再令士兵 7 人一排,又多出 2 名。韩信当即宣布:我军 1 073 名勇士,敌人不足 500。果然士气大振,一举击败了楚军。

用现代数学语言来表述,"大衍术"是:设有 k 个两两互素的大于 1 的正整数 $m_i(1 \leq i \leq k)$,其乘积为 M。则对任意 k 个整数 a_i,存在唯一不超过 M 的正整数 x,x 被各个 m_i 除所得余数依次为 a_i。秦九韶给出了求解的过程,为此他提出了"辗转相除法"和"大衍求一术"。后者是指,设 a 和 m 是互素的正整数,m 大于 1,可以求得唯一的正整数 x(不超过 m),使得 ax 被 m 除后余数为 1。

1801 年,德国数学家高斯才在其著作《算术研究》里也给出了上述结果。1852 年,英国的伟烈亚力发表《中国科学记述》文,向西方数学家介绍了秦九韶的"大衍求一术"。1874 年德国科学史家马蒂生(L. Matthiessen)在他的著作中指出高斯的解法符合"大衍求一术",并赞扬了这一方法的发现人,—中国数学家是"最幸运的天才",人们才知道中国很早便有了这个伟大的发现,西洋人才将"高斯定理"改称为"中国剩余定理"。物不知数问题,在中国数学史上占有重要地位,其解法原则在近代数学史上一直是光焰夺目,占有显要位置,当代的电子计算机设计中也用到了这个伟大的定理。

结语: 以勤劳、智慧著称于世的我国古今许多杰出的数学家,他们为推动数学发展做出了彪炳千古的贡献。这些具有东方色彩的伟大成就,像一颗颗夜明珠,照亮着数学家前进的路。

11. 杨辉

杨辉

1. 幻方

杨辉(约1238—1298),浙江杭州人,现存的杨辉著作有以下5种,包含《详解九章算法》《日用算法》《乘除变通本末》《田亩比类乘除捷法》《续古摘奇算法》。杨辉对我国国宝级数学遗产"洛书"进行了研究,定义了"纵横图"的概念。"纵横图"也称为幻方,即从1到 n^2 连续 n^2 个自然数,排成 $n \times n$ 的方阵,使得每行之和、每列之和和每条对角线之和相等,都等于

$$\frac{1+2+\cdots+n^2}{n} = \frac{n(1+n^2)}{2}$$

而杨辉给出了3阶到10阶的幻方。如图为3阶(图6)、5阶(图7)幻方和10阶(图8)幻方。杨辉在他的《续古摘奇算法》一书中,不仅搜集到大量的各种类型的纵横图,而且对其中的部分纵横图还给出了如何构造的规则和方法,从而开创了这一组合数学研究的新领域。杨辉给出的方形纵横图共有13幅,它们是:洛书数(3阶幻方)一幅,四四图(4阶幻方)两幅,五五图(5阶幻方)两幅,六六图(6阶幻方)两幅,七七图(7阶幻方)两幅,六十四图(8阶幻方)两幅,九九图(9阶幻方)一幅,百子图(10阶幻方)一幅。

4	9	2
3	5	7
8	1	6

图 6

11	24	7	20	3
4	12	25	8	16
17	5	13	21	9
10	18	1	14	22
23	6	19	2	15

图 7

1	30	21	40	41	60	61	80	81	100
99	82	79	62	59	42	39	22	19	2
3	18	23	38	43	58	61	78	83	98
97	84	77	65	57	44	37	24	17	4
5	16	25	36	45	56	65	76	85	96
95	86	75	66	55	46	35	26	15	6
14	7	34	27	54	47	74	67	94	87
88	93	68	23	48	53	28	33	8	13
12	9	32	29	52	49	72	69	92	89
91	90	71	70	51	50	31	30	11	10

图 8

有关幻方还有这样一个传说,传说当年大禹治水成功之后,洛河上浮出一只巨大的乌龟,背上驮着一张图,这张图称为"洛书"。上苍把"洛书"献给大禹,作为对他治水有功造福百姓的奖赏,同时也是蓄意考查大禹的智慧究竟有多大。大禹几经研究,始终看不透这张"洛书"的天机。杨辉把"洛书"破译成方阵,识破了洛书的数学意义,即前面介绍的幻方,他把方阵称为"神农幻方"。事实上"洛书"也说明了中国是最早发现 3 阶幻方的国家。

评论:杨辉在数学史上与秦九韶以及元代的李冶、朱世杰合称宋元四大数学家。他对幻方的研究是世界上对幻方最早的记录和系统研究。自杨辉以后,明清两代中算家关于纵横图的研究相继不断。随着近代组合数学的发展,纵横图显示了越来越强大的生命力,在图论、组合分析、对策论、计算机科学等领域中,找到了用武之地。这也说明数学上很多成就,它的价值可能要几十年甚至更久才能被人们认识到,所以做学问要耐得住寂寞才能有大的成就。

2. 杨辉三角

杨辉于 1261 年画了如下一张图(图 9)。值得注意的是,杨辉给出的这个

"三角"阵,不仅仅美观有趣,而且还含有很深刻的数学内容。

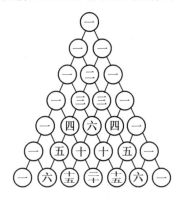

图9

①杨辉三角的第 $n+1$ 行是 $(a+b)^n$,展开式的系数序列为 $1,\mathrm{C}_n^1,\mathrm{C}_n^2,\cdots,$ $\mathrm{C}_n^{n-1},\mathrm{C}_n^n$:

$$(a+b)^n=1a^n+\mathrm{C}_n^1a^{n-1}b+\mathrm{C}_n^2a^{n-2}b^2+\cdots+\mathrm{C}_n^{n-1}ab^{n-1}+\mathrm{C}_n^nb^n$$

②杨辉三角的 $n+1$ 行是 $(u(x)v(x))^{(n)}$(n 阶导数)的系数序列:

$$(u(x)v(x))^{(n)}=1u^{(n)}(x)v(x)+\mathrm{C}_n^1u^{(n-1)}(x)v^{(1)}(x)+\cdots+$$
$$\mathrm{C}_n^{n-1}u^{(1)}(x)v^{(n-1)}(x)+\mathrm{C}_n^nu(x)v^{(n)}(x)$$

后来人们发现,这个三角形不仅可以用来开方和解方程,而且与组合、高阶等差级数、内插法等数学知识都有密切关系。1654 年,法国大数学家帕斯卡(Pascal)发明了一种"帕斯卡三角",实质上就是"杨辉三角",不过已经比杨辉晚了 400 年左右。

杨辉还得出公式

$$1^2+2^2+\cdots+n^2=\frac{n}{3}(n+1)\left(n+\frac{1}{2}\right)$$

$$1+3+6+10+\cdots+\frac{n(n+1)}{2}=\frac{n}{6}(n+1)(n+2)$$

评论:杨辉是古今中外天才数学家之一,这里列出的只是他的部分数学成就。

3. 数学教育家

杨辉是我国历史上著名的数学教育家,他写书教课深入浅出、生动有趣、图文并茂,他是中国南方最受欢迎的老师。他特别重视数学的普及,其著作多为普及教育而编写的数学教科书。

杨辉继承古代数学密切联系实际的优良传统,主张数学教育贯彻"须责实用"的思想。他在《日用算法》中说:"以乘除加减为法,秤斗尺田为问;用法必载源流,命题须责实有。"在教学方法上,他主张循序渐进、精讲多练;提倡"循循诱入",而又要求"自动触类而考,何必尽传"。在学习方法上,他提倡熟读精思,融会贯通;主张在广博的基础上深入,着重于消化,掌握要领。杨辉特别重视计算能力的培养,他说:"夫学算者题从法取,法将题验,凡欲明一法,必设一题。"又说:"题繁难见法理,定撰小题验法理,义既通虽用繁题了然可见也。"他还要求习题具有典型性,起到"举一(例)而三隅反"的作用。杨辉的先进的教育思想和教学方法,对后世有深刻的影响。

评论:杨辉的教育教学方法在今天数学教学中依然是适用的。现在强调的数学学科交叉就是古代密切联系实际的思想,教学方法及学习方法都与现在教育教学思想不谋而合,可见在那个时代,杨辉的教育教学理念已经达到很高的程度。

结语:杨辉的几部著作极大地丰富了我国古代数学宝库,为数学科学的发展做出了卓越的贡献,他不愧为"宋元四大家"之一。

12. 李冶

李冶

1. 科学精神

李冶（1192—1279），河北栾城人，原名李治，为避免与唐高宗李治同姓名，把"治"字去了一点，改名李冶。李冶生于河北有名的书香门第，父亲李遹是当时有名的学者，为人为官清正廉明。在良好家教之下，李冶从小养成了勤奋正义的品格。李冶年轻时代正值金朝衰败，1232 年，蒙古军攻陷陕西，当时已是金朝头名进士的李冶不愿为元朝统治者效力，隐居山西崞山，虽"饥寒不能自存"，仍潜心研究数学。1251 年，转移到河北封龙山聚徒讲授数学，在山上筹建封龙书院，广收学子办教育，号称"龙山老人"。1248 年，李冶在封龙山上写成数学名著《测圆海镜》。李冶发展了天元术，把几何题化成高次代数方程，所谓天元即代数。

李冶不仅是一位天才的数学家，而且也是一位颇有政治家风度的学者。事实上，李冶青少年时代曾饱学诗书，对文学、历史学也很有研究和见解，人称"经为通儒，文为名家"，对社会科学修养极深。元朝建国后，元世祖忽必烈多次聘请李冶出山，还曾向李冶请教如何治国平天下，李冶陈述了自己的政治见解："为治之道，不过立法度、正纪纲而已。纪纲者，上下相维持；法度者，赏罚示惩劝。"在谈到人才问题时,他说:"天下未尝乏材,求则得之,舍则失之,理势然耳。"最后,他向忽必烈提出"辨奸邪、去女谒、屏馋慝、减刑罚、止征伐"五条政治建议,得到忽必烈的赞赏。

李冶至死都在为天元术在中国的发扬光大而努力,他临终遗言曰:"吾平生著述,死后尽可燔去,独《测圆海镜》一书,虽九九小数,吾常精思致力焉,后世必有知者,庶可布广垂永乎?"历史也确实证明,李冶是世界著名的数学家之一,其著作《测圆海镜》确实也成了数学上的宝贵典籍。

评论:人们对李冶这种威武不屈、富贵不淫的科学精神极为赞赏。元朝耶律铸在《双溪醉隐集》这本书的卷三中,有一首《送李敬斋行》的诗,高度赞扬了李冶。这首诗写道:

> 一代文章老,李东归故山。
> 浓露山月净,荷花野塘寒。
> 茅屋已知是,布衣甘分闲。
> 世人学不得,须信古今难。

2. 不耻贱技甘做牛

李冶之前,中国数学家用文字表示代数多项式里的常数项、一次项、二次项等,李冶则把这种古怪的"文词代数"改造成"符号代数",16 世纪,法国数学家韦达(Viete)引入拉丁字母表示数,比李冶的上述"符号代数"表示法晚了 300 年左右。

李冶还发明了负号,他的负号不同,是数字上画一条斜线。而在外国,德国人是在 15 世纪才引入负号的。李冶还发明了一套相当简明的小数记法,在李冶之前,小数记法离不开数名,如 7.598 75 尺记作七尺五寸九分八厘七毫五丝。李冶则取消数名,完全用数码表示小数,如 0.25 记作〇＝||||||,这种记法在当时算是最先进的。直到 17 世纪,英国数学家 J. 纳普尔发明小数点后,小数才有了更好的记法。

李冶不止一次地把几何与代数结合来解决实际问题,这种代数应用于几何,几何应用于代数的观念是数学中数形结合的光辉先例,这种观念后来为笛卡儿所发扬光大,创造了解析几何。

传说在 1248 年的一天中午,李冶从一位富绅家丈量土地面积后,回到封龙书院,丢下工具就开始准备下午上课用的教具。这时,一位有过一面之缘的豪绅前来拜访。这人见李冶衣着简单,穿得和一般市民一样,桌上的也不过是两个素菜一碗稀饭,便很是不屑。他本是来劝李冶到元朝做官的,谁知他刚开口说到"兄台放弃高官厚禄,甘愿粗茶淡饭,醉心那些死板的数字,何不到当朝为官,光宗耀祖?"时,李冶打断他的话头:"如果阁下交流一下生活心得,欢迎请坐;如果让我不爱数学,投身官场,那请便!"豪绅很尴尬,想了想,便赋诗一首为自己解围:"玩物丧志戏贱技,高官厚禄美名留。荣华富贵青云路,何作庶民数字牛?"李冶摇摇头,知道自己和豪绅不是一路人,便也口占诗歌一首:"高官厚禄吾不爱,数字游戏兴趣稠。人间科技通四海,不耻贱技甘做牛。"

评论:正是这种醉心甘为"数字牛"的精神,促使李冶几十年如一日地投身天元术之中,并取得了前人未有的成绩。时至今日,仍有中外许多学者研读李冶的著作。史学家对李冶盖棺定论:"讲学著书,秘演算术,独能以道德文章,确然自守,至老不衰。"这是我们年轻一代数学家学习的楷模。

结语:美国数学史家萨顿在其著作中称李冶是金元时代中国最伟大的数学家之一。1992 年,在李冶诞辰八百周年之际,人们为了纪念他,办了一个空前规模的展览会,开展了纪念活动。李冶的数学成就、治学精神和高尚品格将永远为后人所敬仰。

13. 朱世杰

朱世杰

朱世杰(1249—1314),是中国古代数学全盛期最伟大的数学家之一,字汉卿,号松庭。朱世杰处于中国传统数学发展的鼎盛时期,当时,南北方数学全面繁荣发展,南方以秦九韶、杨辉为代表,在高次方程解法、同余式组解法方面取得巨大成就。北方则以研究天元术为主,出现了天元术大师李冶。但由于南北对峙,南北之间的学术交往几乎是断绝的,南方的数学家对北方的天元术毫无所知,而北方的数学家也很少受到南方的影响。

1729 年,南宋灭亡,元统一中国,朱世杰以数学家的身份周游各地 20 余年,全面继承了前人的数学成果,既吸收了北方的天元术,又吸收了南方的正负开方术,在此基础上进行了创造性的研究,写成了被称为"算家之总要"的《算学启蒙》,以及代表宋元数学最高成就的《四元玉鉴》。

《算学启蒙》是一部优秀的数学科普著作,数学家的启蒙教科书,全书分 3卷,深入浅出并很精彩地陈述了 259 个数学问题的巧妙解法。赵元镇为《算学启蒙》作序曰:"燕山松庭朱君,笃学九章,旁通诸术,出意编撰算书三卷,分二十门,立二百五十九问,细草备辞,置图折体训为《算学启蒙》,贯通古今,发明后学。明天地之变通,演阴阳之消长,能穷未明之明,克不解之解,索数隐微,莫过乎此,是书一出,为算法之标准,四方之学者归焉。"《四元玉鉴》是深入研究天元术的专著,亦分 3 卷,主要论述多元(最多四元)高次方程的解法,清代数学家称朱世杰"兼秦、李之所长",秦即秦九韶,李指李冶;"超越乎素李之上",《四元玉鉴》为诣极之书"(图 10)。

图 10

朱世杰的主要贡献是创造了一套完整的消未知数方法,称为四元消法。这种方法在世界上长期处于领先地位,直到 18 世纪,法国数学家贝祖(Bezout)提出一般的高次方程组解法,才超过朱世杰。除了四元术以外,《四元玉鉴》中还有两项重要成就,即创立了一般的高阶等差级数求和公式及等间距四次内插法公式,后者通常称为招差术。

《算学启蒙》出版后传入日本、朝鲜等国,在朝鲜,《算学启蒙》曾被李氏朝代规定为考官取仕的主要命题依据。20 世纪初日本数学家三上义夫把《四元玉鉴》介绍到西方,20 世纪 70 年代,新西兰籍华人数学家谢元祚发表了关于《四元玉鉴》的研究论文,且把此书翻译成法文在西欧发行。

朱世杰周游各地 20 余年中,向他求学的人很多,他到广陵(今扬州)时"踵门而学者云集"。朱世杰不仅看到了他为之呕心沥血的《算学启蒙》和《四元玉鉴》的出版,还看到了读者争相买书的盛况。不管是社会名流,还是年轻学子,都为他的深刻的思想及敏捷的思维所倾倒。

评论:20 世纪美国科学史家萨顿称朱世杰是"贯穿古今的一位最伟大的数学家"。《四元玉鉴》是中国数学著作中最重要的一部,同时也是中世纪最杰出的数学著作之一"。清罗士琳认为:"汉卿在宋元间,与秦道古(即秦九韶)、李仁卿(即李冶)可称鼎足而三。道古正负开方,汉卿天元如积皆足上下千古,汉卿又兼包众有,充类尽量,神而明之,尤超越乎秦、李之上"。清代数学家王鉴也说:"朱松庭先生兼秦、李之所长,成一家之著作。"朱世杰除了全面继承并创造性地发扬了天元术、正负开方法等秦、李书中所载的数学成就之外,还囊括了杨辉书中的日用、商用、归除歌诀之类与当时社会生活密切相关的各种算法，并做了新的发展。

　　结语：杰山松庭朱先生以数学名家周游湖海二十余年，四方之来学者日众，为书三卷，名曰《四元玉鉴》，是书将大用于世，格物致知之学，治国平天下之道，其在是矣。

——莫若《〈四元玉鉴〉序》

14. 吴敬

吴敬

　　吴敬(约1385—1450),字信民,号主一翁,仁和(今杭州)人,明代数学家。曾几次担任浙江布政使司的幕僚。掌管全省田赋和税收工作,以善算而闻名当地,得藩桌信任。明朝曾下令严禁民间私习天文历算,因此一般士子视数学研究为畏途,像《九章算术》之类的古典,在入明百年后几乎近于失传。吴敬曾"历访《九章算术》全书,久未得见"。他花了十年的时间整理,研究,于1450年撰写了《九章算法比类大全》十卷,共1 329题(又说1 448题)。

　　《九章算法比类大全》简称《大全》。基本上是按照《九章算术》名称、顺序,卷10专论开方。因他十分推崇《九章算术》。每卷分古问、比类、诗词三类算题。每卷首列少量"古问",取自结合当时实际的传统算书题;然后是大量结合当时生产、生活实际的应用题,称为"比类";每卷末是趣味古典诗词算题,共331题。程大位《算法统宗》中的许多诗词题都选自此处。

　　众所周知,我国传统数学经过宋元时代的高度发展以后,从明朝开始衰弱。传统算经典籍研究者寡而亡佚。另一方面,明代商业经济的发展,《大全》一书为其杰出代表著作。

　　吴敬是当时杭州一带著名的数学家,许多人包括官吏"皆礼遇而信托之",请他解决各种数学问题。这些问题成为他研究数学的重要内容。《大全》中商业的算题很多,这与当时商业数学普及是紧紧联系在一起的。由于他有意识提倡古典数学,对当时数学研究产生一定的影响,反映出数学在商业中的作用。诗歌体算题极富教育功能。

评论:无独有偶,《大全》成书 28 年后的 1478 年,意大利的特雷维沙(Treviso)出版了第一本西方商业数学,两书许多算法、名称不谋而合,非常相似。当然,不能说两者有因袭关系,而是各自独立写成的。

结语:吴敬所著《大全》,对明中叶以后的数学产生了重大影响,基本代表了明初百年间数学发展的大致水平。从吴敬所处时代看,明代对数学的不重视也导致了中国古代数学开始逐渐走向衰弱,而吴敬能够在这种大背景下坚持自己的信念促进数学发展也是需要足够的毅力才能做到的。

15. 程大位

程大位

1. 写出最好珠算书的数学家——程大位

程大位(1533—1606),安徽休宁人,字汝思,号宾渠。幼年除了学习数学外,还学儒家的学问,年纪大了就出外做生意,"周游吴楚之墟"。他在经商期间,除了收集算书外,也同时收集文字方面的书籍。算盘是当时从商者的工具,但是缺少统一的珠算教科书,计算方法往往因人因地而异。程大位每到一地,都要观察同行的计算方法,回到客店床上就细心琢磨,归纳顺口的口诀。听到哪里有好书,就或买或借,"齐心一志,至忘寝食"。程大位在几十年的经商期间,收集了很多数学书籍,积累了丰富的数学知识。

程大位感到学习数学很重要,他说:"远而天地之高广,近而山川之浩衍,大而朝廷军国之需,小而民生日用之货(同资)。"这就是说,远到天地的高广,近到大山平川的巨大变化,大到国家的经济需要,小到民生的日常生活,无不需要数学。

他晚年退居乡下,用20年的时间写了《直指算法统宗》,简称《算法统宗》。他除了从这些书籍中吸收其精华,同时也保留了许多重要的文献。《算法统宗》流传广泛,对明末以及清代民间数学知识的普及和中国古代数学知识的继承有不可忽视的作用。其后六年,又对该书删繁就简,写成《算法纂要》四卷,成为后世民间计算最基本的读本。该著作详述了传统的珠算规则,确立了算盘用法,完善了珠算口诀,搜集了古代流传的595道数学难题并记载了解决方法,是中国16—17世纪数学领域集大成的著作。他的同乡吴宗儒称赞他:"书擅八分,算穷九九,迹隐市衢,心超林薮。"

《算法统宗》是程大位本人学习算盘、使用珠算、研究珠算的经验总结。此书卷一是数学词汇、度量衡单位以及珠算的基本方法,有整数运算、分数运算、开平方和开立方、定位方法、加法口诀及九归口诀。卷二是整数和分数的基本运算,主要是归除法与留头乘法。卷三至卷十按《九章算术》体例分方田、粟布、衰分、少广、商功、均输、盈朒、方程、勾股十章,其中少广分为两章。卷十三至卷十六仍按《九章算术》的章目,是用诗词体例记述的难题。卷十七是杂诗,包括写算、一笔锦、纵横图等。

这本书的初刊本出现后十年,李之藻和意大利传教士利玛窦合作,以《算法统宗》和利玛窦的老师、德国数学家克拉维斯的《实用算术概论》为底本,编译出一部名为《同文算指》的书,在1613年出版,是一本著名的教科书。1659年李长茂编的《算海说详》九卷,全部取材于《算法统宗》。梅文鼎(清初的天文学家和数学家),在他的《万程论从勾股誉隅几何通解》等著作中也多处用《算法统宗》。清代完成的大型类书《古今图书集成》将《算法统宗》全文辑入。明末日本丰臣秀吉命令毛利重作来华学习数学时带回《算法统宗》和中国算盘。以后多达8种不同的版本流入日本。毛利重作向他的弟子介绍程大位的工作,1627年他最得意的弟子吉田光由写了一本《尘劫记》,是以程大位的书为蓝本改写而成。

程大位的《算法统宗》在1592年5月出版之后,从明代到清代,各地书商纷纷翻刻,这书流传的广泛和长久,在中国数学史上是罕见的。明末时,这书于1600年传入日本、朝鲜及东南亚各国,对那些地区的数学发展有很大的影响。日本人奉他为"算神",每年8月8日均要举行隆重的"算盘节"纪念程大位。从清朝一直到民国初年,出现了《算法统宗》的各种翻刻本及改编本,民间还有各种手抄本流传,此书广泛流传300多年不衰,对民间普及珠算和数学起了重要的作用。

评论:程大位的经历也告诉我们,只有经过年轻时候不断地积累,最终才能融会贯通,成为真正的"大家"。程大位也被中算史家严敦杰、梅荣照两位先生称赞为"明代最杰出的数学家"。

2. 珠算博物馆

在安徽省黄山市屯溪前园渠东,有一座明代徽州古民居建筑,是程大位故居,现扩展成为程大位珠算博物馆,这是一扇展示徽文化的窗口。前堂立有程大位画像和悬挂六角宫灯,横梁上"程大位故居"匾额为著名数学家苏步青教授所题。程大位故居占地面积4 000多平方米,于1986年9月18日程大位逝世380周年纪念日正式对外开放。

馆内陈列的最小的算盘是一只戒指算盘,尺寸为1厘米×0.5厘米,纯银精制,镶嵌在一枚戒指上,为清代文物。最大的是门衡算盘,最长的是开方算盘,最古老的是算筹箸游算盘,最怪的是圆算盘和无珠算盘与梁上三珠算盘。令人大开眼界的是一只清代的九层算盘,其外形尺寸长60厘米,宽40厘米,全木结构。它内分九层,每层均为标准、完整的上二下五珠24档算盘,全算珠总数达1 512只之多。九层算盘并非单纯的算盘工艺品,而是一只具有实用价值的特殊算盘。据介绍,该九层算盘是当年徽商经营过程中应运而生的,一般置放在总账房先生的案桌上。每个下属部门报来的账目各占一层,最下一层便为各下属部门账目汇总的数字。

世界第一卷尺是程大位于1578年左右发明的(图11),他当时把它称作"丈量步车",他也因此被誉为"卷尺之父"。程大位编著的《算法统宗》第三卷中有完整的零件图、总装图、设计说明和改型说明等全套书面资料,这在世界发明史上是相当罕见的。馆长说:"根据这套资料,世界上任何一个国家的木工都能很方便地仿制出来。"

图11

评论:程大位珠算博物馆的建立,为国内外的专家、学者及珠算爱好者提供了较完整的研究和学习场所,形成了洲际性珠算研究和培训中心。

结语:如今我们都知道珠算,但鲜有人知道《算法统宗》才是明清珠算的基础,这本书详述了传统的珠算规则,确立了算盘用法,完善了珠算口诀,开创了珠算计数的新纪元,因此被称为中国 16—17 世纪数学领域集大成的著作,"集成计算的鼻祖",以及"珠算之父",英国学者李约瑟评价为:"在明代数学家当中,最引人注目的是程大位。"除此之外,程大位发明的卷尺也是我们国家古代数学家的原创性工作,其他像牙刷、播种机等也都是中国古代科技产品,我们古代数学家的智慧结晶不仅影响了中国,更影响了世界。

扩展阅读 6：算筹

几千年前中国人为了生活需要而使用的是一种独特的计算工具——算筹。

筹是一些小竹、木棍。从西周直到宋元,有两千多年的时间,人们都是以筹来作计算工具。筹也有以骨、玉、铁等材料制成。1954 年考古学家在湖南省长沙左家公山发现一座 2100 多年前战国晚期的楚墓,里面有一个竹筒,装有天平、砝码、毛笔,以及 40 根长短约 12 厘米的竹筹,这是最早发现也是当时所知最古的算筹实物。到了 1978 年,在河南省登封出土的早期战国陶器,上面刻有算筹记数的陶文。因此可以把使用算筹的时间推到更古远。

在西汉时算筹一般是圆形竹棍,把 271 枚筹捆成六角形的捆。这在《汉书·律历志》中记载:"其算法用竹,径一分,长六寸,二百七十一枚而成六觚,为一握。"从汉朝到隋朝,算筹渐渐改变成短小,而且把圆柱形改成棱柱形,主要原因是为了方便取用。

中国人利用算筹作为计算工具,从春秋至汉、唐、宋、元,有两千多年历史。可是筹算在数字计算方面有一定的缺点。宋代马永卿曾在《懒真子》一书记载:"卜者出算子约百余,布地上,几长丈余。"我们现在可以想象距今 1 500 年前南朝的祖冲之要计算圆内接正 24 576 边形的边,而得到圆周率 π 的近似值在 3.141 592 6 及 3.141 592 7 之间,其计算量及他所要用的计算面积的巨大。

中国人长期用算筹来做计算的工具,可是随着生产和商业交换活动的发展,筹算逐渐不能适应生活的需要,特别是商贾买卖需要快速计算。算筹摆放速度慢,占用面积大,很不方便。因此当珠算产生之后,由于构造简单、价格低廉、计算方便,很快取代算筹。到明末,在中国盛行了两千年的算筹和筹算,终于被算盘和珠算逐渐代替,完成了它的历史使命,走到了尽头。

16. 徐光启

徐光启

1. 忧国忧民，注重实践

　　徐光启（1562—1633），字子先，号玄扈，谥文定。1562 年，徐光启出生在上海，家境清贫。父亲本来经商，后来亏本，只好以种田生活，母亲则靠纺纱织布维生。家庭收入虽然不好，但他们非常重视徐光启的教育。少年时代，徐光启有幸在上海附近的龙华佛寺学习六年，后来，为了步入仕途，他继续专心求学。1581 年，他考中秀才。但是，在后来的科举考试中，他却屡次落第，直到 22 年后，才终于考取进士。

　　在这段漫长的时光里，徐光启目睹了百姓艰辛的生活环境，特别是 1587 年，一场空前的大饥荒给他留下了难以忘怀的印象。在儒家以天下为己任的思想熏陶下，他意识到农业、水利发展及抵御外敌的重要性。为维持生计，徐光启充任私塾教师的同时开始钻研兵书和农学，逐渐形成了自己兴趣广泛的特点，但所有兴趣都要落在强国利民的实用学问基础上。

　　徐光启在天文历法方面的成就，主要集中于《崇祯历书》的编译和为改革历法所写的各种疏奏之中。除《崇祯历书》全书的总编工作外,徐光启还参加了《测天约说》《大测》《日缠历指》《测量全义》《日缠表》等书的具体编译工作。

因从小打下的烙印,徐光启在农学方面的研究最深,而且著作也众多,共有《农政全书》《甘薯疏》《农遗杂疏》《农书草稿》《泰西水法》等。《农政全书》初稿完成后,因他当时忙于负责修订历书,无暇顾及,还是去世后由他的门人陈子龙等人负责修订,于1639年刻板付印的。《农政全书》全书分为12目,共60卷,50余万字。书中内容基本上囊括了中国古代汉族农业生产和人民生活的各个方面,治国治民的"农政"思想贯穿其中。对指导农民的做农活有很大的实际意义。

在军事方面,徐光启特别注重火炮的制造,他曾多方建议、不断上疏,希望能引进西方火炮的制造技术。徐光启还对火器在实践中的运用,对火器与城市防御,火器与攻城,火器与步、骑兵种的配合等各个方面都有所探求。

徐光启撰写的《选练百字诀》《选练条格》《练艺条格》《束伍条格》《形名条格》《火攻要略》《制火药法》等各种条令和法典更是我国近代较早的一批条令和法典。

评论:心怀天下,热爱自己的国家和人民,并以国家和人民的利益为自己的职业方向,值得我们后人尊敬。

2.中西结合,成就卓著

1600年,38岁的徐光启在南京第一次与利玛窦会晤,从此建立了深厚的友谊,以礼相待,交往甚密。后师从利玛窦,徐光启开始学习西方的天文、历法、数学、测量和水利等科学技术,并根据当时国内的实际情况中西结合,致力于科学技术的研究,为明朝的科技进步与发展贡献了自己的毕生精力。

徐光启在数学方面的最大贡献首推和利玛窦共同翻译了《几何原本》(前6卷)。他提出了实用的"度数之学"的思想,同时还撰写了《勾股义》和《测量异同》两书。徐光启是我国首先把"几何"一词作为数学的专业名词来使用的人。后来到20世纪初,以《几何原本》为主要内容的初等几何学成为中等学校的必修科目。

崇祯六年(1633年)十一月初八,徐光启病逝,崇祯皇帝闻讯辍朝7天,特地为他赐祭,谥"文定"。

徐光启的后代中,对中国近现代影响最大的人,莫过于倪桂珍(1869—1931)。倪桂珍聪慧秀丽,灵动可人,17岁毕业于上海裨文女中(今黄埔学校),曾留校任教员。倪桂珍与传教士宋嘉树结婚后,生育三子(宋子文、宋子良、宋子安)、三女(宋霭龄、宋庆龄、宋美龄)。

上海徐家汇是徐光启的故乡,徐家汇本名法华汇,后来为了纪念徐光启改名为徐家汇。徐光启墓就位于徐家汇南丹路的光启公园内。墓前立有石碑、石人、石马、华表、石牌坊等物。石牌坊上正中额题"文武元勋",右题"熙朝元辅",左题"王佐儒宗",正中额下题:"明故大夫太子太保赠少保太保礼部尚书兼文渊阁大学士徐文定公墓阙。"石牌坊镌有对联,上联"治历明农百世师,经天纬地",下联"出将入相一个臣,奋武揆文",这副对联对徐光启一生做了恰如其分的评价。

　　园内还有徐光启纪念馆。纪念馆分为四大陈列:徐光启平生、《农政全书》与《几何原本》、《崇祯历书》与《徐氏庖言》,以及徐光启与上海。

　　评论:中国明代农艺师、天文学家、数学家徐光启,可以说是名副其实,让中国人放眼看世界的第一人,更可以称为是中西文化交流的先驱者。他毕生致力于科学技术的研究,勤奋著述,是介绍和吸收欧洲科学技术的积极推动者,为17世纪中西文化交流做出了重要贡献。徐光启的前瞻性在现在看来依然是值得推崇的。

　　结语:徐光启敢于引进国外先进技术,推动我国社会、经济蓬勃发展的可贵精神,值得我们学习;让国人放眼看世界,打破古代故步自封的陈旧观念,促进中西文化交流的远见卓识,也值得我们赞赏。

扩展阅读7:《几何原本》与译名

　　几何学起源很早,据记载,约前320年,希腊科学史家欧德莫斯(Eudemus)最早的著作《算术史》《几何学史》等中说:几何学由埃及人开创,产生于土地测量,由于尼罗河泛滥冲毁地界,所以重新测量、划分土地的需要促进了几何学的产生。据说更早时候,古希腊历史学家希罗多德(Herodotus)也有此说法。因此,"几何"一词来自希腊文"土地"和"测量"二字合成词,直接源于农业生产需要。

　　古代中国、古埃及、古巴比伦、古希腊等地都是几何学重要发源地。从埃及金字塔的建造来看,古埃及在四五千年前就已懂得不少几何知识,如圆面积计算法等。古巴比伦人的泥板书中已有矩形、直角三角形以及柱体等的计算方法,并且最早发现勾股定理。

　　欧几里得的《几何原本》是集希腊几何于大成者,建立了演绎科学,创立了严密的逻辑体系。此外,阿基米德《圆的度量》等,阿波罗尼奥斯的《圆锥曲线论》等,成为几何学发展的精品。

中国几何学起源也很早,如在黄河流域发掘出来的陶器上有各种几何图形。前4—前3世纪成书的《墨经》给出了一些几何名词定义和几何命题,《周髀算经》叙述了勾股定理和测量方法。东汉初年《九章算术》给出许多面积和体积的计算方法。

中国古代几何学称为"形学"。明朝科学家徐光启与意大利传教士、科学家利玛窦共同翻译欧几里得《原本》一书时,当时译文不像今天这样,既有数学译名参考,又有现成译名借鉴。当时此书由利玛窦口授(他懂中文),徐光启笔录(他懂数学,不懂外文),在译完付印前,徐、利二人共商书名译文。

我们知道,当时译本是根据生于意大利的德国数学家克拉维克(C. Clavins)的书译的,其书名是 *Euclid Elementorum Libri* XV,1574(《欧几里得几何原本15卷本》),其中" Elementorum "一词的意思是要素或元素。书名中没有" Geometriae "(几何)这个词,因此不是用这个词译出的,更不是" Geo "(几何)的译音。

那么,他们是怎样想出来在《原本》前加上"几何"二字呢?主要原因有二:

第一,书名《几何原本》不是狭义的指"多少"的意思,而是泛指度量以及包括度量有关的内容。例如,卷一前面的译文说"凡历绘、地理、乐律、算章、技艺、工事,诸事,有度有数,皆依赖十府中几何府属"。"十府"是西方哲学家对自然界和人类社会所划的十个归属。显然,把"几何"划归为度量有关的数学。

第二,"几何"译名,也源自对《原本》内容的正确认识,如徐光启在译本序中说:"《几何原本》者,度数之宗,所以穷方圆平直之情,尽规矩准绳之用也。"这就是说,几何原本是计算数量之本,推究几何图形的性质,全用工具作图与测量的一门科学。因此,《原本》是当时数学的基础、根本。正如他们所说:"原本者明几何之所以然,凡为其说者无不由此出也。"(大意说,原本是几何学的根本,学习几何须先从此开始)这就是说《几何原本》是几何学的原本之书。

综上所述,"几何"译名主要来源于对《原本》内容的正确认识和古算传统用语,现在看来书名译为《几何原本》也是非常正确合理的。

当然,有关书名还有一个美丽的传说,据说:

有一天傍晚,徐光启漫步在庭院。秋高气爽,晴朗的天空,秋星闪闪发光,月亮左边银河高悬,斜贯长空。徐光启仰望天空,一下触景生情,想到东汉末年(220年前后)《古诗十九首》中的一首古诗"迢迢牵牛星"。

迢迢牵牛星,皎皎河汉女。
纤纤擢素手,札札弄机杼。
终日不成章,泣涕零如雨。

57

河汉清且浅,相去复几许。

盈盈一水间,脉脉不得语。

　　他由"几许"想到"几何",这与"Geo"音近意切。于是,一个流芳千古的译名诞生了。我们暂不考证这个美丽传说的真伪,但至少可以证明一个事实:徐光启译书,前无先例,别无依傍,筚路蓝缕,以启山林,工作之艰难,可想而知。《几何原本》前6卷的斟酌、推敲与多次修改、润色,煞费苦心的辛劳从书名的选择也可见一斑。

17. 梅文鼎

梅文鼎

1. 中西贯通,爱国情怀

明崇祯六年,梅文鼎(1633—1721)出生于一个充满书香气息的环境中。梅文鼎自幼聪慧,很小的时候便跟随自己的父亲,跟从私塾老师仰观天象,自那时起,他便了解掌握了运旋大意,九岁熟读五经,通晓史事,有了"神童"的称谓。梅文鼎在十五岁的时候,便中了秀才。在大家以为这个天才少年要大展手脚的时候,亲人的相继离世使得梅文鼎不得不先放弃他考取功名的脚步,但是他研究的脚步从来没有停止过。

元代中叶以前,中国数学、天文学研究居世界领先地位。但经元末明初以来300余年的荒废,到了清初,出现了经典散佚、算法失传、历法失修的严重局面,中国传统的历算学几乎成了绝学。而在此期间,欧洲经历了文艺复兴运动,科学技术突飞猛进。以利玛窦为首的一批传教士于明末进入中国,带来了《几何原本》和西洋历法等科学知识,受到了以徐光启为代表的部分知识分子的欢迎,但同时也遭到了以杨光先为代表的保守派的抵制和反对。到了清初,新旧历法之争更趋激烈,演变成了长达10年之久的"历讼"。

梅文鼎深谙这场历法争议是"去数谭(谈)理,聚讼徒纷;举一废多,抑扬失

59

实"。因此,他首先广泛搜寻古今中外历算书籍,下功夫研读,力求贯通,遇所疑处,废寝忘食,必通贯乃已。

梅文鼎的第一部数学著作是《方程论》,撰成于康熙十一年(1672 年)。当时西洋教士趾高气扬,蔑视中国传统文化。梅文鼎抓住"方程"这一"非西方所有"的中国传统数学精华来显示中华数学的骄傲,是颇有爱国情怀的。他在书成后给数学家、桐城人方中通的书信中透露了这一思想。他说:"愚病西儒(指传教士)排古算数,著《方程论》,谓虽利氏(指利玛窦)无以难。"

但他对于西算却能采取正确的态度,主张"去中西之见,以平心观理"。他在发掘整理中国古算的同时,潜心研读《几何原本》等西算书籍,力求会通中西算法。梅文鼎一生以读书、著书为事,以教书为业,把学习研究和传道授业结合为一体。他交游广泛,足迹南至闽,北至京津、河北,中历齐、楚、吴、越,一面设馆授徒,一面寻师访友,与清初历算诸家及域外友人都有交流与交往。他向别人请教,虚怀若谷;为人答疑解难,循循善诱,诲人不倦。他的著作,深入浅出,"往往以平易之语,解极难之法""使读者不待详求,而义可晓然",足可导学者先路。

梅文鼎不仅对历算颇有建树,他在注重天文观测的同时,还创造了许多结合了中西方特色的测量仪器,如璇玑尺、侧望仪、月道仪等,他这些在天文方面的贡献,对后世仍有着不可忽视的作用。梅文鼎在数学方面著书二十余本,将中西算法进行了深度的融合,他的研究,不止推动了清朝的数学发展,对于后世,也有着很深的影响。

梅文鼎的研究重心很显然是历算,但是这并不是他生活的全部,古代风雅之事,就应该是与友与酒与诗,梅文鼎能提笔成诗,也能落墨出文,他不拘泥于古旧之风,也不过度追求新风尚。他的诗文中没有如杜甫般"老夫聊发少年狂"的壮志难酬,也没有好似李白"莫使金樽空对月"的豪情壮志。他的笔下都是他的所见所感,他的"路转层云峰出没,水气古涧石""病起看山山更气,溪桥酒醒一题诗"都能让我们觉得他的文笔既简约,也透露着作者的感情。

评论:知识无国界。梅文鼎这种浓厚的爱国情怀与兼收并蓄的学者风范,是我们现代的知识分子的榜样。梅文鼎的一生,是从古至今多数科学家、研究学者一生的缩影。他们埋头致力于自己的工作领域,研究出来的成就可以流传百年甚至千年,他们所研究的成品也被世人充分利用学习,但是他们只生活在这些荣耀光芒身后。他们的生平,他们呕心沥血的付出,甚至于他们的名字,我们很多人可能都不了解。

结语:梅文鼎纪念馆位于宣城市区的陵阳山上,是典雅古朴的徽式古建筑,馆共三进,内有梅文鼎半身铜像、梅氏宗谱、梅文鼎著作及其他文物。于 1988

年,为纪念清代著名天文学家、数学家梅文鼎诞辰355周年,在梅文鼎的家乡宣州市,兴建了梅文鼎纪念馆,1988年11月,正式对外开放。

扩展阅读8:梅氏数学世家

梅氏家族是声名显赫的数学家族,梅文鼎和他的两个弟弟、一个儿子、两个孙子、五个曾孙共11位是数学家。梅瑴成是他的孙子。祖孙四代都精通数学,可与瑞士伯努利数学家族相媲美。

梅瑴成在数学上造诣很深,被当朝的康熙帝所赏识。他曾和皇子皇妃等在宫中读诗书和数理天文,还听博学的康熙帝用满文讲欧几里得《几何原本》的内容。梅瑴成是个有突出成就的数学家,著作很多,如与何国宗主编《律历渊源》巨著共100卷,并编辑了《梅氏丛书辑要》23种61卷。另外,他还根据明朝数学家程大位书上的诗题编成《增删算法统宗》卷十、卷十一,这两卷中的都是用诗歌写出来的。下举其中一例供赏析:

唐僧取经

三藏西天去取经,一去十万八千程。

每日常行七十五,问公几日得回程。

【注释】当时1年按360天计。

——梅瑴成《增删算法统宗》

评论:我国数学史家严敦杰先生说:“在17到19世纪我国数学家的研究主要为安徽学派所掌握,而梅氏祖孙为中坚部分。”

18. 罗士琳

罗士琳(1774—1853),字次掺,号名香,生于江苏甘泉(今扬州)。早年以学经、史为主,读"四子六经"之书,兼及六艺。30岁左右才把精力集中于他喜欢的天文、历算之中,博诸家之作,广采众家之长,被誉为"博闻强识,兼综百家,于古今算法尤具神解"的数学家。

罗士琳对古代数学经典进行了详细的研读和校勘,并在此基础上写出自己的研究心得和成果。他自撰和校正的主要数学著作很多,共10余种50余卷,其中,《四元玉鉴细草》24卷(1834年)为卷数最多。

《四元玉鉴》是元代大数学家朱世杰的著作,其所论"四元术",代表了宋元数学的最高水平。然而从元末以后,由于战争和其他原因,致使该书失传了四五百年。到19世纪初叶,阮元才从民间访得,但因该书简奥,当时已无人读懂。阮元本拟请李锐补作细草,以彰其意,但因李病卒未果,道光二年(1822年)阮元在京师遇罗士琳,遂将此项任务交罗完成。罗参照当时所能找到的两种抄本和新刻元大德本,呕心竭力12年,在研读和校勘的基础上补出了全书各题算式演草,使原来的3卷增至24卷,书名为《四元玉鉴细草》,于道光十四年出版。其后,朱世杰另一部著作《算学启蒙》的朝鲜刻本,又被罗士琳在北京觅得,他同样加以校注后使之出版。

阮元《畴人传》(1799年)为我国数学、天文学家立传,是一项开创性工作。然至道光中期,40年间畴人辈出,前代大算书也不断发现。为反映这段历史,罗士琳续写《畴人传》6卷,增列44人。他"叙述当时学者的生平事迹和学术成就比较翔实,传后的评论也较前准确公允,具有时代精神。《续畴人传》与《畴人传》一样,成为专门研究中国数学史的佳作,为人们所推崇。

评论:由于罗士琳的上述工作,特别是《四元玉鉴细草》的出版和传播,"四元术"重新被人们认识和理解,使我国传统数学在中落数百年之后,得以恢复到它的最高水平,实为中国数学史上一大幸事。朱世杰功当不朽,罗士琳功亦不朽。

结语:罗先生的数学思想有独到之处,他的数学观认为数学是统一的,表现为数与形的统一和代数与几何的统一。

19. 李善兰

李善兰

1. 清代数学家

李善兰(1811—1882,原名心兰),字竟芳,号秋纫(别号壬叔),是我国清代数学家、教育家。生于浙江省海宁市,李善兰自幼聪敏好学,10 岁时偷看了私塾老师书架上的《九章算术》,引起了对数学的兴趣。15 岁那年,又读了徐光启、利玛窦合译的欧几里得的《几何原本》前 6 卷,接着又研读了李冶的《测圆海镜》,戴震的《勾股割圆记》等数学著作,到 30 岁时已具有很深的数学造诣,并开始撰写数学论著。1852 年到上海墨海书馆,从事翻译数学、力学、天文等西方近代科学著作的工作。

李善兰是我国清代数学界的巨擘,是我国微积分学的先驱。在解析几何与微积分尚未传入我国前,他就于 1845 年左右发表了具有微积分方法的三部论著:《方圆阐幽》(1 卷)、《弧矢启秘》(2 卷)、《对数探源》(2 卷)。

在《方圆阐幽》中,他得出 π 的无穷级数表达式

$$\pi = 4 - 4\left(\frac{1}{3 \cdot 2} + \frac{1}{5 \cdot 4!!} + \frac{3!!}{7 \cdot 6!!} + \frac{5!!}{9 \cdot 8!!} + \cdots\right)$$

《弧矢启秘》中,他阐述了三角函数和反三角函数的幂级数展式,并得

到了:

$$\sin \alpha = \alpha - \frac{1}{3!}\alpha^3 + \frac{1}{5!}\alpha^5 - \frac{1}{7!}\alpha^7 + \cdots$$

$$\tan \alpha = \alpha + \frac{1}{3}\alpha^3 + \frac{2}{15}\alpha^5 + \frac{17}{315}\alpha^7 + \cdots$$

$$\sec \alpha = 1 + \frac{1}{2}\alpha^2 + \frac{5}{24}\alpha^4 + \frac{61}{721}\alpha^6 + \cdots$$

李善兰创立的尖锥术的理论,虽然还欠严谨,但在微积分学未有中译本之前,他的巧思妙算很有启蒙意义。英国传教士、汉学家伟烈亚力看了李善兰的著作之后说:"李君秋纫(善兰)所著各书,其理甚近微积分。"除了上三部著作外,李善兰还著有《垛积比类》等 13 种著作。其中《垛积比类》是一部讨论高阶等差级数的著作,李善兰从研究我国传统的垛积问题入手,得了一些相当于现代组合数学中的成果。他在研究高阶等差级数求和问题时,给出的恒等式

$$\sum_{j=0}^{k} (C_k^j)^2 C_{n+2k-j}^{2k} = (C_{n+k}^k)^2$$

受到国际数学界的赞赏,并誉为"李善兰恒等式"。

李善兰数学水平之高,通过下面的例子可见一斑。有一年英国牛津大学招生的数学考试题中有一道较难的应用题,学校说,只要考生能解出此题,不但可以破格录取,且发给 100 英镑(相当于清朝 500 银元)。当时竟无一位英国考生能解出。学校又宣布延长一个月交卷,仍未有人解出。这事在英国轰动一时。后来,同在上海工作的一位英国学者把这件事告诉了李善兰,他很快解答出这道应用题,并且简捷巧妙。这位英国学者把其解法刊登在 1877 年上海出版的《格致汇编》上,并寄回英国。

评论:李善兰从小就开始读数学著作,从小培养起数学的兴趣,可见经典的数学名著对一个人影响还是很大的,而小时候培养形成的兴趣更会影响一个人的一生。

2. 翻译家、微积分的传播者

1852 年夏,李善兰到上海墨海书馆,将自己的数学著作给来华的外国传教士展阅,受到伟烈亚力等人的赞赏,从此开始了他与外国人合作翻译西方科学著作的生涯。我国第一本微积分学的译本《代微积拾级》(18 卷),就是李善兰和伟烈亚力根据美国人罗密士 1850 年著的 *Analytical Geometry and Calculus* 译出的。译名的"代"指的是解析几何,"微"指"微分","积"指"积分"。"calculus"译作"微积分"。《代微积拾级》是 1859 年在上海墨海书馆印行的。李善兰和伟烈亚力还合译了欧几里得的《几何原本》、棣摩根的《代数学》(13

卷)等其他著作。

《几何原本》在明万历三十五年(1607年)被引入中国,它是由著名科学家徐光启和意大利传教士利玛窦合作翻译的。但徐光启和利玛窦在翻译前6卷后,因种种原因,后面的9卷一直没有译出。《几何原本》没有完整地翻译过来,这对中国学术界是件很遗憾的事。

李善兰与《几何原本》可以说有着不解之缘。他15岁就开始研读《几何原本》前6卷,通其义,时有心得。《几何原理》对李善兰的影响是如此之深,以至他深为徐光启、利玛窦未尽译全书而遗憾。恰好,李善兰的合作者伟烈亚力也是个对《几何原本》很感兴趣的学者,到中国后,他一直有意要续译《几何原本》,并特意从英国买来了从拉丁文译成英文的15卷本《几何原本》。但由于伟烈亚力在数学方面的造诣并不十分精深,对翻译并无十分的把握,他需要一位精通数学,熟悉《几何原本》的中国学者来合作,而李善兰正是这样一个最为合适的人选。于是,两人一拍即合,李善兰来到墨海书馆后不久,咸丰二年(1852年)的六月上旬,两人开始了续译《几何原本》的工作。

李善兰与伟烈亚力合译的方式是当时流行的一人口译一人笔述。由于英文旧版"校勘未精,语讹字误,毫厘千里,所失非轻",同时"各国语言文字不同,传录译述,既难免差错",因而李善兰翻译的过程,实际上是一次对底本的整理和加工,更值得注意的是他在《几何原本》原著上做了一些补充、阐述和发挥,这些被称为"按语"。据学者统计,共有近二十条。译完之后,李善兰又请他的挚友、著名数学家顾观光、张文虎任校复,细细核校,这样,直到1858年才在墨海书馆出版。经过整整250年,《几何原本》才算有了第一个完整的中译本。

李善兰在译书时,创译了许多数学名词和术语,例如:"代数""系数""根""多项式""常数""变数""自变数""因变数""函数""方程式""微分""积分""级数""几何数""轴""平行""切线""法线""渐近线"等。这些贴切恰当的名词和术语,不仅在我国流传,而且有的东渡日本,沿用至今。

评论:李善兰是我国在微积分方面的杰出传播者,他在中国数学史上占有特殊的地位,其重要性在于,他处于我国传统数学的结尾时期,以其传播西方科学文化的热情,为我国传统数学融于、统一于世界数学之中做出了重要的贡献,架起东西方科学文化交流的桥梁。

3. 教育家、爱国者

李善兰不仅是数学家、翻译家,而且是教育家。1868年,他出任北京同文馆天文算学总教习,并亲自为学生讲授《代数积拾级》,一直执教到68岁高龄才离开讲坛。所教学生"先后百余人,十余年如一日"且能"合中西之各术,绍古圣之心传,使算学复兴于世",张之洞说:"五十年来为此学(算学)者甚多,……李善兰为最。"

李善兰勤奋刻苦,热爱科学教育事业,积极参与洋务运动。他迫切希望通过学习、引进外国先进科学技术,以促进我国科技事业的发展,从而增强我国实力,以致有朝一日"人人习算,制器日精,以威海外各国"。他虽然晚年官至三品,但从未中断过科学研究,学术精湛,著译如林。能"仰承汉唐,荟萃中外",成一家之言。

评论:为国之兴衰殚精竭虑,为培养下一代人才而奋斗终生。虽从事行政职务,仍一直坚持在教学一线,科研一线,这种精神堪为我们的楷模。

结语:李善兰是继梅文鼎之后清代数学史上的又一杰出代表。李善兰还是一位翻译家,他一生翻译西方科技书籍甚多,将近代科学最主要的几门知识从天文学到植物细胞学的最新成果传入我国,对促进近代科学的发展做出了卓越的贡献。

第二篇
中国近现代数学家

1. 冯祖荀

冯祖荀

冯祖荀(1880—约1940),数学教育家。中国现代数学和现代数学教育的早期代表人物之一,北京大学数学系首任系主任,先后任北京师范大学、北京女子师范大学、东北大学三校数学系的首任系主任。对在中国传播现代数学知识有重要贡献。

1. 创建北京大学数学系

冯祖荀,字汉叔,今杭州市人。父亲是前清的秀才,乡下有几亩良田,杭县城里也有自己的买卖,虽非富贵人家,但也衣食无虞。书香门第,家学渊源,冯先生自幼受到严格的国学训练,在家族的私塾中完成了他的启蒙教育,也养成了他一生中处处显出的儒雅风格,琴棋书画伴随其一生。父亲虽有功名,但却非常开明,认为儿子不应当只读四书五经与唐诗宋词,不该像自己一样终老乡里,该出去走走,行千里路,读万卷书。他明确地给儿子指了一条路:进京,投考京师大学堂。

冯祖荀于1902年由浙江省选送考取京师大学堂速成科师范馆第一期学员,后赴日本留学。留日期间,冯祖荀与京师大学堂的部分同学创办了"留日学生编译社"。以"讲求实学输入文明供政界之研究增国民之知识"为宗旨,出版《学海》杂志,选择编译的题材"亦以纯正精确可适用于中国为主"。《学海》乙编内容为理工农医各科,其创刊号第一篇是冯祖荀的译著《物质及以太论》。他还撰写了一系列有关数学内容的文章,率先采用阿拉伯数字和西方现代数学符号以及算式,为中国数学汇入现代数学潮流做了努力。

冯祖荀在京都大学毕业回国前后,正值我国"辛亥革命"最紧张之时,迅猛发展的革命形势使冯祖荀暂时不能回到派他出国留学的母校工作。此时,家乡杭州亦有一所浙江省的重要学府浙江两级师范学堂正需数学教师,他便应聘前往该校担任优级师范数学科教授,教微积分。优级师范是培养中学教师的,在优级师范的数学教师只有冯祖荀和胡浚济。当时陈建功是优级此时的学生。对这段往事,周作人在他的名著《知堂回想录》中说:"冯祖荀留学于日本京都大学理学部,专攻数学,成绩很好。毕业后归国任浙江两级师范学堂教员。其时尚在前清光绪宣统之交,校长是沈衡山(钧儒),许多有名的人多在那里教书,如鲁迅、许寿裳、张邦华等都是。随后他转到北京大学。"由此看来,冯祖荀应是陈建功早年喜好数学的启蒙老师。"辛亥革命"后,冯祖荀和胡浚济都应聘到北京大学任教,陈建功选择了赴日本留学。

1912年5月3日,"民国政府"教育部下令改京师大学堂为北京大学校(以下简称北大)。1913年,北大的数学专业单独设置正式上课,当时称为"数学门"(1919年改为数学系),我国现代大学的第一个数学系就此诞生。冯祖荀主持新成立的北大理科数学门的工作。由于他在日本学习时的大学数学教育多采用德国模式,因此北大数学门最初的课程设置、教材选择也多依据德国。当时曾开设了在德国刚兴起不久的积分方程论,所用教材是希尔伯特(Hilbert)编写的讲义,他几乎承担了分析方面的所有课程。此外,他还负责庚款留学考试中数学试题的出题和评卷工作。1917年,蔡元培出任北大校长,对北大进行了首创性的改革。对设立的各学科改革课程设置,加强学科建设;整顿学风,倡导科学研究,提高教学水平。数学是其中主要受益之学科。蔡元培说:"大学宗旨,凡治哲学及应用科学者,都要从纯粹科学入手。治纯粹科学者,都要从数学入手,所以各系次序,数学为第一系。"1919年,北大改门为系时,数学系就列在全校所设的14个系中第一位,一直保持至今。1917年11月,北大成立理科研究所,内含数学、物理、化学三个学科研究所。数学学科全称为"北京大学理科数学门研究所",是我国最早设立的现代数学研究机构,研究人员包括北大理科毕业生,或数学、物理门高年级学生,指导教师是数学门的教授。1917年12月,数学门在理科中又率先成立教授会,是规划本系教学工作的教授组织。1917—1927年间,北大数学系主任、数学研究所主任、数学教授会主任,由冯祖荀、秦汾、王仁辅三位教授轮流担任,其中冯祖荀任数学系主任的时间最长,一直到 1934 年。

在北大,1917—1918 学年度的科目钟点表的记载中,冯不仅在数学门本科各个年级都担任课程教学,每周总 15 课时,是冯、秦、王三位本科教授课时最多者,同时还担任物理门一年级微积分,二年级微积分及函数论的课程教师,承担化学门一年级数学任务。1924—1925 年度,冯在数学系担任的课程有:集合论、变分法、积分方程式论及微分方程式论、椭圆函数及椭圆模函数论、无穷级数论等。在早期的北大理科数学研究所,冯祖荀负责函数论方面的指导。他最早指导的是 1917 年数学门的毕业生张崧年。在他的指导下,1918 年张在研究所做了 Fourier 级数、Fourier 积分、集合论等有关知识的报告,其中有些属最先在我国传播的数学理论。冯祖荀同时重视自身的科学研究。由北大各研究所合作编辑的《北京大学月刊》于 1919 年 1 月出版创刊号,数学方面的主要论文就是冯的研究成果,题为《以图像研究三次方程式之根之性质》。1922 年,北大评议会议决出版一组学术性较强的刊物,分别为:《自然科学》《社会科学》《国学》《文艺》四种季刊,组成四种季刊编委会。冯祖荀出任北京大学《自然科学季刊》编委会首任主任委员。他在第 2 卷第 1 期上发表了题为《论模替换式之母》的论文。此外他还进行过"高斯积分公式之新证,高斯收敛定理之新证法""椭圆函数论"等专题研究,及"$Pdx+Qdy=0$ 之积分因数""高斯积分定理"等专题学术演讲。

20 世纪二三十年代,冯祖荀对外校的数学教育也尽全力相助。由于北京高师(现北京师范大学)与北京大学的历史渊源关系,1915 年北京高师设立数理部需要教授时,他欣然应聘兼任该校数理部的数学教授,一直到 20 世纪 30 年代。在长达近 20 年的兼职教授时间里,北京高师几次变更校名,而冯祖荀始终推动着这里的数学教育向前发展。为提高学生程度,1921 年北京高师决定招收数学研究科班,学生来源为高师和专门学校毕业生,及大学三年级学生,学习年限两年,毕业后授予学士学位。冯祖荀负责这里的数学研究科的指导,前后三届共毕业 20 名研究生,是我国高等师范学校最早授予的一批学士学位获得者。北京高师数学系比数学研究科晚成立一年,即 1922 年成立数学系,系主任由冯祖荀担任。1923 年 7 月 1 日,北京高师升级改为如今的北京师范大学(以下简称北京师大)。1929 年以前冯祖荀一直是北京师大数学系的主要决策者之一,他为这里的学生倾注了大量精力。早年,北京师大培养出了不少杰出的数学人才。1924 年,北京女子师范大学成立数学系,他又兼任北京女子师范大学数学系首任系主任。此外,他还兼任过东北大学数学系系主任,付出了开创之力。

冯祖荀虽有不少兼职,但他始终是北京大学教授。抗日战争期间,"北大迁至长沙,职教员凡能走者均随行,其因老病或有家累者暂留北方,校方承认为留平教授,凡有四人,为孟森、马裕藻、冯祖荀和我。"(注:引文中的"我"指周作人。)冯祖荀是因病老留平,后逝于北平,因其子早亡,无人知道他逝世的确切时间。抗日战争胜利后,有关人士在一起回忆,估计逝世于1940年,最迟是1941年。1947年北大校方将冯祖荀重新安葬在八大处福田公墓,墓碑碑文"冯祖荀先生墓"由当时的北大校长胡适题写。著名美籍数学家樊畿是冯妻的侄子,年轻时深受其姑父教导,1993年樊回国重修冯祖荀墓,请91岁高龄的著名数学家苏步青重新题写碑文。

评论:从严复、胡仁源、蔡元培到蒋梦麟,冯先生可谓"四朝元老",开创并坚守北大数学系,使得数学系成为北大名列前茅的几个大系之一。冯先生又延揽了著名数学家江泽涵、程毓准以及原哈佛大学数学系主任奥斯古德加盟。群贤毕至,少长咸集,北大数学系名噪一时,如今已经成为全国数学研究与教育的龙头,是有志于数学的青年学子选择的第一志愿。感念冯祖荀先生等老一辈数学家坚守初心,为后人打下我国现代数学的基石。

2. 创建早期的数理学会

冯祖荀在数学教学、管理之外,还积极参与指导数理学会的发展。"辛亥革命"后"五四"运动前,新建的国立北京大学和几所国立高等师范学校,都在学生中倡导组织各种学术性的"学会"。那时,我国现代数学、物理处在起步时期,常联合开展学术活动。1918年10月27日,冯祖荀参加了"北京大学数理学会"成立大会,捐资支持该会创办《北京大学数理杂志》。"北京高等师范学校数理学会"成立于1916年10月27日,以"研究数学物理增进学识联络感情"为宗旨。1918年12月31日,北大、北京高师、武昌高师三个数理学会的代表在北京高师礼堂召开联席会议,北京高师校长陈宝泉、物理教授张贻惠、数学教授冯祖荀出席会议指导。经讨论研究,会上达成五项决议:交换杂志,交换稿件,难解的问题可以互相质疑,统一名词,发起全国数理学会。会后还将这些决议转告给第二年(1919年)初新成立的"南京高等师范学校数理化研究会"。这次会议是我国数理学界早期的一次有关学术的联席会议,是数理研究走向相互交流、联合协作的开端,反映了"辛亥革命"现代教育的成效。冯祖荀对这次活动很感兴趣,他极赞成统一名词的议案。

此后数年,冯祖荀经常参加北京高师数理学会的会务会议,指导工作,曾对高师学生做过"数学教授法"等演讲。从1919年开始,他结合我国的实际为学生编写了一部《微分方程式》,由北京高师数理学会主办的《数理杂志》连载。这是我国编写最早的一部微分方程著作,从1920年5月在《数理杂志》上开始发表,连载 8 期,跨时 3 年,总载量 85 页。《数理杂志》从 1918 年 4 月创刊到 1925 年 12 月停刊,总出版四卷 15 期,载文共 198 篇,其中属数学内容的有 161 篇,占总数的 81.3%,冯祖荀始终是这个学会和杂志的数学指导教师,也是教师中撰稿最多者。《数理杂志》在 20 世纪初以其办刊时间长、载文数量多、质量高而扬名海内外。1922 年,武昌高师数理部主任黄际遇自美返国路经日本时,几位日本教授对黄说:"中国学校,我们虽然没有亲自看过,若以数理出版物而论,要以北师大数理杂志为第一。"

1929 年,中国数理学界的实力比 11 年前的 1918 年有了很大的充实和发展,有大批高级数学人才归来。到 1929 年,全国公私立等学校设有数学系(或数理系)者,由 1918 年仅有的 1 所(不含高师数理部)发展到至少已有 20 所,仅 1929 年一年就新成立 4 所。成立数理学科全国性学术组织的时机已经成熟。曾参加 1918 年三个高校数理学会联席会议的张贻惠和冯祖荀此时便发起组织中国数理学会。1929 年 8 月,中华教育文化基金董事会在北平召开科学教育会议,外地有一批教授来平。张贻惠和冯祖荀"于 8 月 5 日在中山公园来今雨轩宴会各地来平之数理学家,于席间提议组织中国数理学会,当即全体赞成,积极筹备。旋于 8 月 19 日在北平中山公园来今雨轩开成立大会,全国大学教授与会者,有赵进义、冯祖荀、何鲁等,共 27 人"。成立宣言中说:"……深知欲促中国科学进步,非从事提倡基本科学不可。故由南北各大学效学物理学界同仁发起中国数理学会,一面联络全国数理学家,一面从事于新学说之传播与探讨。""凡我会员,皆以分别及共同研究为目的,于以促吾国科学之进步。"

在中国数理学会成立前后,1929 年八九月间,冯祖荀带头并组织中国数理学会会员为北平师范大学数学学会做了多次演讲。冯祖荀的《零不可为除数》就是以中国数理学会的名义做的演讲。另外,他还分两次给该会讲了《最近数学之趋势》,讲演中将数学家克莱茵(F. Klein,1849—1925)在芝加哥讲过的同一题目的重要内容介绍给听众。中国数理学会为数理学界办了"不少实事,除已提及外,还每年召开学术年会,以学会名义及会员个人入股,支持北平师范大学附属中学从刻社"出版我国编的中学数学教材,影印外国著名数学书籍,有的教材推行到全国久用不衰。如傅种孙编的《高中平面几何学》是其中之一。该会为我国数学界做的具有历史意义的事有两件:其一是派熊庆来代表中国数理学会,出席 1932 年 9 月在瑞士苏黎世举行的第 9 届国际数学家大会,是我国参加国际数学家大会之始;其二是促成了中国数学会的诞生。1933 年北平数学会成立时,冯出任第一届理事长。1935 年 7 月中国数学会正式成立,冯祖荀当选为"计划发展本会事宜"的董事会中 9 位董事之一。中国数理学会向新成立的中国数学会建议,承担筹备中国数学会主办的普及刊物《数学杂志》。

1936年8月,待《数学杂志》出版后,中国数理学会完成了它的历史使命,宣告结束。中国数理学会从酝酿、成立至终结的近20年间,是我国数学、物理学界培养人才、积蓄力量、发展壮大的时期。冯祖荀作为我国高等学校数学教育的元老之一,起了倡导、组织、促进和领导的重要作用。

评论:中国数学会的诞生和学报的出版,标志着中国数学发展到了一个新的时期,影响深远。如今,中国数学会已经走过了78个春秋。当今天的中国数学家可以跻身世界数学家之林时,回首当年冯祖荀先生等拓荒者们的艰辛与他们的远大抱负,不禁令我们肃然起敬。

3. 现代伯乐

冯祖荀在北京教高等数学20多年,北京大学、北京师范大学(以下简称北京师大)数学系1935年以前的历届学生,几乎都听过他的课或接受过他的指导,他培养了不少人才。冯祖荀培养人才的特点是:课内学业与课外学术活动相结合,对在校学习与毕业后工作的学生同样关怀,选拔青年人才,重视在科研中可持续发展的创新精神。其中最受后人称赞的是他对傅种孙的培养和重用。傅种孙,1916年考入北京高师数理部,受业于冯祖荀,不仅学业出众,而且热心于课外学术活动。傅从入学第二年开始,连续交替担任北京高师数理学会正、副会长和该学会主办的《数理杂志》编辑、编辑部主任等职,先后数次在杂志上发表各类文章20余篇。其中1918年发表在《数理杂志》创刊号上的"大衍(求一术)",是用现代数学方法研究我国古代数学的创举,以后发表的《罗素算理哲学入门书提要》《几何学之基础》是我国最早翻译引进的数理逻辑和几何基础的译文之一。傅种孙在大学学习期间表现出的才能,很受冯祖荀赏识。1920年傅毕业后,留在北京高中任教,冯祖荀让傅回数理部兼课,在教学中任其发展创新,1921年被聘为北京高师数理部讲师,同时在该校新设立的数学研究科深造;以后又推荐傅到北京大学数学系兼课。冯祖荀担任北京师大和北京女子师大数学系主任期间,许多系务工作也放手交傅办理。傅种孙经过了多方面的实践锻炼,成长很快,1920年被北京师大聘为教授时,年仅30岁。在当时对未出国留学的青年,给予了如此高的学术职称,在北京的大学理科中是少有的。后来傅种孙为北京师大数学系的建设和全国数学教育做出了很大的贡献,成为我国著名数学教育家。

1928年,张学良出任东北大学校长,增设院系扩大招生,委托北京大学推荐教授,同时聘冯祖荀兼任东北大学数学系首任系主任,冯祖荀推荐北京大学数学系早年毕业的两位优秀学生:一位是1922年毕业的刘正经,时任南开中学的数学教师;另一位是1924年毕业的武崇林,时任北京大学讲师。刘、武到东北大学创建了该校数学系,后来武崇林回到北京大学。1930 年初,上海交通大学成立科学学院,扩充数学系,冯祖荀又推荐武崇林到上海交通大学任教授;推荐刘正经到武汉大学任教授,并出资赞助支持刘正经在武汉创办《中等算学月刊》(现《数学通讯》前身)。1932 年,安徽大学数学系人事变动后,急需数学教授,请冯祖荀推荐人选。冯祖荀了解到当时在北平师范大学数学系任讲师的留日归国学者刘亦珩课少薪薄,有多任课增薪解决家庭困难的要求,他便推荐刘亦珩从北平师范大学暂时借调到安徽大学任教授。刘到安徽大学积极承担重任,通过教学实践编出一部适合我国学生特点的《初等近世几何学》教材,受到数学界好评。

19 世纪 20 年代末 30 年代初,我国大学数学系发展较快,冯祖荀是北京大学数学系的老系主任,在国内数学界有较大的影响,一些学校缺教授,常请他帮忙推荐人选。冯祖荀乐于助人,推荐过不少有作为的青年,给他们创造了较快成长发展的机会。苏步青说:"我逢人便讲,不是冯祖荀先生和姜立夫先生提拔后辈,中国数学不可能有今天。"据江泽涵回忆:"冯祖荀受人敬重,加之他喜爱喝酒、下围棋,为人和蔼……从我到后,他把数学系系务全交给我,管聘任教员及教学方面的事。……1934 年秋我开始任系主任。"

冯祖荀具有鲜明的个性特点。据樊畿回忆:"冯祖荀喜穿布鞋布袜,嘴上叼着外国烟斗,装的却是中国的旱烟丝。他生性平和,淡于名利,凡事不计较也不在乎,飘飘然像个'仙人'。"据他的学生回忆:"冯祖荀为人慷慨,在同事或工友生活困难时,常予以经济资助。"在北京大学与冯祖荀共事 20 年的周作人写的《知堂回想录》中,有一节专门记述冯祖荀。周作人说:"汉叔是理科数学系的教员,虽是隔一层了,可是他的故事说起来都很有趣味,而且也知道得不少。"熊庆来曾经说过:"国内大学于前三四十年在数学方面还可说偏重于基础的培养,关于已有的学理的传授和介绍却是做得很多,在这培养工作上特别有功的要推冯祖荀、黄际遇、姜立夫、何鲁、王仁辅、曾昭安先生。"

评论:"青青子衿,悠悠我心。"冯祖荀先生是位教育家,异常注重发现人才,培养人才,提携晚生后辈不遗余力。"春蚕到死丝方尽,蜡炬成灰泪始干。"为人师者正是以这样的"燃烧自己、照亮别人"的精神推动着中国教育的健康成长。

结语:苏步青说:"冯祖荀……是中华人民共和国成立前的中国数学会的主要创办人之一,对开创中国现代数学事业有不可磨灭的贡献。"所有在介绍 20 世纪中国现代数学发展的书刊中,都必须提到冯祖荀,以纪念冯先生克服无数困难险阻、拼尽全力传播现代数学知识为中国数学做出的重要贡献。

2. 黄际遇

黄际遇

黄际遇（1885—1945），是 20 世纪初在中国开创现代高等数学教育事业的元老之一。他学贯中西、文理皆通、德艺双馨、精力过人。他奔波南北数所高等学校，在乱中求静，因时因地创建多所高校数学系，教书育人 30 余年。他在辗转南北办学途中，曾经两次落水，最终随江河而去。

1. 奔波于大江南北

黄际遇，字任初，号畴庵。清光绪十一年（1885 年）出生于广东省澄海县（现澄海区）澄城镇。黄家系澄海县望族，父亲黄韫石是清代贡生，参与县政数十年。际遇是次子，少从家学，读书过目成诵，敏捷过人，时称神童。少年时期在父兄及同乡前辈陈东塾先生的教导下，打下了扎实的国学根底。1898 年，年仅 13 岁的黄际遇参加童子试，中试为县学生员，是同科诸生中最年幼者。当时的广东学政对少年黄际遇非常器重喜爱，特赠《后汉书》一部，他爱不释手，熟读该书，直至晚年著文，仍喜用《后汉书》的文藻和典故。随后黄际遇入汕头同文学堂学习，旋又转往厦门同文书院补习日语。1903 年，黄际遇由广东官派到日本留学，入宏文学校普通科学习。毕业后，入东京高等师范学校理科，专攻数学,是日本著名数学家林鹤一博士的高足,也是我国最早以学习数学为主科的少数留学生之一。留日期间,他加入孙中山领导的中国同盟会,与陈衡俗、黄侃交往甚密,当时与黄侃一道向避居日本的章太炎学习骈文、小学(指研究文字、音韵的学问),对训诂兴趣甚浓,晚年曾从事这方面的教学工作。

1910 年,黄际遇从日本学成回国,受聘到天津高等工业学堂任教,这一年他进京殿试,中格致科举人。1911 年"辛亥革命"成功后,随之而来的文化革新,创办新学急需具有现代科学知识的教师。为此,新成立的临时政府教育部将全国划为六大学区,每个大学区统一设高等师范学校一所,主要招收预科一年、本科三年学生,本科分设国文、英语、史地、数理等部,专门培养新学师资。华中区的武昌高等师范学校(现武汉大学前身,以下简称武昌高师)于 1913 年成立,始招预科,第二年开办本科数理部、英语部。黄际遇于 1915 年应聘任武昌高师教授,教数学、物理等课程,兼任数理部主任,其间一度出任教务长。1920 年 12 月受教育部委派,他到美国考察教育,同时到芝加哥大学进修,成为著名数学家迪克森(L. E. Dickson)的学生,1922 年获该校科学硕士学位。在武昌高师师生的敦促下,于当年 10 月回到该校工作。1923 年武昌高师改为武昌师范大学,原设的四部改为八系,黄际遇任新成立的数学系主任。又在武昌高师改名武昌大学之时代理该校校长。1924 年一度应湖南省教育厅之聘,担任"湖南省会考主试官",主试湖南全省中学生。

河南省的第一所大学——中州大学(现河南大学前身)1923 年在开封市成立,中州大学校长张鸿烈是留美硕士、同盟会会员,与黄际遇熟悉,特邀他到该校主持数理系,兼校务主任。黄际遇 1925 年 9 月到中州大学。1926 年中州大学无法上课,处于停顿状态。此时,地处南国广州,由孙中山亲手创办的广东大学,1926 年 7 月改名为中山大学,原数学系扩大为数学天文系,积极筹建全国大学的第一座天文台,需要充实师资力量,邀请黄际遇回桑梓广东,任中山大学理学院数学教授。1926 年冬,黄际遇由开封出发取道上海,乘船南下广东,不料途中触礁,海轮沉没,继遭海盗洗劫,他随身携带的著作、衣物等全部荡然无存,仅以身免。但 1927 年 3 月,他又出现在广州中山大学给学生上课的讲台上。

1927 年 6 月,北伐军进驻开封,冯玉祥被任命为河南省主席,冯重整教育,将河南仅有的三所高等学校合并到中州大学所在地重建,取名开封中山大学(也称第五中山大学,现河南大学),一再恳请黄际遇重返开封,到开封中山大学任职。他盛情难却,于 1928 年第二学期再度到开封,任开封中山大学校务主任兼数学教授。翌年即 1929 年 5 月,被任命为该校校长,后又任河南省教育厅厅长。但他不愿意从政,一再请辞离开,回学校任教。

1929 年春,原在济南的山东大学迁往青岛重建,改名青岛大学,由蔡元培、杨振声等组成筹备委员会,1930 年 5 月杨振声被任命担任新成立的青岛大学校长,杨振声仿效蔡元培广聘专家学者治校,黄际遇于 1930 年 9 月应聘到青岛大学,任该校理学院院长兼数学系主任。1932 年 5 月,杨因中央不解决学校经费,而辞职离校,校务会议决定由黄际遇为校务会议临时主席,处理一切校务。是年 9 月,国家行政院决定,将青岛大学校名改回,仍称山东大学,文学院、理学院合并为文理学院。黄际遇任合并后的文理学院院长,仍兼数学系主任,并当选为山东大学"校聘任委员会"委员。1936 年初,山东军阀韩复榘借故给山东大学制造经济困难,校长被迫离校,提出辞职,黄际遇也在此时趁机离开。2 月回到广州,再次任中山大学教授,分别给理学院、工学院、文学院三院学生授课。1937 年"七七事变"后,日本大举进攻侵略中国,1938 年 10 月,广州失守沦陷,黄际遇移居香港避难,中山大学西迁至滇南澄江。

1940 年 9 月,中山大学由澄江迁往粤北坪石,再次请黄际遇回中山大学任教,担任数学天文系主任兼校长室秘书,同时还为中文系高年级学生讲授骈文等课。1945 年抗日战争胜利后,分散各地办学的中山大学师生,陆续返回广州校址。10 月 21 日黄际遇一行 80 余人,赁一艘大木船从粤北的北江乘船返校,途中,不慎失足坠入江中。随侍他的四子黄家枢、船工仓皇下水营救,但因天冷水急,几秒钟内迅即沉没。终年 60 岁。

评论:黄际遇,奔波南北数所高等学校,在乱中求静,因时因地创建多所高校数学系,教书育人 30 余年,为国人开智而奋斗。其中在武汉大学 10 年,两进河南大学,在山东大学 6 年,三入中山大学,他的文理才华,为世人同声称赞。

2. 开创现代数学教育

黄际遇是我国最早留学日本主攻数学的极少几位学者之一,后又获得美国芝加哥大学数学专业的科学硕士,本人勤学苦钻,具有较深厚的现代数学知识和较高的现代教育素养。国内数所高校争相聘用,委以创建数学系等领导重任,他不负众望,尽心尽力,在每所高校都做出了开创性的贡献。1919 年他写成的《武昌高等师范学校数理部进行实况及成绩说明书》,一万余字,是他早期数学教育思想的总结和教学成果的展示,以后几十年都是在此基础上的发展。

关于教学。他反复强调:高校教育的目的是使学生养成研究及创造精神,"即有整顿思考力与创造真理之精神"。他要求教师"必于上课之前充分准备,细思教者为何、教之如何、何为教之三件事,即目的、方法、理由三事。讲解之时能提要钩玄、引人入胜,以理论为方法,以真理为归宿"。反对教者"于教授之时徒诵读课本讲义之章句,或仅略为扩张,至考试时则缩狭课程之范围,多出暗诵的机械的题目"。对于本科学生,他提出三点希望:"于规定时间之内获充实正确之学识;养成读书能力备他日研究之资格;以自动为原则,不徒以默听暗记为能事。"由于年龄和学识的差异,"对于预科生宜持极端干涉主义,凡一言一动皆注视学生听讲精神之集中力如何,多采用启发式"。此外,对于教法、作业、实验、实习等,他都有自己的见解和主张,这些观点在当时是先进的、开创性的。黄际遇的教学任务,一直比较繁重,除后期的文科课程外,仅数学课程,以1927年在中山大学为例,一个学期中,分别给数学天文系的一、二、三年级上必修课代数、数论、微积分,还给物理系、化学系、矿物地质系三个系的二年级分别讲微积分、数论等课,每周仅课堂教学至少15个学时。

关于师资。师资是20世纪前30年最困扰高校之事,直到1930年,数学系仍有1人系。据《山东大学校史》记载:"1930年度建系时,由于当时只有一名教授,仅能开出微积分、代数解析、立体解析几何、数学演习4门课程。"这1名教授就是黄际遇,并且还是该系这个学年唯一的数学老师,他包揽了全系的全部数学课程。从第二学年度开始,三年间每年只引进一位讲师。教授亟缺,他心急如焚,1932年就积极争取他早年的学生——当时在德国哥廷根大学攻读博士学位的曾炯,学成后到山东大学任教,因学业未完难解近渴,曾炯推荐获得博士学位已经回国的留德学友李达。1934年8月,李达辞去清华大学教授来到山东大学,这是该校数学系成立第五个年头才迎来的第二位教授,黄际遇通过校方将自己兼任的数学系主任让位给李达。1935年陈传璋刚获得法国理学博士,黄际遇就聘请陈到该校任教授,同月,李锐夫也来系任讲师。至此,山东大学数学系已有3位教授4位讲师,属当时国内师资力量较强的数学系,能开出50门课程。其中:必修课15门,分组必修课22门,选修课13门。

黄际遇建设数学系,一方面争取外来人才,另一方面自己培养。早年,他刚到武昌高师数理部,得知第一届学生曾瑊益等组织有课外学术团体,他倍加爱护、精心扶植、指导改组,有意培养这些学生成长。1917年,曾瑊益毕业后,他支持曾到日本留学,不久因故回国,又力主曾到美国深造,又将曾在美国的研究成果推荐到国内发表,激励后学,保持联系。1925年即曾瑊益获得美国哥伦比亚大学博士学位后,回到母校,创建领导武汉大学数学系数十年,他们师生之间在各自办数学系的岗位上,常有书信来往。他善于发掘并培养新生苗子,1932年,刚大学毕业在青岛胶济铁路中学任教的刘书琴,好学上进,黄特地安排刘到山东大学数理学会做一次演讲,讲题是"数学的定义"。1933年11月,山东大学为纪念徐光启逝世300周年举行学术报告会,他让新到任的讲师杨善基讲《几何学的分类》。对于这类启用新人的特别讲演,他自己事先准备内容提纲,向讲演人提出具体要求,进行细致指导,目的是给青年人一个锻炼成长的机会。

以后刘书琴留学日本,杨善基到美国哈佛大学,学成回国后,刘、杨一直在高校数学系任教授。

1922年,黄际遇从美国返国,途经日本到日本东北大学,见到快大学毕业的陈建功,便约请陈毕业后到武昌高师任教,1924年,陈如约到校(此时称武昌大学),教了曾炯、王福春两位高才生。他支持并向校方推荐陈建功再次出国深造,"与武昌大学校长相左,故辞职往河南"。陈在武昌大学教学两年后,1926年再次到日本攻读博士学位。1929年,黄得知王福春在日本学习仅是一名旁听生,经费有困难,1930年他便聘请王中途回国兼任高校教师,既解决王暂时经济之急需,又达到深造之目的。不少青年,在他的扶植帮助下,后来都成为高校骨干教师。

关于教材。民国初年,新建的高等学校,教材是空白,教师们多采用从外国进口的外文原版教材。黄际遇说:"采用外国课本,则有文字之困难、购买之困难,各书程度不合之困难。"在武昌高师时,他编写了《(衔接小学)中等算术教科书》《微积分学》,译注了日本藤泽利喜著的《续初等代数学教科书》和《续初等代数学问题解义》,在1917年出版发行,属我国早期的教学用书。据他的长子黄家器介绍,20世纪一二十年代,他编写了不少数学教学用讲义,如:《近世代数》《高等微积分》《群底下之微分方程式》等。遗憾未见正式印刷留存。他在数理学会等学术团体,多次倡议大家参与编写数理化教科书或数理化丛书。因当时的主客观条件限制未能实现。

1933年3月9日,他收到一封教育部邀请他出席全国天文、数学、物理讨论会的聘函。函中附有讨论会的议题目录,希望与会者事先准备好提案。他阅后喜出望外。根据待讨论议题,立即拟了两个提案:一是汇集每年各大学数学毕业论文或报告,由教育部审定刊行案;另一是编纂高等数学丛书案。会议于1933年4月1日至6日在南京召开,这是一次讨论学科发展的重要会议,数学界不少知名数学家:冯祖荀、姜立夫、胡敦复、郑桐荪、朱公谨、苏步青、赵进义,还有他的学生,此时已是武汉大学数学系主任的曾昭安等都出席了这次大会,黄际遇的提案引起大家共鸣,与会者积极支持响应,得到会议通过。会后汇集群力,或编著,或翻译,由商务印书馆出版了我国的第一套大学数学丛书共20余种,对我国大学数学教育的发展起了推动作用。

关于组织课外学术团体的活动。指导以学生为主体、师生参加的数理学会,创办数理报刊,在黄际遇看来,是培养研究创造性人才的重要途径之一。他每到一校,只要条件允许,便支持或倡议师生成立数理学会,其中以武昌高师的数理学会和由该会主办的《数理学会杂志》成绩最为显著。武昌高师数理学会,最早是由该校第一届预科班学员曾瑊益、陈庆兆等,于1914年4月8日成立的数学研究会,初以研究数学演题为主体。因当时数学专业、物理专业的师生都很少,各高校一般都是数理或数理化在一起活动。原数学研究会几经改组,于1916年9月26日正式成立"武昌高师数理学会"。制定的《学会简章》规定:"本会以研究数理补助教科为宗旨。以本校学生为会员,教员、毕业生为特别会员。"简章还规定该会会长"总理会务由本校数学物理部主任充之"。黄际遇便成了数理学会的当然会长。数理学会最初的活动主要是演讲,每两周一次,每次2人,由会员轮流担任,讲题随意。另外,还请专家或校外著名人士做不定期特别演讲。

"五四运动"前夕,科学学术思想日加活跃,北京高师、北京大学数理学会分别都在酝酿出版刊物。武昌高师数理学会也准备出版《数理学会杂志》,该杂志简章规定:"本杂志以研究数理之学科,推广数理之知识为宗旨。"内容"专记数学物理化学等科,以资专门之研究,且便于中等学界教授上及学业上之参考"。创刊号于1918年5月15日出版发行。黄际遇为创刊号花了很多精力:他写了"发刊辞二",写了论文《数学上种种误谬之理由》,包揽了"文艺"栏目的4篇稿件,和"质疑"栏目的两篇,他还承担了这一期的编辑发行,带动鼓励会员一起来办好这个刊物。

1922年12月,数理学会(此时已改称"武昌高师数理化学会")修订简章,宗旨改为"联络同志研究数理化并促其发展",方向上比以前又提高了一步。会长和职员都选举产生,黄际遇在校时,一直当选担任会长,此时,曾炯当选为学会研究部主任,肖文灿、王福春当选为学会出版部发行人员。学会主办的《数理学会杂志》,从1922年4月出版的总第9期起改称《数理化杂志》。后来,黄际遇到了河南大学、山东大学也创建数理学会。在河南大学,他曾指导学生宋鸿哲(即宋智斋)等负责办《数学报》。山东大学数理学会的讲演活动相对较多,除会员轮流的普通讲演外,他亲自组织一些特别讲演。通过学会活动培养了不少人才。黄际遇的研究成果,一般都是先向学会讲演,他的一项有创建性的"Gudermann函数之研究",前半部分1926年冬向河南中州大学的数理学会讲演,后半部分延至1932年4月在山东大学数理学会讲演。

此外,他非常重视学会之间的交流,早在1918年12月,他就派夏隆基到北京,代表武昌高师数理学会参加北京大学、北京高师数理学会联席会议,共商发展大事。1925年11月,他在北京,应北京师大数理学会之邀,讲《数学今后在教育上的地位》。1933年初又到北京,北师大数学会又邀请他讲《怎样研究数学》,每次讲前,都表示他对该校学会的感情。他热心于办好师生的课外学术性学会,亲自领导学会,创办杂志、撰稿。

评论:我国高等数学教育发展初期,黄际遇是京津沪之外少数几位最著名的数学教育家之一。1935年7月中国数学会成立，设董事会董事9人，理事会理事11人，评议会评议21人，黄际遇当选为"计划发展本会事宜"的董事会董事。黄际遇是当时我国数学界大家公认的元老。他开创了以引导培养学生的研究能力和创造精神为目的的特色高等数学教育，并为此付出大量心血，是他同时代的数学教授中最突出者。作为当代学子也应该以"研究、创新"为己任，响应时代潮流的召唤。他有关教育的论点，时至今日仍值得我们深思和研究。

3. 德艺双馨

黄际遇少年时期学习国学，功底较深。1936年，他再次到中山大学时已年过半百，分别给文、理、工三个学院的学生上课，他的研究兴趣逐渐向国学方面转移。抗战期间，在粤北坪石任中山大学数学天文系主任，据他的学生、当时的校长张云回忆："远处十余里外之清洞底文学院中文系的学生，竟还请其讲授骈文，黄师欣然而起，循循善诱，常谓：'此义务功课，较诸受薪而为者，兴趣更浓。'他上骈文课时，'伴随着那抑扬顿挫、悠扬悦耳的潮州口音，以手击节，用脚打板，连两眼也眯缝起来，脑袋也在不断地画着圆圈。'板书'一律用篆文书写黑板，既写得快，又写得好，真够得上是铁划银钩了。"听过他课的学生何其逊说："上黄老师的'骈文'课，真是如坐春风，如饮醇酒，无时无刻不享受着文学艺术的熏陶。"此外，他还开"说文研究"课程，圈点十三经《昭明文选》《资治通鉴》等书，着力于音韵、文字、训诂、方言之研究。著有《五十五书字说》《潮州人声误读表说》等诸文。

黄际遇有写日记的习惯。"他写日记很用心而且不间断，数十年如一日。书法秀健，词句典雅，内容不拘一格：或记高深数理的推算方式，或记象棋的得意步骤，或抒身世家国之感，或叙眼前景物，兴之所至，拉什写记。"他为什么多年不辍地坚持写日记呢？在《万年山中日记》第7册的小序中，**他总结出写日记有"三得"，简言之即"记治学日记具有铢积寸累、以备遗忘，及时采录、化为血肉，爬梳得失、吸取教训的作用，它的好处很多"**。他在山东大学的同事梁实秋说："他的日记摊在桌上，不避人窥视，我偶然亦曾披览一二页，深佩其细腻而有恒。他喜治小学，对于字的形体构造特别留意，故书写之间常用古体。""由于他全部用的是文言文，有些还是华丽富赡、用典很多的骈体文，文章里用了许多古今字或通假字，而且绝大部分没有断句、不加标点。如果读者不具备一定的文字学知识，几乎触目皆是荆棘，无从下手。"据蔡元培先生曾说："任初教授日记，如付梨枣，需请多种专门者为任校对。"

书法也是黄际遇的强项。"黄际遇书法始学颜柳，后又博览诸家，尤精碑学，得《张黑女碑》之神髓，形成健朗清癯，俊逸淳穆的书风。""为享誉大江南北之书家,……所用篆、隶、真、草,咸臻奇妙。其翰墨飘逸潇洒、或为劲拔,自成一格。""他经常应人之请作书。兴淋漓时一日可多至 20 余纸。"抗战期间在坪石,"慕际遇之名而立雪问字者,踵接肩摩"。黄际遇"自幼又酷爱象棋,品艺俱高,曾总结出"狠、准、稳、忍四字诀"。"在广州及香港时,曾与穗港名手对弈,常不相伯仲。"梁实秋说:"他的日记里更常见的是象棋谱,他对于此道寝馈甚久,与人对弈常能不用棋盘,即用棋盘对弈后亦能默记全部之着数,故每有得意之局辄逐步笔之于日记。他曾遍访国内名家,棋艺之高可以想见。"此外,还喜欢体育,"青年时代喜击剑,善骑术、兼喜足球。在日本时,曾获击剑比赛之荣誉奖"。"在青岛大学时,曾被请去做过多次学生班际和校际的足球执法裁判。甚至影响到他的下一代也爱好体育。

黄际遇不仅在文、理、艺、体等诸方面博学,而且提携后辈,品德高尚。张云说:"黄师学贯中西,有过人的美德。豪迈诚挚,使人乐于亲近。"20 世纪 40 年代,他第三次到中山大学,已年近花甲,除担任该校数学天文系的系主任、中文系的国学课教师外,还兼任校长室秘书。此时的校长(代理)是他的学生张云。张说:"我在坪石掌理中大时,黄师慨然降尊,屈就记室,事无大小,莫不躬亲,职权所关,必谦虚研讨,减轻了我对事务的关怀,而增加了我奋进的活力。他常对人言:'青出于蓝,我当辅之,以成大业。'黄师诚挚热烈的心情,令我感激到无可言状,唯有尽着弟子敬师之礼,事之如父而已。"张又说:"我在职时一切的书札和题词,多由黄师代笔,虽片言只字,受者如获珙璧,夺他人之美,我常表歉意,而黄师却常引中国社会文字应酬之习惯以为解慰。"嗣更以积极的鼓励,以代消极的慰安,说:"有为者,亦若是,世上无不可之事,汝天赋高,努力多读多作,自然有成。"他的女婿钟集曾问过他:"何以做秘书?"他答:"以老师人幕府,自古都有先例。"黄际遇当秘书,主动而且富成效,有这样一例:他坚请语言学家、社会活动家盛成到坪石的中山大学任教。在欢迎会上,黄际遇致欢迎词说:"我们费了九牛二虎之力才把他请来。我们这个学校是从'学海堂'下来的,学海堂是他的先人手创的,我们希望他不要辜负他的先人。"盛成在致答词中说:"我虽然出身汉学家庭,但从小对师承和家学观念不强。……我希望你们教我。尤其是黄老师,他是大家的老师,也是我的老师。希望他多鞭策我,不要让我顶一个大师之名而无大师之实。"

黄际遇身材魁伟、步履雄健、端庄严肃,但并不令人生畏。平时喜穿布长衫,在长衫胸前左右两边各缝一个口袋,一个细长,一个短宽,细长的是插钢笔、铅笔或粉笔,另一个装眼镜,他说这是为了用时取其方便,也是他独特的风格。他嗓音调门高,属广州官话。"为人豪爽,好客重友,涉足文理两大领域,脚迹遍及全国各地,同他交好结识的朋友为数众多。"梁实秋说:"友朋饮宴之间,尤其是略有酒意之后,他的豪气大发,谈笑风生。他知道的笑话最多,荤素俱全,在座的人无不绝倒,甚至于喷饭。我们在青岛的朋友,有酒中八仙之称,先生实其中佼佼者。"

1945 年 10 月 21 日,黄际遇从北江乘船返回广州途中不幸失足落水遇难,遽然去世的噩耗,迅速传到中山大学各院师生耳中,大家都深深痛惜这位文理双全、诲人不倦的老师。

评论:认真研究过黄际遇日记的杨方笙先生著文《黄际遇和他的〈万年山中日记〉》",称他"是个了不起的学问家"。黄际遇是公认的一位学贯中西、兼长文理,并于书法、棋艺、体育等项皆精通的博学才子,且精力过人、效率特高。这些都值得当代学子借鉴和学习。

结语:黄际遇执教南北大学数十年,桃李满天下。中山大学校长张云、英士大学校长杜佐周、兰州大学校长辛树帜,都是他的弟子。他在日本留学时曾翻译《几何学》,此后又继续引进西方数学,译著有《续初等代数学》《微积分》《群底下之微分方程式》《近世代数》等。除数理外,他曾在中山大学文学院开"历代骈文"等课程,著有《班书学说》《潮州八声误读表》等书;他撰写的人物传略和碑铭曾为时人所传诵。其现存的 40 多部日记,均用毛笔书写,内容包括数学、文学、历史、书信、对联、诗文、棋谱、音韵、训诂等多种研究心得。其主要论著还有《论一》《定积分一定理》《Guderman 函数之研究》等。他学贯中西,是兼长文理且于书法、楹联、棋弈无不精通的博学之才,是了不起的学问家。

3. 胡明复

胡明复

　　胡明复(1891—1927),原名孔孙,名达,字明复,是中国以攻读数学在国外获得博士学位的第一人。参与创建了中国最早的综合性科学团体——中国科学社和最早的综合性科学杂志——《科学》。

1. 甘当开路小工

　　胡明复在桃源县(今江苏省泗阳县)出生。此时,他的祖父胡和梅任该县教谕;父亲胡壹修崇尚改革,在无锡家乡兴修水利、创办新学,清末民初是当地的知名人士;母亲薛毓英是一位操持家务、教育子女有方的家庭主妇;长兄胡敦复,后为我国著名数学教育家。

　　明复10岁,考入南洋公学附小,两年后升入该校附中,才智过人。1904年秋,被上海中等商业学堂录取,三年后以学校第一名的优秀成绩毕业,继而又考入南京高等商业学堂。

　　1909年6月,清政府利用美国退还的庚子赔款余额,在北京创办游美学务处,招收直接留美学生。他在美国留学的大哥敦复应召回国,到游美学务处主持招考、遣送留美学生工作。明复请求大哥敦复给他寄复习资料,准备参加报考,却遭大哥拒绝。敦复认为,明复的基础知识较差:一是当商店学徒停学近一年半;二是商业学校学的知识偏于应用,与招考要求差距较大,特别是数学尤其难。而明复不屈执意要考,至少应该让他试一试,于是敦复答应先寄前半年复习资料,若完成得好,再寄后半年的。从此,明复在校一面完成学业,一面抓紧应考复习。寒假归家,达到了学业、复习两丰收。后半年他面临商校毕业,学业加重,而复习任务更重。他靠刻苦、认真、善于钻研的精神,顽强拼搏的毅力,都如期完成目标。1910 年 7 月,胡明复到北京参加游美学务处第二批招生考试,这次在 430 名考生中录取 70 名,他的成绩位居第 57 名,被录取。大哥敦复对此成绩十分惊奇,甚为叹服;然而明复为此付出的代价却让他的家人心疼——考完后骨瘦如柴。第二批直接留美生有:赵元任、竺可桢、张彭春、胡适、周仁及明复的堂兄胡宪生等,由游美学务处的职员胡敦复、唐孟伦、严智钟 3 人带领,乘船于 1910 年 8 月 16 日启程前往美国。在旅途中,胡敦复向学生们介绍有关专业,解释纯粹科学与应用科学的区别及其关系,回答有关数学问题等。胡明复与赵元任都决定主修数学。

到美国后,胡明复和赵元任被分配到康奈尔大学文理学院,两人同住一个宿舍,上课同坐一排。赵元任在第二批录取的留学生中成绩位列第二名,胡明复虚心向他学习,每学期他俩的总平均成绩都在 90 分以上,他们之间仅差一分、半分,数学成绩都得 100 分,属全校最高分。1913 年,双双被推荐为“Phi Beta Keppa 会员”。该会始于 1776 年,是美国著名大学设立的一种名誉学会,入选资格甚严,在校学生入会必须是学业成绩最佳者。1914 年,他俩又同时被推荐为理科名誉学会“Sigma Xi 会员”。在美国能同时获得这两个名誉学会会员资格的大学生极少,很为中国留学生争光。赵元任后来回忆说:“若干年后,听说我仍然保持康奈尔历史上平均成绩的最高纪录。”

1914 年 6 月,胡明复和赵元任大学毕业,被授予学士学位。赵到哈佛大学研究院研读哲学,胡留在康奈尔大学入研究院,在希尔伯特的学生胡尔维茨(W. A. Hurwitz,1886—1958)指导下研读数学。1916 年转到哈佛大学研究院,接受博歇(M. Bocher,1867—1918)的指导。博歇主要研究线性微分方程、高等代数、函数理论等,他和奥斯古德(W. F. Osgood,1864—1943)领导的哈佛大学数学学派在美国有很大影响。胡明复在名师指导下,于 1917 年初完成了博士论文,题为“Linear Integro—Differential Equations with a Boundary Condition”(具有边界条件的线性积分-微分方程)。论文由 9 节组成,其主要内容是:运用伯克霍夫建立的一种变换公式,将含有积分式的微分方程化为纯粹的积分方程,然后运用弗雷德霍姆理论,按照某种行列式是否为零给出原方程解存在和唯一的充分必要条件。系统论述了这一详解,讨论了边界条件、自共轭性质、格林函数等。文末特别提到:"本文所研究的问题,首先由胡尔维茨教授建议,对他,对博歇教授经常的帮助、建议和批评谨致深切的谢意。"积分方程是19世纪末20世纪初,由于伏尔泰拉、希尔伯特、弗雷德霍姆的研究取得了较大的进展,当时属于较新的数学领域。胡明复的这篇论文是伏尔泰拉等人早期工作的继续与推广,将希尔伯特推崇的"极限过程"方法的应用范围扩充了,取得了一系列令人满意的结果,得到博歇的充分肯定。

1917年5月,胡明复被哈佛大学授予哲学博士学位,成为在哈佛大学获得博士学位的第一个中国留学生。胡刚复和赵元任在哈佛大学获得博士学位是1918年。同时,胡明复也是中国数学界获得博士学位的第一人,成为中国数学学科的第一位博士。随后,胡明复将他的博士论文中的主要结果提交给1917年召开的美国数学会年会。主持这次会议的著名数学家伯克霍夫和摩尔(E. H. Moore)充分肯定了他的"结果",对其工作十分赞赏,随即将这篇论文推荐给《美国数学会汇刊》(*Transactions of the American Mathematical Society*)。该刊由美国数学会于1900年创办,专门刊登理论数学与应用数学各方面篇幅较长的原始研究论文。是一份学术性很强、很有国际影响力的数学期刊。该刊于1918年10月在第19卷第4期第1~43页刊登了胡明复的博士论文全文。这是中国留学生在美国数学专业期刊上发表的第一篇研究论文,也是中国学者在外刊上最早发表的数学论文之一。

胡明复身在国外,心系祖国。"辛亥革命"的成功给了他莫大鼓舞。民国元年(1912年)11月,他和胡适发起组织"中国学生政治研究会"。1913年初,"辛亥革命"有功人员任鸿隽、杨铨来康奈尔大学留学,因有着热爱祖国关心科学发展的共同志向,他们很快结为好朋友。1914年,第一次世界大战前夕,风云万变。一天,胡明复、赵元任、任鸿隽、杨铨等聚集在学校的"大同俱乐部"廊檐下闲谈国家形势,有人提议:"中国所缺乏的莫过于科学,我们为什么不能刊行一种杂志向中国介绍科学呢?"立刻得到在场人的赞同。1914年6月10日晚,相约近10人在任鸿隽房间,正式商讨办刊之事:为办刊先组织科学社,由科学社出面办《科学》月刊。《章程》中提到:"本社发起《科学》(*Science*)月刊,以提倡科学、鼓吹实业、审定名词、传播知识为宗旨。"1915年元月25日,《科学》月刊正式与读者见面,成为我国历史上最早发行的现代科学综合性高级普及期刊之一。不久,办刊人觉察到,要使中国科学发达,单发行一种杂志是不够的,于是建议改组科学社,推举胡明复、任鸿隽、邹秉文3人草拟新社章,其宗旨是:联络同志,研究学术,以共图中国科学之发达。出版《科学》仅是该社的重要任务之一,还有其他工作,如:建设实验室、设立各科研究所等。1915年10月25日,中国科学社在美国正式成立,以后提到的科学社,均指此时成立的中国科学社。

1918年前后,中国科学社和《科学》月刊的负责人都陆续回国,工作分散在国内的东西南北,当时交通落后,互相联系十分不便,加之经费无源,大家担心科学社有闭门之危,《科学》有停刊之险。胡明复1人在上海主动担起了以上两者回国扎根的重任,将科学社社址和《科学》编辑部首先落脚在他工作的单位——大同学院,集科学社社务、会计和《科学》月刊组稿、编辑、校对于一身。以后才陆续争取到在南京、上海有了基地,逐渐生根发展,延续至今。

胡明复在中国科学社,为向国人传播科学,主要做了以下"开路小工"的工作:

(1)撰稿。撰稿是《科学》月刊初创时的首要任务。1914年夏天,胡明复利用大学毕业进研究院前的暑假,夜以继日地写,一气写成数十篇。该刊第一卷就发表了他的学科简介、编译、报道、通讯等各类文体的文章近30篇,是全社社友中撰稿最多者。他的文章内容丰富、文字流畅、涉及面广,除数学外还有物理、化学、生物、天文、地理、教育、工商、军事等。《科学》出版不久,因攻读博士学位,赵元任和胡明复相继都到了哈佛大学。仍留在康奈尔大学的编辑部部长杨铨常向他们要稿件,下录两首打油诗以证当时的写稿情况,和科学社这帮社友的亲密友谊、工作乐趣以及紧张状况。第一首是杨铨(即杨杏佛)寄胡明复的:

寄胡明复

自从老胡去,这城天气凉。

新屋有风阁,清福过帝王。

境闲心不闲,手忙脚更忙。

为我告"夫子",《科学》要文章。

注:"夫子"是赵元任的绰号

赵元任见诗也回杨一首:

寄杨杏佛

自从老胡来，此地燠如汤。

《科学》稿已去，夫子不敢当。

才完就要做，忙似阎罗王。

幸有"辟克匿"，那时波士顿肯白里奇的社友还可大大的乐一场。

（"辟克匿"即 Picnic，野餐；"肯白里奇"即 Cambridge，地名，现译"坎布里奇"，哈佛大学所在地）

胡明复在撰写博士论文的同时，仍然继续为《科学》写稿，第 2 卷发表了他的 15 篇文章；第 3 卷在他回国前的 7 期，发表了 9 篇。以上是署名文章，未署名者未计入。

（2）理财。胡明复从科学社成立到 1927 年去世一直担任该社会计。社友们选他，一方面是他有商校学习的基础，更重要的是他对科学事业的热心和无私。最初几年，社内活动经费仅靠十几位留学生社员从自己的津贴中节衣缩食，每人每月捐赠美金 5 元。迁回国内后，他还肩负筹募资金任务，经过多方争取以后才得到政府每月补助一二千元，这些经费全部由胡明复一人经手，他精打细算，惨淡经营，在极有限的经费中，不仅保证了社内各项活动正常运行，《科学》月刊的按期出版，而且科学社的其他任务均有较大的发展。在每年的年会上，他都交上一份财务开支报告，账目清清楚楚。胡明复理财，全社公认是他对中国科学社的重大贡献之一。

（3）校对、标点。《科学》月刊创刊在"五四运动"的前 4 年。当时国内的期刊行文一般都是竖排，使用文言文，不分段、不标点。在国外的这批留学生以胡适为首，已开始酝酿文学革命、文字改革。《科学》在创刊号上即声明：杂志采用由左至右横排，以便插写数学、物理、化学诸方程式；文字句读使用标点符号，文章书写用白话文。刚试行难免不习惯、不规范，更何况还遭到一些守旧文人的非议、责难。胡明复是杂志排版和文字革新的积极支持者和忠实的执行人，他不厌其烦地一字一句、一段一篇的校对，标点，十几年如一日，默默地做这个很费时间的幕后工作，从无怨言。据笔者统计：从《科学》创刊到胡明复遇难，一共出版 138 期（11 卷另 6 期），总共印刷 16 319 页，正文 1 253 篇包括各个学科，还有累计数百篇的新闻、调查、杂俎、附录和会务等报道，这大批行文和标点校对几乎都由他一人经手，其工作量可想而知。

（4）年会。胡明复很重视中国科学社每年一次的年会，将其视为实现科学社宗旨的重要步骤,除每年认真提交他经管的财务报告外,1916年年会结束的第二天,他主动去参加美国数学会的年会,以借鉴外国学会的年会经验。1918年,科学社迁回国后的首次年会在杭州举行,他代表社长任鸿隽主持。他在开幕致辞中说:"吾人根本之大病,在看学问太轻。政府社会用人不重学问,实业界亦然;甚至学界近亦有弃学救国之主张,其心可敬,其愚则可悯矣。"呼吁各界重视教育,发展科学。每次年会他都热心协助会务。1926年广州年会,他和孙科、竺可桢等同为会程委员会委员,在社务会上他提议设立"建设服务委员会":专代人计划工程、委托研究、介绍人才等工作。提议被采纳并推举他为筹备委员之一。不幸的是未等到下一次年会汇报工作,他便与世长辞,匆匆地离别了苦心经营的中国科学社。

评论:胡明复曾多次说:"我们不幸生在现在的中国,只可做点提倡和鼓吹科学研究的劳动,现在科学社的职员、社员不过是开路小工,哪里配称科学家,更谈不上做科学史上的人物。我说中国的科学将来果能与西方并驾齐驱造福人类,便是今日努力科学社的一班无名小工的报酬。"

2.受欢迎的数学教授

中国数学学科的第一位博士胡明复1917年回国后,不少学校争用高薪聘请,刚出任北京大学校长的蔡元培,多次特邀他到北京大学任教,被胡明复婉言谢绝。清华大学酝酿成立数学系之际,1926年4月26日,校评议会决定延聘在数学界和科学界声望较高的胡明复来校任数学教授。胡明复不愿就聘。求贤若渴的清华评议会决定将月薪增至300元,并请胡的好友赵元任"去函劝驾",最终仍未如愿。他立志协助大哥胡敦复办好"大同"。[①]

大哥胡敦复在清华学堂因反抗美国在中国土地上施行奴化教育,反抗文化侵略而辞职,南下上海和"立达学社"社友创办大同学院。胡明复认为此地是他实现教育救国最理想的实践基地。回国后寸步不离,倾注全力实现该校的办学宗旨,十年如一日呕心沥血,默默奉献。他对"大同"的主要贡献有如下三个方面:

(1)实行新学新教,确保教学质量。大同学院是胡明复回国实践数学教育改革的基地,在该校主要给高年级学生上课。他结合学生实际,自编解析几何

---

① 这里的"大同"指在上海创办的大同学院(后更名为"大同大学"),1952年秋,大同大学在院系调整中被撤并,其院系分别并入复旦大学、交通大学——编者注。

微积分讲义,深入浅出,介绍数学在现代科学发展、工程技术等各方面的应用,语言通俗、妙趣横生、激发学生的学习兴趣。同时,还通过大同数理研究会,向师生做有关现代科学的专题讲演,深受大家欢迎。

(2)"大同"的好管家。学院初创时仅靠创业者集资的228元起家,经营十分困难,常常靠教师们捐献过日子。胡明复十年中为"大同"捐献、垫付累计高达近二万元,是最多者。同时他兼管学校财务,深知经费来之不易,处处精打细算,花钱主次分明,平时尽量节省开支,以便用更多的钱购置教学设备,聘请名师。在他的精心策划下,学校很快建成了保证教学必需的图书馆、实验室。"大同"实验室的仪器设备齐全先进,在当时的上海颇有影响,常被外单位借用做实验,学校随之挤入先进之列,特别以理工专业著称。

(3)校舍建设的设计师。"大同"初办时租用的是民房,仅中学规模。学校要发展,校舍的建设任务十分繁重,且经费又相当短缺。胡明复迎着困难又肩负起了"大同"的基建重任。为节约开支,他从校舍设计到监工,只要自己能办的都包揽于一身。他的姐姐胡彬夏后来回忆说:"大同的几所巍巍校舍,何一非他亲自打样监工! 只有他能与作头谈话,使人敬畏而乐于遵从,他的细心与精明,可令技师咋舌,他的公允可使所有接触的人翕服。"短短几年,他从物质条件上保证了"大同"发展的需要。胡明复在"大同"的十年(1917 年—1927年),是该校发展的鼎盛时期,声誉遍及全国。1925 年前后,"大同"校长胡敦复常被邀请兼任各种公职,多在外面奔忙,"大同"又未设副校长,明复便自觉担起了协助大哥处理校务的责任。此时正值北伐战争,时局动乱波及学校秩序,他经常要用很大精力去妥善处理学潮等一些棘手问题。

为了给"大同"的建设筹集资金,"大同"校内的数学课主要由吴在渊担任,胡明复的课时不多。尽可能在校外兼课,增加收入捐献"大同"。他先后在南洋中学、南洋大学、东南大学商科兼过课。胡明复虽有深厚的现代数学功底,但在教学上,无论是对中学生或大学生都从不马虎,结合学生实际,选择新知识,认真备课。教学方法深入浅出,能巧妙而透彻地分析一些难题,使听者轻松愉快,进而激发学习兴趣,广受学生欢迎。

1921 年,胡明复受聘任南洋大学(现上海交通大学和西安交通大学前身)数学教授。借鉴西方工科大学办学经验,与该校裘维裕、周铭等教授商议,提出从提高基础课教学质量入手,抓好数、理、化课程,从而提高高等工科教育质量。当时在南洋大学胡明复讲数学,周铭讲物理,讲化学的叫徐名材。这三位教授,都以讲课精彩、要求严格而出名。因其姓名中都有一个"Ming"音,学生尊称他们"三民主义",十分钦佩。

1924 年,由南洋大学附中毕业升入大学部学习的赵宪初回忆说:"当时南洋大学的各科教师,都是学识渊博、教学认真的教授,特别是数理化三门课程,是工程系的最重要的基础课,教师都是为学生所钦佩的老师。而其中尤以胡明复老师资格最老,尤为同学们所钦佩。"他说:"我们三个班的数学课,都是由胡明复老师教授的。记得第一个学期的内容是解析几何……胡老师上课,经常穿的是不很新的西装,讲的是略带无锡乡音的普通话。声音不很响,但语言清楚简洁。教学态度非常认真,从不缺席。因为要在半年时间教完解析几何,所以进度比较快,一堂课要讲很多内容,课后作业是书本上的全部习题,数量也很多。由于胡老师讲授清楚,同学们听课也都非常认真。胡老师有时也说几句幽默的话,因此听课也很有趣味。大家都以得到这样有名望、有学问的老师来教导而感到十分荣幸。"

评论:*胡明复的始祖胡瑗(安定先生)曾谓"致天下之治者在人才,成天下之才者在教化,教化之所本者在学校"。胡明复将此牢记于心,并付之于行动。而这句话对于现今的教育工作者同样有深远的启发。*

3. 数学魂

胡明复中学读商校,数学基础较差。但到美国留学仅七年,却先于同伴完成了从大学到获得博士学位的优秀成绩,足见他是一位极具数学天赋的人。同时,他又是一位极爱祖国的学者,时刻盼着他的祖国科学发达、数学进步。1916年,他参加美国数学年会,成为最早参加该学会年会的中国人。会后,他最深的感触是"论文呈进之多",学术空气浓厚;第二年他将自己的研究论文呈送给该会年会,成为最早向美国数学会年会提交学术论文的中国数学家。这两次行动的实质是在了解、考察、学习外国的经验,探索中国数学发展的道路。通过《科学》月刊,他向国人传播现代数学知识,介绍外国数学家,先后发表了《算学于科学中之地位》《近世纯粹几何学》《奇数》《几率论》《统计上世界算学名家之比较》等著作。还向国人介绍中国留学生的成就。留法学者何鲁和段子燮的新著《微分学理解》(上册),他早在 1916 年就介绍给国内了。

胡明复 1917 年回国后,虽然中国科学社、《科学》月刊、大同大学三单位繁重而琐碎的事务使他忙得日夜连轴转,但他仍要挤点时间、分点精力在中国数学发展的基础建设上。除日常数学教学外,其主要工作有:

(1)统一数学名词。早在美国,他就着手整理比较混乱的数学名词。1918年,国家成立"科学名词审查会",推定中国科学社起草数学名词。具体工作自然落在他身上。1923 年,审查会又责成四方代表组成"算学名词审查组",主席姜立夫,书记何鲁。胡明复是唯一的两方代表,即江苏省教育会和中国科学社的代表。1923 年 7 月 20 日,他在给裘冲曼的信中说:"科学名词审查会数学稿,暂由弟主持;现正收集名词之英、德、法原文,中、日译名尚未成形;……。弟意中国旧名及日本名词之勉强可用者,一概仍旧,其有名义不切或系统上有窒碍者,酌改。"这批名词分英、法、德、日、中五种文字,印成《算学名词审查组第一次审查本》征求意见。1924 年将一审意见编为二审本,翌年 8 月又编三审本,胡明复经历了这三次审本的具体组织工作。1925 年 11 月,他给裘的信中又提到:"算学名词拟另编中西文字典及索引。"这项工作因他不幸英年早逝曾一度停顿。1932 年,编译馆成立后,又将中国科学社起草、审查会通过的数学名词为蓝本,汇印成册,再交有关专家征求意见,说:"……将前由胡明复、姜立夫等拟定之数学名词初稿,做最后一次之决定,以便公布。"这就是咱们现在通用的数学名词的先期工作,胡明复为此付出了十余年的心血。

(2)参与中学数学课程改革。1922 年 11 月,全国教育联合会"新学制课程标准起草委员会"请胡明复起草初中算学课程纲要。他根据该会规定的原则拟订《初级中学算学课程纲要》,提出初中算学科的教学目的:①使学生能依据数理的关系推求事物当然的结果;②供给研究自然科学的工具;③适应社会上生活的需求;④以数学的方法,发展学生论理的能力。这些教学目的体现了用现代数学的观点培养中学生,渗透着他对中国数学发展从基础数学教育抓起的期望。以此目的拟定数学内容,将初中算学各科混为一体,"以初等代数、几何为主,算术、三角辅之",采用混合教学法,是这次新学制改革的最大特色。根据该《纲要》编制的新学制初中算学教科书,1923 年起由商务印书馆陆续出版。此外,他尽可能指导或参加学校的学术团体活动,除指导"大同数理研究会"外,1921 年,他还给交通大学的学术团体讲演。1924 年,商务印书馆编译所所长王云五还聘请胡明复兼任数学函授社主任,他为此也做了不少工作。

以上工作,在胡明复看来,只是做了点"提倡和鼓吹科学研究的劳动","不过是开路的小工"。1921 年 4 月 13 日,他在给裘冲曼的信中写道:"……我等日日以提倡学术为号召,而自己于学术上不能有所贡献,不禁惭愧之至!"他还说:"假使我们以现在科学社的职员社员地位为光荣,这便是我们的羞耻,中国科学前途的大不幸。"作为一名数学家,他对中国数学的感受尤为强烈,他期盼中国数学能与西方并驾齐驱,但谈何容易!当时中西方数学差距甚大,中国数学界的力量十分薄弱,想有一个起码的数学所,中国科学社几经酝酿,终未实现。想成立中国数学会,仅仅是他理想中的事,他脚踏实地地为实现这一理想准备条件。胡明复逝世两年后,才有"中国数理学会"成立;8 年后才成立"中国数学会";逝世 75 周年后,"国际数学家大会"首次在中国举行,是中西方数学趋近的重要标志。

评论:胡明复英年遽逝,引起中国科学教育界深切痛悼,政府明令褒扬、纪念活动长达数年,这在中国科学教育史上无前例。

结语:因胡明复生前曾盛赞:"杭州以西湖风景胜,研究科学最好自然,故极相宜。"他的社友和兄弟便择定杭州西湖烟霞洞呼嵩阁东南端的一块墓地,用钢筋水泥砌墓,于 1929 年 7 月安葬。著名教育家蔡元培撰写碑文,杨杏佛作词,赵元任谱曲,作了一首"胡明复墓铭"。

至今,在西湖畔的"胡明复墓"碑文及印章仍清晰可见。愿明复精神永存!

4. 熊庆来

熊庆来

熊庆来（1893—1969），字迪之，出生于云南省弥勒县息宰村，无党派民主人士，中国数学家、教育家，中国现代数学先驱，中国函数论的主要开拓者之一，中国科学院院士，曾任云南大学校长，清华大学算学系主任、教授，中国科学院数学研究所研究员、函数论研究室主任，中国人民政治协商会议全国委员会常务委员。熊庆来为中国数学界的一代宗师。

1. 数学之路

熊庆来 1907 年考入昆明的云南方言学堂。1911 年，入云南英法文专修科。1913 年初，他以第 3 名的优异成绩考取留学比利时公费生。1913 年 6 月，熊庆来进入比利时包芒学院预科。由于第一次世界大战，他攻读矿业的计划成了泡影，最终改读理科。在之后的留学生活中，熊庆来先后在巴黎大学等 4 所大学学习，并获理科硕士学位。

1921 年，熊庆来回国。同年秋天，东南大学聘请 28 岁的熊庆来为新设立的算学系（即数学系）教授兼系主任。当时，中国的近代数学刚开始萌芽。东南大学算学系专任教授仅有熊庆来一人，所有高深的教学课程都压到他一人身上。而且，还没有现成的讲义和教材可用，一切都得自己动手。就这样筚路蓝缕,熊庆来5年间讲授了十多门高深课程,编写了包括《球面三角》等十几种讲义。

1926年,清华大学聘请熊庆参与筹办算学系。1927年,算学系正式成立。熊庆来负责建系规划,并担任讲授近世几何初步、微积分等课程。期间,熊庆来编写了五六种讲义、教材。其中,《高等算学分析》因使用效果好,被商务印书馆收入第一批《大学丛书》,于1933年正式出版。

1932年,熊庆来赴瑞士苏黎世参加国际数学家大会。会后,他利用清华大学规定的五年一次的例假,另请假一年,在巴黎从事研究工作。他最终选择函数论作为专攻方向。这方面研究中,法国数学家波莱尔(E. Borel)已在有穷级整函数值分析问题上取得了完美的成果,但无穷级函数方面尚未有令人满意的结论。熊庆来对后者做了系统、深入的研究,最终对波莱尔有穷级整函数与有穷级亚纯函数理论做出推广。1934年,他的论文《关于无穷级整函数与亚纯函数》发表,并以此获得法国国家博士学位。这篇论文中熊庆来所定义的"无穷级函数",国际上称为"熊氏无穷数",被载入了世界数学史册。

19世纪50年代,熊庆来在巴黎完成书稿《关于亚纯函数及代数体函数,奈望利纳的一个定理的推广》。这本有关函数论的专著收入法国出版的一套国际著名丛书《数学科学论文集》中。在这段时间,熊庆来在科学研究上取得的另一个有影响力的成就是发展了在数学各方面起重要作用的孟德耳的正规族理论。

1957年,熊庆来回国后担任中国科学院数学研究所研究员,负责函数论研究室。在其后的七八年间,他又发表了近二十篇高水平的论文,并有三篇在外国数学期刊上发表。除此之外,熊庆来还是中国现代数学从无到有的见证人与热情参与者。

评论:1931年暑期,熊庆来与姜立夫、苏步青等几位中国近代数学的拓荒者,聚首杭州西湖,在一条小游船上边泛舟边讨论数学术语的译名,举行了中国第一次数学名词审定会。1935年,中国数学会在上海成立,熊庆来为发起人之一,并任首届理事。在函数论方面的一系列成果,使熊庆来成为我国著名的数学家。而他毕生从事中国近代数学的艰苦创业,则使他成为西方数学在中国传播的伟大播种者,并被公认为是"中国近代数学的先驱"。

2. 教学之路

1931年,时任清华大学算学系主任的熊庆来在《科学》杂志看到一篇发表于1930年的论文《苏家驹之代数的五次方程式不能成立的理由》。仔细读完论文,熊庆来把目光转向论文的作者"华罗庚"。这是一个陌生的名字。熊庆来多方打听,终于了解到华罗庚初中毕业后就辍学在家,后在金坛中学当一名庶务员。求贤若渴的熊庆来马上设法把华罗庚请到清华,让他边工作,边旁听数学课程。结果仅仅几年后,华罗庚即成为驰名中外的大数学家。这就是广为流传的熊庆来慧眼识华罗庚的佳话。其实,这只是熊庆来以发现、爱护、培养人才为己任的大教育家一生的一个缩影。自早年从事教育工作起直到晚年,熊庆来把几乎毕生的心血与时间都花在中国教育事业上,亲手创建了近代中国三所大学(东南大学、清华大学、云南大学)的数学系,并成为桃李满天下的著名教育家。

作为教授,在教学中,熊庆来诲人不倦,对待讲课非常认真。熊庆来注重必修课,对必修课程,"务使学生于学理能透彻了解,于工具能熟练掌握"。他注重演题,用认真演题的精神要求学生。熊庆来喜欢出有启发性的难题目,一个题目要经过很多的思考才能做出来,以此启发学生开拓思路。他常对大家说:"数学研究工作,可贵者在于牵涉之广。"素质较高的学生经过这种扎实的严格训练基础打得很牢靠,思路也开阔,灵活。作为系主任、大学校长熊庆来工作中总结出一些成功的教育经验。熊庆来相信"学校成绩之良窳,过半由教授负责",因此他极为重视优秀教师的聘请。熊庆来认为严格要求是使学生成为有用人才的必经之路,因此他注重学风的整顿,严格考试制度,纠正考试中的作弊行为。

熊庆来还极力倡导浓厚的学术研究之风,重视开展学术活动,活跃学术气氛。他认为"大学的重要,不在其存在,而在其学术之生命与精神"。为此,熊庆来做出多方面努力以提供各方面的便利条件。他一方面大量购置图书、期刊及名家著作,增加资料;另一方面,他热心倡导学术交流。在清华任职期间,他聘请哈达玛(Hadamard)与维纳(N. Wiener)这两位国际著名的数学家来华开设课程。他还特别注重学术报告的形式。在他的积极推动下,从1961年至1964年每年都举行了全国或北京市的函数论会议。那段时间,他还把讨论班搬到自己家里。教授、研究生,济济一堂,切磋学术,对学术的交流与发展起到了非常好的推动效果。

为了培养研究风气,熊庆来还很重视学术刊物和丛书的出版工作。1936年,熊庆来与另外几位数学界同仁倡议创办了中国数学会会刊。这个会刊即是现今的《数学学报》的前身,是中国的第一个数学学报。1938年,他到云南大学的第二年就创办了《云南大学学报》。熊庆来教育思想在1937年—1949年任云南大学校长的十二年期间,得以更好地展现。在对云南大学的革新中,他明确提出改进的五条办法:慎选师资,提高学校地位;严格考试,提高学生素质;整饬校纪;充实设备;培养研究风气。结果取得了极为显著的成效。十二年,他使

97

云南大学一跃成为门类齐全,具有相当水平和规模的大学,跻身于全国有名大学的行列。

评论:熊庆来的呕心沥血,不辞劳苦,结出了累累硕果,培养了大量优秀人才,为我国现代科学的进步打下了坚定基石。他所培养的享有盛誉的优秀人才名单中包括严济慈、赵忠尧、华罗庚、钱三强、赵九章、陈省身、许宝禄、庄圻泰等驰名中外的科学家。老骥伏枥的熊庆来,在七十岁之后,还培养出了杨乐、张广厚两个日后蜚声数学界的数学家。

3. 光辉人格

1949 年,熊庆来赴法国开会。此前,他向教育部请准了一笔为云南大学添购数学书籍的费用,数额折合 1 000 美金。后因云南大学解散,他留在美国。其生活时感拮据,但他始终没有动用这笔款项一分钱。当一位在法进修的云南大学医学院毕业生 1954 年返国时,熊庆来将用这笔钱所购得的图书交给他带回,嘱托他把这批图书转交云南大学。

描述父亲的性格时他的儿子熊秉明用了四个字:平实诚笃。这确是熊庆来性格之写照。熊庆来举止言谈比较缓慢而持重,不善辞令,爱恬淡的生活情调。他没有浪漫主义的气质。在欧学习期间,他励志向学,与一切娱乐都无缘。16岁奉父母之命与妻子结婚后,两人几十年一直相敬如宾。

熊庆来治学严谨。他的数学论文,常常修改三五遍以上。在任教授期间,他总是非常认真地批改学生的作业。作业中的错误他用红毛笔仔细地逐本圈阅,改正。好的作业,则用大笔书写一个"善"字,表示满意。他经常废寝忘食,不顾病痛地工作。据熊庆来的夫人回忆,在东南大学第一年,过度疲劳使他吐血,而且又犯痔疮。熊庆来竟顽强地伏在床上坚持编写教义。在清华大学任教时,每天中午妻子都得打三四次电话催他回家吃饭。在云南大学任校长时,熊庆来的日程排得满满的,有时忙得顾不及回家吃饭。即使到老年时,他仍每天吃过早饭就伏在书桌上工作,除去午睡和吃饭以外,一直要到晚上睡觉才肯离开书桌。熊庆来多年主持公务,但他以清廉公正为准则。在云南大学任校长期间,每年新生考试前,不少人托人情,送礼。可熊庆来总是原物退还。他自己的生活很节俭,全家的衣食住行都以俭朴为旨。然而,熊庆来的平实诚笃中却蕴藏着顽强的精神、卓越的毅力。熊庆来在 1951 年因脑溢血而致半身不遂,病情稍有好转,他就开始练习用左手写字。在其后的近二十年中,他就以这种病残之体一直坚持做研究工作。撰写外文稿时,他缓慢地用左手一个字母一个字母地打字。有一半以上的论文就是如此写成的。即使是晚年记忆力衰退后,为了研究他开始学习俄文。经过努力,最终他能够借助字典阅读俄文数学文献。

评论:在他的平实诚笃中,更有深厚执着的爱。他热爱科学真理,热爱教育事业,将一生精力与心血投入到数学研究与教育中。他爱祖国与乡土,所以他怀着报效"桑梓"的热情与爱三次出国,并应邀入云南大学任校长。他爱学生,一次手中没有现钱寄给当时在法国留学的严济慈,他让妻子去典当自己的皮袍子。于是有了为后人所传颂的"一件皮袍子"的佳话。

结语:"平生引以为幸者,每得与当时英才聚于一堂,因之我的教学工作颇受其鼓舞。"在生前,熊庆来亲眼看到自己培养的学生成为国家的栋梁,看到他的学生为我国培养出第二代年轻的数学家与物理学家,看到中国第一颗原子弹爆炸,这一切都使他有足慰此生之感。熊老用自己的一生诠释了**"心之所想,心之所向;一生只做一件事、做好一件事。"**

5. 杨武之

杨武之

杨武之(1896—1973)，本名克纯，号武之，籍贯安徽省凤阳县，1896年4月14日出生于安徽省合肥市，数学家、数学教育家。长期在清华大学和西南联合大学(以下简称西南联大)数学系任系主任或代主任。是我国早期从事现代数论和代数学教学与研究的学者，诺贝尔奖获得者杨振宁的父亲。杨武之的主要学术贡献是数论研究，尤其以华林(Waring)问题的工作著称。杨武之一生从事数学教育，特别是在清华大学和西南联大执教并主持系务时期，培养和造就了两代数学人才，对中国现代数学的贡献很大。

1. 杨武之与西南联大

杨武之大学毕业后回合肥母校任教，用"五四"精神教育中学生。后发奋自学，于1923年考取安徽省公费留学赴美，师从美国著名的代数、数论专家迪克森(L. E. Dickson, 1874—1954)。1928年获得芝加哥大学博士学位。成为我国代数、数论方向的第一位博士学位获得者。他获得博士学位后即回国，先在厦门大学教书，1929年到清华大学任数学教授，以后长期担任清华大学数学系代系主任和系主任及西南联大数学系主任。善于团结同事，关心学生成长，是一位极富成效的数学教育家。

据陈省身回忆：自己在清华读书时，杨武之已经是那里的教授。清华大学早期有关代数数论方面的课程，都是杨先生开，当时陈省身曾选读他开的"群论"课。华罗庚到清华，最早就是跟杨先生学习研究初等数论，发表了十多篇这类内容的论文，杨先生看出华罗庚是一位很有发展前途的青年，不久就鼓励他研究当时新发展的解析数论，鼓励他向新的方向进攻；后来又支持帮助他到英国剑桥大学，去跟随名师哈代（G. H. Hardy，1877—1947）深造。华罗庚去剑桥进修两年，几年后就写出了具有世界先进水平的《堆垒素数论》。

抗战前夕，杨武之接替熊庆来担任清华数学系主任的职务，同时还兼任清华数学研究所的主任。在工作中，他善于团结同事，知人善用。特别是抗日战争期间，他担任内迁设在昆明的西南联大数学系主任多年。在战争环境中，条件异常艰苦，杨武之人缘极好、深孚众望，紧密团结三校教师，齐心协力，使在抗战中诞生的西南联大数学系出色地为国家培养了一批杰出的数学人才。西南联大数学系的先天条件是师资雄厚，这个系云集了清华大学、北京大学、南开大学三所学校的十多位教授，当时中国最好的数学教授大部分都聚集在这里。除在长沙时的9位教授外，以后还陆续有华罗庚、曾远荣、姜立夫、张希陆、许宝禄等教授来系任教，使西南联大数学系成为我国历史上教授人数最多、力量最强的数学系。其所以最强，是指这十多位教授全都留过学，除华罗庚外，他们在国外都获得硕士以上学位，而获博士学位者居多。这批教授中，最年长者刚过50岁，有6位刚步入而立之年，正处于年富力强、精力旺盛的人生最佳时期；此外，还有一批跟随教授们潜心做学问，教学认真、事业心强的讲师、助教。作为一系之长的杨武之，善于团结同事，巧用人才，充分发挥各人专长。他采取多种形式办学，使数学系从整体上得到发展。本科的课程设置，必修课与抗战前大体相同，主要基础课程由年资较长的姜立夫、杨武之、江泽涵把关，教学上基本保持抗战前的严格要求与淘汰的做法。选修课多选派正处于发展开拓时期、刚留学归国、30岁左右的几位年轻教授担任，门类较抗战前多，内容也比较新，有些能反映当时的国际水平。杨武之支持他们带领一批讲师、助教和部分高年级学生，组织各种学术讨论班，研究世界前沿的数学问题。虽然抗战时的昆明信息闭塞，但充分发挥人脑的思维作用，人尽其才，大家搞数学研究的热情依然很高。几年中取得的科研成果是西南联大各学科中最突出的，有些成果超过了抗战前水平，华罗庚、许宝禄就是其中的佼佼者，在他们的带领下，还锻炼培养了一批青年。

评论：在西南联大缺书少刊、缺吃少住，不断跑空袭警报的十分艰难困苦的条件下，杨先生通过他的学术水平、教育才能和组织才能，培养出的大量优秀人才，对中国数学的发展起到了重要作用。

2. 杨武之与他的学生们

杨武之是一位值得纪念的杰出数学教育家。

陈省身和华罗庚是 20 世纪我国最有成就的两位国际数学大师。陈省身在纪念杨武之诞辰百年的文章中特别强调："19 世纪 30 年代的清华数学系是有突出贡献的。在中国数学史上应为光荣的一章。武之先生为人正直,深受同事和同学爱戴。他是数学家的榜样。"

陈省身曾回忆说："杨先生确实培养了不少杰出的人才,代数、数论方面有成就的还有柯召、段学复等,他们都是杨武之的学生。从 19 世纪 20 年代末到 19 世纪 40 年代末,清华大学数学系的学生,差不多都受过杨先生的教育,他教书教得很好,人缘也好,对学生很负责任,不仅在学业上,其他各方面都很关心,学生们把他当成可靠的朋友,遇事愿意去找他商量或帮忙。杨先生最早学习研究初等数论,发表过有价值的论文。他后来的工作,偏于教育方面。在中国当时的环境,这个选择是自然而合理的。他的洞察力很强,善于引导学生创新,鼓励支持他们到世界研究的前沿去深造,去施展他们的才能。迈出去这一步,不少青年都得到过他的指点帮助,经他培养教育过的学生中,后来有杰出成就的很不少。"

陈省身回忆,他与杨武之先生接触最多的是 1934 年前半年,那时,杨先生代理清华大学数学系主任。陈就毕业和出国的选择等问题,常去找杨先生商量。杨先生帮助他办理了毕业和学位授予的手续。毕业后,陈去德国留学,在申请改派和办理出国手续中,杨武之先生帮了很多忙。陈省身称,杨先生是他在学校里最可靠的朋友。此外,陈省身还说,杨先生还促成了他和士宁的婚姻,使其一生有个幸福的家庭,成为他在数学研究中取得成就的重要保障。

华罗庚 1931 年到清华大学后,博览群书,专业涉猎甚广。华最初最感兴趣的是杨武之所教专业范围,特别致力于数论的钻研,常和柯召一起去请教杨师。杨武之十分爱生,毫无保留地给予指导,并引导他们向数论新的研究方向发展,师生情谊甚深。杨先生给了他扎实的基础知识、专业知识教育,而且起点较高,为他以后数年顺利地向外国大师学习奠定了基础。华罗庚曾说："在清华引我走上数论道路的是杨武之教授。"1938 年春夏,华罗庚的家乡金坛失守,华夫人吴筱元带领子女和亲属一行 6 人,逃难辗转来到昆明。杨武之和熊庆来(时任云南大学校长)一听说华罗庚家人逃难来了,赶紧帮助他们租赁住房、添置家具。待华罗庚从英国归来时,全家都已经安顿好了,为他解除了后顾之忧。由于华罗庚在剑桥大学没有攻读学位,此时,仍是原清华大学聘任的教员学衔。华罗庚归国来到西南联大,如何聘用又成了棘手问题。杨武之深知华的学术水平的高度,拿上华已发表的数十篇论文,以清华大学算学系主任的身份,去找理学院院长吴有训,得到院长支持;然后在教授聘任委员会上,杨武之据理力争,以理服人,仗义执言,力主将华罗庚越过讲师、副教授,直接聘任为教授。最后终于全体通过,成为我国高等学校前所未有的三级跳破格先例。华罗庚时年28 岁。1934 年秋后,杨到德国柏林大学进修,华给杨的信中写道:"古人云:生我者父母,知我者鲍叔。我之鲍叔乃杨师也。"1980 年,华罗庚致香港《广角镜》月刊编辑一封短信,简单说明 6 点。其中:"3、引我走上数论道路的是杨武之教授。""5、从英国回国,未经讲师、副教授而直接提我为正教授的又是杨武之教授。"

在杨武之先生的执教生涯中,受到他指导、帮助的人不计其数。在西南联大,杨武之得知学生朱德祥家境贫寒,为求学亏债很多,便设法在课余帮他找点事干,增加点收入,使其顺利地完成学业。毕业后,和熊庆来一道相继推荐他到云南大学、西南联大任教。朱德祥说:"杨先生是我的恩师。"学生蓝仲雄读二年级时先到西南联大工学院土木系报到,同时听土木系和数学系两系的主课。由于受杨武之的数论课和程毓淮高等几何课的深深吸引,最后决定入数学系。在西南联大因为兴趣或慕名从外系转入数学系的学生还有:严志达、王宪钟、钟开莱等。

杨武之在他的自述中说:"1935 年我自德国回清华后,就决定放弃研究工作,全神贯注于教书。"1946 年,他两次患伤寒重病之后,还想在他的后半生再培养一位世界级的数学家。对于教育,杨武之说:"首要的是知人,也就是除了当伯乐外,更多的时间是认识每一位学生的长处和短处,充分让每一位学生发挥他的长处,避开他的短处,这就是扬长避短,应当相信每位学生都可能有些小成就的。若能遇到禀性异常的学生,更应当循循善诱,循序渐进,让学生的功课基础扎实,这才有成大器之可能。除了教学生基础知识和专业知识外,还应教学生注意思想方法、学习方法,教学生品德和道德修养。"这是杨武之集数十年大学数学教育成功经验总结出的经典名言。

评论:"杨武之先生是中国数论这门学科的倡始人。华罗庚、柯召与闵嗣鹤先生都是他的学生,受益他的教导与提拔。陈景润是华先生的学生,潘承洞是闵先生的学生。他们二人都是中国科学院的院士。我们虽然都没有见过杨先生本人,但从我们的老师与前辈的谈话中,早已得知杨先生对发展中国的数学与数论所做出的重大贡献及他对年轻数学家的培养与提拔,从而在我们的心中,很早就怀有对他的尊敬了。"

——王元:《杨武之先生与中国的数论》(摘抄)

3. 杨武之的家与国

"五四"时期的一首流行歌曲:"中国男儿,中国男儿,要将只手撑天空。长江大河,亚洲之东,峨峨昆仑,……古今多少奇丈夫,碎首黄尘,燕然勒功,至今热血犹殷红。"这首歌伴随杨武之一生,并被传教给他的子女学唱。

1957年春,杨振宁和李政道提出"弱力量的宇称不守恒"被吴健雄的实验结果证实,震动了世界整个物理学界。杨武之立即写信给国务院总理周恩来,请求去日内瓦见儿子,并准备借此机会说服他们不去中国台湾,最好回到大陆。此事很快得到周恩来总理的批准。见到了分别12年的儿子振宁,第一次见到儿媳杜致礼和长孙光诺,分外兴奋。在相处的数周中,杨武之给他们介绍了许多新中国的各种新气象、新事物,临别时写了两句话给儿子、儿媳留念:"每饭勿忘亲爱永,有生应感国恩宏。"1957年12月,持有中国护照的杨振宁和李政道获得了诺贝尔奖。

1960年,杨武之再次赴日内瓦,对儿子说:"血汗应该洒在国土上。"

1964年春,长子振宁加入美国籍,杨武之虽然没有明显表示不满,但杨振宁说:"我知道,直到临终前,对于我的放弃故国,他在心底里的一角始终没有宽恕过我。"

1971年当杨振宁获悉美国解除了到中国旅行的禁令后,迫不及待,到法国向巴黎中国大使馆申请签证。回到阔别26年的故乡,看望父母、弟弟妹妹、亲戚和师友。杨振宁这次回国,成为美籍知名学者访问中华人民共和国的第一人。多年来,杨武之对儿子反复的爱国教诲,使杨振宁决心要在中美之间架起一座了解和友谊的桥梁。而儿子第一个返回生养的祖国故土,使杨武之了却了一桩心愿,心理上受到了极大安慰。

1973年,杨武之于上海因病逝世。

2017年,一位94岁高龄的老人选择了放弃美国国籍,加入中国国籍,因为回归国籍,是他父亲一辈子的愿望。

结语: 抚今思昔,我们不能不深深地怀念与感谢中国近代数论的创始人杨武之先生,这位中国早期的数学家、教育家,同时也是一位坚定的爱国者。在杨武之先生这一代中国知识分子身上,我们看到了浓烈的家国情怀,他们盼望着国家强大、民族富有,他们全身心投入的,都是民族的复兴。

6. 苏步青

苏步青

苏步青(1902—2003),浙江温州平阳人,祖籍福建省泉州市,中国科学院院士,中国著名的数学家、教育家,中国微分几何学派创始人。曾任复旦大学校长、数学研究所所长,复旦大学名誉校长。被誉为"东方国度上灿烂的数学明星""东方第一几何学家""数学之王"。

1. 中国微分几何学派奠基人

1902 年 9 月,苏步青出生在浙江省平阳县的一个山村里,父亲靠种地为生。童年时代放牛喂猪,干过割草等农活,虽然家境清贫,但父母依然省吃俭用供他上学。九岁时到 100 多里外的平阳县第一小学当了插班生,后以优秀成绩考进旧四年制的浙江省立第十中学。17 岁,就在中学校长洪先生的资助下,以优秀的成绩被东京高等工业学校电机系录取。

后因东京发生大地震,虽从灾难中逃生,但衣物、书籍、笔记尽付一炬,于是第二年 3 月在东京高等工业学校毕业后,就去报考日本的名牌大学——东北大学(现称,下同)理学院数学系,以两门课均满分的成绩,名列第一,被录取为东北大学数学系的中国留学生。

1928 年初,日本东北大学数学系毕业的苏步青在一般曲面研究中发现了四次(三阶)代数锥面,在日本和国际数学界产生很大反响,人称"苏锥面"。从此,苏步青一边教学,一边做研究。研究主要集中在仿射微分几何方面,先后在日本、美国、意大利的数学刊物上发表论文41篇,被称为"东方国度上灿烂的数学明星"。

1931年初,因与陈建功先生有约在先:学成后一起到浙江大学去,花上20年时间,把浙江大学数学系办成世界第一流水准,为国家培养人才。怀着对祖国和故乡的深深怀念,终于回到阔别12年的故土,到浙江大学数学系任教,国内教学的条件很差,工资都发不出。在代理校长的帮助下,克服困难,坚持教学和科研工作。和陈建功先生开创数学讨论班,用严格的要求,培养自己的学生,即使在抗日战争期间,学校西迁贵州,被迫住在山洞里还为学生举办讨论班。1933年,晋升为教授并担任数学系主任。他和陈建功教授设计了一套现代化的教学计划,重视数学的基础训练,对学生要求严格,各门课程都有习题课,学生要上黑板算题,算不出就不得下去,称为"挂黑板"。

1937年,浙江大学的数学系在培养人才方面已显示出雄厚的实力,并开始招收研究生。他的最早的学生方德植已写出了研究论文。下半年,日本侵略军侵略,苏步青在躲避空袭时,还带着文献,在防空洞里坚持研究。在湄潭,苏步青带着他的几位早期学生熊全治、张素诚、白正国等人,坚持了射影微分几何的研究,产生了一系列的重要成果。许多论文都在国际上很有影响的杂志上发表,在国际几何学界享有崇高的声誉,以苏步青为首的浙江大学微分几何学派已开始形成。浙江大学搬回到杭州。苏步青和陈建功看到了数学各分支之间联系的必要性,贯彻因材施教的原则,决定让两名成绩突出的学生谷超豪和张鸣镛同时参加"微分几何"和"函数论"两个讨论班,这在当时也是一个创举。浙江大学还为设在上海的"中央研究院"数学研究所输送了几位高才生,也有几位学术上已有成就的教师被选送到国外深造,这是他们为扩大对外交流的一项措施。

就在艰苦的岁月里,还是抓紧时间,写作、整理研究成果,在射影微分几何学方面,用富有几何意味的构图来建立一般射影曲线的基本理论。

1945年版的《射影曲线概论》和1946年出版的《射影曲面概论》都是这个时期的成果。

1952年10月,因全国高校院系调整,他来到复旦大学数学系任教授、系主任,后任复旦大学教务长、副校长和校长。他曾任多届全国政协委员、全国人大代表,以及第七、八届全国政协副主席和民盟中央副主席等职。1956年,获得中华人民共和国第一次颁发的"国家自然科学奖",嘉奖他在"K展空间微分几何学"方面的研究成果,同时也奖励他多年来在"一般量度空间几何学"和"射影空问曲线微分几何学"上的成果。

1978 年,苏步青担任复旦大学校长,为教育战线的拨乱反正做了大量的工作的同时,在教学和科研上做出了重大贡献。他在上海市数学会年会上做了题为《几何外形设计理论及应用》的大会报告,计算几何这一新的学科方向从此在国内兴起。他开设了"微分几何五讲"课程,主持了计算几何讨论班。1982年1月,在苏步青教授领导下,成立了全国计算几何协作组,由浙江大学、山东大学、中国科技大学、中国科学院数学所和复旦大学等单位参加。从此开始,每两年举行一次计算几何的学术会议和学习班,为中国计算机辅助设计和制造方面的高科技项目提供了理论和方法,并培养了一批理论和实际相结合的人才。1980 年 5 月,苏先生在上海主持召开了第一届国家教委直属高等院校应用数学学术和工作会议,后历任各次会议的顾问。1989 年,在他的指导和关心下,上海市工业与应用数学学会成立,1990 年中国工业与应用数学学会(CSIAM)成立,他被聘为顾问。

苏步青主要从事微分几何学和计算几何学等方面的研究,在仿射微分几何学和射影微分几何学研究方面取得出色成果,在一般空间微分几何学、高维空间共轭理论、几何外形设计、计算机辅助几何设计等方面取得突出成就。他从1927 年起在国内外发表数学论文 160 余篇,出版了 10 多部专著,创立了国际公认的浙江大学微分几何学学派,并对"K 展空间"几何学和射影曲线进行了研究。

评论:苏步青创建了中国微分几何学派,晚年开拓了计算几何新的研究方向。他先后在仿射微分几何、射影微分几何、一般空间微分几何及射影共轭网理论等方面做出了杰出的贡献,创建了国际公认的中国微分几何学派;在 70 多岁高龄时,还结合解决船体数学放样的实际课题,创建了计算几何的新研究方向。这种终身学习、终身进行研究工作的精神值得每一位数学同仁学习。

2. 苏步青的家国情

1915 年 8 月,苏步青考入了设在温州的浙江省立第十中学(以下简称浙江十中),在这里,他遇上了一个改变自己一生的人。当时在浙江十中教数学的老师姓杨,从日本学习数学后回来的他,深知教育救国的重要性。他一边上课教授数学知识,一边培养学生的爱国意识。杨老师说:"教育救国,数学是至关重要的部分。"这句话变成了一颗种子,埋在苏步青的心里,也正是在这时,苏步青展露了自己在数学上的天赋。这天赋成功引起了当时的校长洪彦元的注意。1919 年 9 月,在校长洪彦元的资助下,苏步青东渡日本求学。

1937 年,日本侵华战争席卷全国,苏步青做出了巨大的牺牲,然而对待他既定的目标、事业,却锲而不舍,克服重重困难,在极端艰苦困难的战争年代,为我国出色地培养一批优秀的数学人才。战争爆发后,浙江大学迁至离杭州120公里的浙西富春江上游的建德县城(县建德市)。苏步青将妻子和儿女送回平阳县的山村,随后赶到。1937年12月24日,杭州失陷,建德告急,浙江大学第二次搬迁,于1938年3月中旬到达赣中吉安地区的泰和县。在泰和苏步青给他在老家的妻子寄去两首诗,其中一首诗中写道:

> 三年海上不能忘,六载湖滨乐未央。
> 国破深悲非昔日,夷来莫认是同乡。
> 遥怜儿女牵衣小,无奈家山归梦长。
> 且住江南鱼米地,另求栖息费思量。

诗中阐述了当时的艰难环境,表达了作者在日寇入侵后,对远离自己的妻子儿女的思念和爱国主义精神。1938年夏,日军侵占江西省九江,战事激烈,浙江大学被迫再往西迁,此次迁往桂北的宜山县(现宜州市)。浙江大学师生在宜山,不仅受到当地疟疾病的严重威胁,而且还遭到日机有目的地狂轰滥炸。然而条件无论多么恶劣,浙江大学始终没有放弃学与科研。苏步青时常数小时地待在防空洞里备课与研究论文,上课和数学讨论班没有因为战时条件困难而停息。没有教室,就地利用山洞,搬来一块大石板当桌子,大家围着石桌而坐,讨论研究仍然十分热烈。苏步青还利用间隙,抓紧为他任主编的《中国数学会学报》组织稿件。在宜山停留了不到一年半,1939年底,广西省会南宁失守,宜山形势危急,逼迫浙江大学师生做第四次大迁移,方向是到贵州北部的遵义。黔桂之间,山峦重叠,道路崎岖险阻,又正值隆冬季节,沿途冰凌雪松,师生们带着行李仪器长途跋涉,有时连个打地铺过夜的地方都没有,就这样历时月余,于1940年2月到达黔北重镇——遵义。在两年半时间内浙江大学共迁移四次,途径浙、赣、湘、粤、桂、黔等6省行程2 600多公里,苏步青随着他们的学生,一起颠沛流离,共度了许多现在的人们难以想象的艰难险阻。到达遵义后不久,数学系搬到离遵义75公里的湄潭,在那里居住了6年,直至抗日战争胜利,1946年返回杭州。

抗战爆发后不久,苏步青突然接到岳父病危的消息,要他全家火速赴日见老人最后一面;同时,日本东北大学也来电聘他任教,且各种待遇从优。他慎重考虑之后,对妻子说:"你去吧,我要留在自己的祖国,祖国再穷,我也要为她奋斗,为她服务!"妻子被丈夫的爱国热情深深感动,决定和丈夫一起留在灾难深重的中国。她先去了平阳乡下避难,1940年暑假被接到湄潭,一家人过着缺吃少穿的战时生活。由于营养不良,他们的一个孩子出生不久就夭折了。

在抗日战争的 14 年期间,尽管苏步青的家庭都蒙受了巨大灾难,但他在任何环境下,对待自己的教学、科研都从来不曾有半点马虎、松懈,总是充满了希望,一直向前! 为了进一步提高学生的研究水平,他决定从 1940 年起招收研究生。苏步青的第一个研究生是吴祖基。这年 9 月,大后方的数学工作者们倡议成立了新中国数学会,苏步青当选为数学会的理事。在陈建功和苏步青的努力下,以他们二人为支柱,浙江大学数学研究所于战火纷飞的 1940 年在黔北的一个穷乡僻壤,奇迹般地诞生了。数学系主任苏步青兼任研究所所长。研究所很快在海内外产生了影响,学生来源逐渐扩大,其中还招来了一名印度学生。当时在大都市重庆大学上二年级的曹锡华,经在重庆的复旦大学教授李仲珩荐,慕名转到地处山区、条件异常艰苦的小县湄潭,当了浙江大学数学系的插班生,在县城的一座破旧文庙里学习。刚到那里不久数学系召开庆祝数学研究所成立大会,海报上竟公布出交流论文百余篇。这样多的研究成果,给曹锡华留下难忘的印象,深深地感染这位青年。使他立志学好,将来为祖国的数学教育事业做出贡献。

苏步青不仅是严格要求、注重人才培养的好教师,而且是学科前沿的科研领头人。抗战 14 年,苏步青在国内外杂志上至少发表了 31 篇论文,其主要贡献是用富有几何意义的构图,建立了一般射影曲线的基本理论,他因此获得了"国家学术奖励金第二届(1942 年度)自然科学类一等奖";他的学生熊全治、张素诚、吴祖基也先后获得了第三届、第四届(1944 年度)三等奖。在这六届奖励金中,自然科学类获一等奖的总共 8 人,其中有数学家 4 人,这 4 人中,3 人属浙江大学数学研究所;自然科学类获三等奖的总共 31 人,其中有数学工作者 7 人。据《第二次中国教育年鉴》记载,抗战期间,我国授予硕士学位的名单中,属数学学科的共 4 人,他们全部来自浙江大学数学研究所,这 4 位硕士学位获得者是:吴祖基、程民德、魏德馨、项辅宸。

著名中国科技史研究专家、英国剑桥大学教授李约瑟博士 1944 年来中国时,曾两次到浙江大学参观。他对浙江大学师生在湄潭极其困难的条件下所开展的科学研究,水平之高和学术风气之浓厚十分惊叹,他曾在考察报告中说:"这里还有一个杰出的数学研究所",并把浙江大学称赞为"东方的剑桥"。

解放战争前夕,国民党高层领导者纷纷潜逃飞往中国台湾。

在逃跑之前,这些国民党高层领导者还企图动员一些科学家和学者一同飞往中国台湾,作为东方第一几何学家的苏步青也是其中一位。虽然他对共产党不是很了解,但经过深思熟虑后,他毅然决然选择留在大陆。

在中华人民共和国成立前夕,苏步青收到了一份特别的礼物,这份贺年片是以"中共杭州市工委的名义"送给苏步青的。在贺年片上面有着伟大领袖毛主席的亲笔签名,苏步青看到后,心头微微一震,这可是他第一次收到如此贵重的礼物,所以当时他就立刻感受到,中国共产党对他给予的信任和殷切的期望。时隔五年后,苏步青就担任了全国政协委员。在第二届政协会议上,苏步青第一次见到了毛主席。当时与会全场人员全部站立起来,立刻异口同声地喊道:"毛主席万岁。"随后毛主席便高呼道:"同志们万岁。"当时这种场面,令苏步青感到非常激动,对于教书二十余年的苏步青来说,能够看到这种激动人心的场面,真是想都不敢想。1955年年底,苏步青和其他九位学者代表中国访问日本,回国时,毛主席在杭州接见了他们一行几位代表团。当晚上共进晚餐时,毛主席热情地握住苏步青的双手说道:"咱们社会主义是需要数学的,我们是非常欢迎数学的。"简单的言语中,却流露出毛主席的深切之情。在后来的回忆中,苏步青表示:"那一次是我第一次近距离与毛主席接触,在聆听他的谆谆教导时,他的一举一动给我留下了很深的印象,我觉得毛主席非常亲切,跟他在一起聊天是很愉快的。"那一天晚上,毛主席毫无拘束与几位学者谈起了教育意义,虽然这次接见的时间是有限的,但对于苏步青来说影响却是非常大的,他深刻认识到中国共产党永远是把人民的利益放在第一位,没有中国共产党的正确领导,或许就不会有后来的新中国。唯有社会主义才能发展中国。有了这次深刻的认识后,苏步青加快了学习的步伐,向微分几何领域深度进军,在1956年的时候成为了第一位我国颁发的"国家科学奖"获得者,三年后,苏步青又加入了中国共产党。

在20世纪70年代初期,两鬓斑白的苏步青,依旧坚持每天五点钟起床到上海江南造船厂去讲课,通过数学这个纽带与工人和技术员建立了深厚的友谊。虽然在当时很多工人对数学都不感兴趣,但在苏步青的主导下,结合工人们的实践经验,在第一时间解决了工厂中的"船体放样"难题。从这以后,在苏步青的影响下,越来越多的工人和技术员都喜欢听他授课,都对数学产生了浓厚的兴趣。可以说苏步青把数学真正运用到了四个现代化建设中。

1982年,苏步青从复旦大学校长的位置上退居下来,并在1988年担任了全国政协副主席。在他的晚年之际,回忆过往历程时,苏步青表示:"一直以来,伟大领袖毛主席的思想都在指引我不断前进,我之所以有今天这样的成就,全是共产党和毛主席的思想培育的结果。毛主席虽然离开了我们,但是他的思想却永远是代代相传!"

评论:苏步青这颗默默无闻,无私奉献的赤子之心,影响了每一个人,所有国人都为之自豪!

3. 生死契阔

1924年3月,苏步青进入日本东北大学的数学系学习,此时的他认为,人生唯一重要的任务就是研究数学,而第二年,他很快多了一件人生大事。1925年的春天,仙台的樱花盛开,苏步青结识了一位姑娘——松本米子。这位如冬天腊梅般的女子温柔文雅,精通古筝、花道和茶道,是学校数学系松本教授的千金。而在第一次见面后,松本米子也对苏步青留下了印象。逐渐,米子对这个才华横溢但贫困的青年人萌生爱意。

1928年5月8日,松本米子与苏步青正式结婚。结婚后不久,苏步青就在一般曲面中发现了四次(三阶)代数锥面,在国际数学界产生很大的影响,这个成果被人称为“苏锥面”,苏步青也因此成为微分几何的国际专家。这时候日本东北大学数学系准备让苏步青留在日本,担任该系的讲师,但苏步青却决定回中国。起初,苏步青并未将这个决定告诉米子,但米子从苏步青忧郁的脸上读懂了丈夫的心思,便果断地对苏步青说:“一朝学成即归去,你到哪里,我跟到哪里。”外柔内刚,意志坚定的米子,从一开始便下定了决心,要跟随丈夫回到中国,回到他热爱的祖国。

1931年初秋,苏步青带着妻子乘坐着上海号返回中国,他即将担任浙江大学数学系的副教授。随着海浪波动,苏步青心潮起伏,随口对妻子吟诵:

> 渡口云烟海鸟飞,
> 江边春色人依稀,
> 十年岛上君休笑,
> 赢得鬟丝和布衣。

浙江大学的条件远比苏步青想象的差,空有副教授的职称,却没有与职称相对的工资,连续四个月的授课,他虽然在台上激情洋溢,在台下却因生计发了愁。1937年12月24日,杭州被划入战争时期的空袭范围,苏步青随浙江大学举家迁徙前往建德。在迁校过程中,为了妻子的安全,苏步青决定先把妻子和孩子送到平阳老家,自己再随学校搬迁。为了出行方便,米子与孩子们约定好,出门在外不说日语,但是孩子在家习惯了,交谈时不时会掺杂一两句日语,旁边的人一旦听到会立刻跳起来询问他们是不是日本人,米子会不停和人鞠躬说对不起。他人一看米子鞠躬鞠得很深,就更加怀疑米子的国籍了,所以一路上,苏步青一家人经常受到沿途军警的盘查。当时的浙江大学校长竺可桢听闻此事,便特地向省政府要了一份特别通行证,以保证米子的安全,证明上写明浙江大学苏步青教授的夫人是日籍的友好人士,军警需一律放行。这张通行证使得苏步青一家平安且快速地回到了老家。临行前苏步青望着疲惫的妻子,脸上满是愧疚,米子见状说:“还是那句话,你到哪里,我跟到哪里。”这一年距离他们相识正好 12 年。

1946 年秋天，丹桂飘香的杭州，苏步青与米子重新站在了西湖边上，细雨朦胧的湖心亭格外美丽，而与这美丽对照的 9 年艰苦，仿佛大梦一场，这时，44 岁的苏步青紧紧地握着妻子的手，默默地感谢着妻子所做的一切。

1949 年中华人民共和国成立，此时的苏步青与米子已经结婚 21 年了，其间两人十分恩爱，先后孕育了八个孩子，可随着孩子的增多，苏家开始入不敷出了。彼时的苏步青是享誉国际的数学大师，可薪资微薄，不足以使一个十口之家饱腹。米子却用这微薄的薪水，操持起整个家庭。苏步青觉得愧对妻子，米子之前在故国，是精于花道、茶道和古筝的贵族大小姐，嫁给自己之后，却再也没有时间和精力去研习曾经喜爱的东西，连当初定情的古筝都被搁置起来，许久没有弹过。对此米子却不以为然，她认为自己有丈夫和可爱的孩子，在丈夫夜里钻研学术时，为他倒上一杯热茶，在孩子玩耍时，陪伴他们长大，这就是她最大的幸福了，又谈何辛苦呢？苏步青对此满怀感激。1953 年，随着丈夫来到中国已经 22 年的米子，深深地爱上了这片土地，选择入中国国籍，改名苏松本，成为第一批加入中华人民共和国国籍的日本人。

后来苏步青担任中国数学会副理事长，家里条件逐渐改善。1974 年，苏步青第一次给妻子买了一件新衣服，这也是米子从 1931 年随苏步青回国后收到的第一件新衣服，曾经的大小姐因为操持家务整整 43 年未添一件新衣。起初米子还想以做家务不方便的理由拒绝，可听了苏步青接下来的话，米子眼圈红了。苏步青对米子说："回仙台应该穿件新衣服的。"米子在苏步青的陪伴下终于回到了阔别 43 年的故乡日本，这是她随丈夫到中国后，第一次回国。当米子踏上故土的那一刻，69 岁的她喜极而泣，哭得像一个孩子一样。他们拜祭了父母，重游了故地，回到了当初认识的大学。米子告诉苏步青，自己不再有遗憾了。

1986 年 5 月，米子因长年积劳，卧床不起，她在病床上对苏步青说："现在子女都长大了，我这一生最挂念的人是你，望君珍重，不要因为我之死伤心伤身。"不久后便离开了人世，享年 81 岁。这是他们相伴的第 58 个年头。苏步青在米子去世后，悲痛不已，感慨良多，在为米子写的悼念诗中写道："一生难得相依侣，百岁原无永聚筵。"感叹人生无常，爱人不能携手走到最后。

此后 17 年，苏步青常年将妻子的照片带在身边，希望妻子陪自己走过余下的人生之旅。苏步青相信妻子从未离开，在自己信步闲庭的时候，在自己上课教学的时候，在自己出席会议的时候，妻子的灵魂一直陪在他身边。

2003 年 3 月 17 日，苏步青在上海工作，他好像看见了妻子又回到家中，忙碌起来，叮嘱他不要忘记带好讲义再出门，16 时 45 分 13 秒苏步青在上海逝世,享年101岁。这位百岁老人带着对妻子的爱沉沉睡去。

评论:苏步青与松本米子相知相伴58年,米子理解苏步青,支持苏步青,成为丈夫前行路上最坚强的后盾。而苏老也不负妻子的希望,在妻子与世长辞后,依然带着希望致力于中国几何的发展。为中国计算培养了一批又一批的人才,相信他们在天国相遇时,米子还会告诉苏步青:"你到哪里,我跟到哪里。"在很多数学大家身上,我们不仅可以看到他们在学术上、在人格上的高山景行,还能看到他们对婚姻的坚守。这应该就是爱情最美好的样子。

结语:苏步青先生是国内外数学研究领域中的佼佼者,深受国内外同行和国际友人的崇敬和爱戴。青少年时,他就立下了"读书不忘救国,救国不忘读书"的誓言,一心扑在学习上,几十年如一日。通过多年坚持不懈的研究工作,苏步青在数学方面的成果十分惊人,并有了"数学之王"的称号。他一边研究一边教学,为国家培养了一大批优秀的数学人才。他一生低调,将所有精力用在了教书育人和科学研究上,是当之无愧的国之栋梁。

7. 华罗庚

华罗庚

华罗庚(1910—1985)，全国政协原副主席。出生于江苏省常州市金坛区，祖籍江苏省丹阳市，数学家，中国科学院院士，美国国家科学院外籍院士，第三世界科学院院士，联邦德国巴伐利亚科学院院士，中国科学院数学研究所研究员、原所长。华罗庚同志是中国共产党的优秀党员，中国民主同盟卓越的领导人，杰出的科学家、教育家和社会活动家。

1. 中国最伟大的数学家

1985年6月12日，华罗庚在日本东京大学讲坛上倒下去的第二天，联邦德国在波恩的马普数学研究所通告牌上，根据所长 Hirzebruch 的指示，挂上了华罗庚的照片，并且把联邦德国一家主要报纸的有关报道剪贴在其下面。报道说，"中国最伟大的数学家华罗庚去世了"。这是德国人对他的评价。

中国也有不少数学家的成就并不亚于华罗庚，为什么那个报纸把"中国最伟大的数学家"称号给了华罗庚呢？陆启铿院士在纪念华罗庚先生100周年诞辰大会上动情地说道："华裔数学家的学术成就多数在国外，很多人定居在国外，加入外国籍，唯独华罗庚在中华人民共和国成立不久，便没有犹豫，没有观望,毅然携全家从美国绕道回国,把 40 岁以后的后半生,完全贡献于新中国的数学科学事业。"正如美国《科学》杂志期刊上在 20 世纪 80 年代初的一篇文章所说:"他,就是华罗庚,形成了中国的数学。他与祖国共患难,同甘苦,赢得了广大中国人民的崇敬。"

《科学》的文章还说,华罗庚在中国人民心中的地位,有如爱因斯坦在美国。这并不是说华罗庚的科学成就堪与爱因斯坦相比。美国大多数人民并不知道相对论是什么东西,但是他们为爱因斯坦的人格魅力所感动。中国的广大人民也一样,他们为华罗庚拖着病残之躯,走遍中国,到工厂、矿山、油田、农村,深入群众,为祖国建设尽自己的力量,鞠躬尽瘁,死而后已这种精神所感动。海外的华侨对华罗庚的名字几乎是家喻户晓的。华罗庚曾到中国香港参加东南亚数学会会议。期间,中国香港各大报纸每天都登华罗庚的消息。一次通俗性的演讲,会场爆满,大多数听众也只能从电视上看,中国香港的著名人士虽然不是数学家,不做数学研究,也以能够宴请华老为荣。

1931 年,华罗庚去清华大学任数学系图书管理员,那时中国的现代数学研究刚刚起步,研究方向集中于局部微分几何与级数求和,再加上一点其他的零星研究。他以数论为研究方向,至 1935 年,他就进入了当时堆垒数论研究主流,即哈代(Hardy)、李特尔伍德(Littlewood)与拉马努金(Ramanuja)圆法,及维诺格拉多夫(Vinogradoff)指数和估计方法等当时世界最深刻的数学研究领域之一。他勇于攀登,在当时的中国,实属奇迹。

华罗庚的数论研究以 1940 年其著作《堆垒素数论》的完成而告一段落。这时他感到维氏关于外尔(Weyl)和估计方法已很少有继续改进的前景。如果仍然研究数论,很可能学术生命就实际上结束了。虽然他已是著名的数论学家,但仍然结束了数论研究,另起炉灶,将矩阵几何、自守函数、典型群与多复变函数论放在一起研究,目标为将代数学与函数论的一些经典结果推广到矩阵空间,这一研究是将矩阵看成点的推广,需要不同的工具与方法。这就使他的数学研究出现了新局面,诚如丘成桐先生指出的,华罗庚的多复变函数论研究比国外同类研究早了十年。这不仅说明华先生勇于攀登,而且工作是超前的,在中国这样的环境里达到这一成就,实为奇谈。

中国没有应用数学传统,数学家如何使他们的工作直接服务于经济建设,大家茫茫然,束手无策。作为中国数学的领军人,华先生承受的压力更为沉重。面对这种形势,他不顾年已半百,毅然跟年轻人一道,探索应用数学研究的多种途径。他学习与研究过矿业学家与地理学家估计矿藏能量与坡地面积的方法,他到中国的工业部门,特别是运输部门去普及过线性规划,他还花了很多时间研究数论在多重积分近似计算中的应用,取得了一些成绩与经验。由于这些方

115

面的成果难于在中国广泛推广与使用,所以华先生仍不停地思考数学直接而又广泛地服务于中国国民经济建设的途径。

从 1965 年开始,华先生毅然去中国工业部门普及"双法",即统筹法与优选法。所谓统筹法,即国外的 CPM 与 PERT,优选法即斐波那契法与黄金分割法,他将"双法"加以通俗讲述,写成了几乎不用数学语言表述的"平话"小册子,使一般工程技术人员,甚至工人都能懂。

评论:华罗庚是一位伟大的爱国主义者、著名数学家、杰出的教育家、卓越的社会活动家。作为伊利诺依大学的终身教授,1950 年他毅然放弃了在美国优厚的工作与生活条件回国,担当起了发展中国数学的领导重任。他不顾作为一个大数学家的身份及年老多病,坚持十几年如一日,几乎走遍了全国各省市自治区,为工人演讲,指导他们将"统筹法与优选法"用于生产,充分表现了华先生将国家与人民利益置于高于一切的地位,及对劳动人民的深厚感情。这些都充分显示了他高尚的个人品质。

2. 执教清华园

中华人民共和国成立不到半年,1950 年 3 月,华罗庚怀着满腔爱国热情,舍弃了美国大学里活跃的科研环境和优越的生活待遇,毅然回国,回到清华园执教。他这一爱国行动受到党和政府的高度赞扬和清华大学师生的热烈欢迎。

那时清华大学的数学系叫算学系,有初等数论和广义矩阵论两门课。这两门课的授课老师都是华罗庚。他非常兴奋,因为教了几年外国学生,现在回来教自己国内的学生,倍感亲切。当时初等数论的学生都很优秀,他一再称赞这些学生。而上课的学生更是兴奋,有一位举世闻名的大数学家给他们讲课,课讲得又非常清晰,重点突出,引人入胜,深入浅出,而且富有启发性。

在广义矩阵论这门课第一节的课程中,华罗庚老师就列出了这门课的提纲。他特别强调,整个讲课计划完成以后,会给许多数学分支以新的面貌。华老师的这个讲课提纲把学生过去学过的、还没有学过的许多知识都用矩阵这个工具做了起来,并且指出了发展前途。学生听了大开眼界,颇受启发,获益良多。华先生的课确实讲得很妙,他把很复杂的东西一条条解说,既清楚又有条理,而且重点突出。

华罗庚刚回国的这个学期,他除了给学生讲两门课之外,他还组织了清华算学系的综合讨论班,请系内和校外的一些数学家来演讲,来介绍他们的工作。此外清华数学系的学生,自发地组织了一些小型的讨论班,华先生就把这些小型班戏称为"婴儿讨论班",但是他对婴儿讨论班是非常喜爱的,亲自参加婴儿讨论班,跟学生一起讨论,进行指导。同时清华数学系的布告牌里,就多了一样东西,就是数学问题解答。华老师定期出题目,所有人都可以来回答这些问题。这样的活动多了,使得清华算学系的学术气氛一下子就活跃起来。

1950 年的下半年,华罗庚开始筹建中国科学院数学研究所,但他仍然在清华大学讲授广义矩阵论,并带学生做研究。学生既学了知识,又做了研究,收获很大。他和他学生的工作,被国外的数学家称为"典型群中国学派"。1975 年访华的美国数学家代表团回国以后,写了一个报告,列举了中国五项重要成就。其中一项就是华罗庚的典型群。华老在课堂上对学生要求非常严格,对研究工作要求也很高。他经常强调的是要选有意义的问题做,要有新的想法,要创造,而不要画葫芦。一旦学生有了新的想法,得到了点滴的成果,他就鼓励。另一方面,他又告诫学生不要眼高手低,只要练好扎实的基本功,做到拳不离手,曲不离口,踏踏实实地工作,收获就会到来。

评论:仅以华罗庚先生在 1950 年前后的授课工作为例,就在我们眼前勾勒出一幅华老生前勤勤恳恳、孜孜不倦教书育人的景象,令人十分感动。华老的学生陆启铿院士和万哲先院士已是功成名就的著名数学家,在纪念华罗庚先生100 周年诞辰大会上,他们依然怀着无比崇敬的心情来细细诉说对昔日恩师的缅怀之情,表达对华老崇高的敬意。华罗庚先生的治学思想、杰出的工作、培养人才的观念以及严谨的学风对中国数学产生了重要影响。也正是凭着坚忍不拔的毅力,华老在将中国数学领向世界、并在世界上产生重要的影响中发挥了无可替代的作用。华罗庚,中国数学界当之无愧的大先生。

3. 最后的传奇

当世人怀念这位中国杰出的数学家时,会想到他一生的许多传奇。例如,他是蜚声中外的数学家,他的研究成果《堆垒素数论》《多复变函数论中的典型域的调和分析》等被翻译成多种文字而闻名于世,但他的学历竟然只是初中毕业,而且在初中一年级时数学成绩是不及格的;抗战时期,他在最艰苦的环境下,靠着小油灯微弱的光线,研究出世界上最优秀的数学成果;而在中华人民共和国成立初期,他又毅然放弃国外优厚的待遇,满腔热情地回国效力;本是一位研究纯理论的学者,但后来竟然将他的研究成果最大化地运用到各行各业,甚至在关系国计民生的重大建设项目中,他的"统筹法""优选法"同样发挥着巨大的作用;他是个残疾人,早年因伤寒而左腿残疾,并在特殊年代受过冲击,但他硬是靠坚强的意志,走遍了中国并走向世界,将他的应用科学搞得有声有色;他不仅研究高端数学,而且写了许多科普著作;他不仅自己成果不断,而且发现和培养出中国最好的数学家,如陈景润、王元、……

而现在要讲的是华罗庚先生最后的传奇,发生在华罗庚人生的最后一天的最后传奇。

1985年6月12日下午4点15分,日本东京大学理学部5号馆103室,75岁的华罗庚正在做题为"在中国普及数学方法的若干个人体会"的演讲。听讲人是包括日本数学会理事长小松彦三郎在内的日本数学界的权威,他们很早就期待华罗庚这场高水平的演讲了。因为腿脚不便,华罗庚是坐着轮椅进入会场的。而在小松彦三郎致辞并向大家介绍时,华罗庚从轮椅上站起来,用中文向大家致意。接着,他便用中文讲演起来。当他发现翻译无法充分地将他的原意译成日语时,他开始用英语讲。所讲内容从他20世纪50年代的三本数学论著一直讲到80年代把数学应用于宏观、优化和经济发展的理论,每一部分又分为理论和普及两个方面,给听众留下了深刻的印象。

当时据听讲的森本光生回忆:"华先生在美国和英国曾度过长期的研究生活,他的英语比我们一般的日本人流利得多。一开始声音稍小,有些难听清楚。渐渐地,随着来了劲,他的声音大了起来,拐杖也扔在了一边,一直站着讲,还时而为了说明上下讲坛。演讲自始至终因先生的幽默而洋溢着笑声,生气勃勃。演讲的内容展望先生一生,范围极广。我被先生的话语吸引,光顾着听,都忘了笔记。"但随后,森本光生看到:"演讲中,不知是不是因为热,他停下投影仪,脱掉西装,解开了领带。也许从那时开始,他就已经不舒服了。被他那令人愉快的雄辩所振奋,观众也对此如醉如痴。"白鸟富美子也注意到了:"(他)时而用手捂着胸口。我感到了莫名的不安……"

此时的华罗庚必定也强烈地感受到来自身体的危险信号。可是在这次国际交流活动中,他不愿意去想什么生命安危。在此之前,华罗庚曾先后得过两次心肌梗塞。在1985年4月27日,在北京举办的记者招待会上,一位年轻的香港记者问华罗庚:"你最大的希望是什么?"华罗庚思索片刻,回答:"我最大的希望是工作到我生命的最后一天。"这是华罗庚的信念。但无论是别人,还是他自己,都不会想到,最后时刻竟然如此快地来临。

虽然身体不适,但华罗庚在酣畅淋漓的演讲中,感受到精神的巨大愉悦。演讲完毕,华罗庚意犹未尽。于是,在华罗庚本人的要求下,演讲时间比原定的1小时延长了10分钟。然而,听众们正打算向华罗庚提问题的时候,突然,刚刚还那么充满活力的华罗庚倒在了讲台上。他脸色惨白,一动不动。陪同的医生赶紧抢救,但华罗庚再未醒来。

评论:就这样,华罗庚离开了人世,成就了最后的传奇。国外的报纸是这样评论的:"正如一个将军在战场上倒下一样的光荣。"

结语:中国科学院院长路甬祥专门为纪念华罗庚先生100周年诞辰题写了"学习华先生的科学、爱国、奉献精神"。华罗庚先生作为当代自学成才的科学巨匠和誉满中外的著名数学家,一生致力于数学研究和发展,并以科学家的博大胸怀提携后进和培养人才,以高度的历史责任感投身科普和应用数学推广,为数学科学事业的发展做出了卓越贡献,为祖国现代化建设付出了毕生精力,他的崇高追求和历史功绩将熠熠生辉,彪炳史册。广大青年人和科技工作者都该认真学习华罗庚先生胸怀祖国、服务社会、一心为民的坚定信念;自强不息、执着追求、勇攀高峰的进取精神;甘为人梯、淡泊名利、乐于奉献的崇高品德;把个人前途与国家未来紧密结合起来,坚持走中国特色自主创新道路,奋发有力、勇于拼搏、开拓创新,在建设创新型国家,实现中华民族伟大复兴的历史征程中彰显人生价值,做出更大贡献。

8. 陈省身

陈省身

陈省身(1911—2004),祖籍浙江省嘉兴市,是20世纪最伟大的几何学家之一,被誉为"整体微分几何之父";"中央研究院"首届院士、美国国家科学院院士、第三世界科学院创始成员、英国皇家学会国外会员、意大利国家科学院外籍院士、法国科学院外籍院士、中国科学院首批外籍院士。

1. 逆境成才

陈省身1911年生于浙江省嘉兴市,15岁考入南开大学,1930年考上清华研究院,是中国最早一批研究生。1934年研究生毕业,即由清华留美公费资助送入德国深造,1936年获博士学位,是年10月抵法,在巴黎师从当代几何权威嘉当(E. Cartan,1869—1951)。

1937年"七七事变",正在法国学业有成的陈省身被清华大学聘为教授,于7月10日离开巴黎,经美国、加拿大辗转回国,因北方沦陷无法北上履职,于是直奔清华大学迁在长沙的临时大学。因战事恶转,学校奉命南迁。陈省身与北京大学蒋梦麟教授、江泽涵一家等,于1938年元月同抵昆明,此时,三校联合,教员不缺。正好给陈省身"得天下英才而育之"的机遇,于是特开设了一些刚

"诞生"不久的高深课程。如"李群""圆球几何学""外微分方程"等,还与华罗庚、王竹溪合开"李群"讨论班。为西南联大选出人才奠定了坚实的根基。虽因抗战条件较差,如三校的图书都装箱未启,交通不便等。但人的因素更为重要。这时同样年轻有才的华罗庚、徐宝禄也与陈省身一起,抓到材料便精思深研、笔耕不辍。因此堪称近代数学的三位奇才,每年都有论文陆续寄往国外发表,用陈省身的话说:"战时不正常,反给我更多时间。"

评论: 在艰苦的抗战岁月里,陈省身在西南联大执教六年,潜心钻研从嘉当(法国著名数学家)那里带回来皆属当时前沿性的资料,并时有所得,因而在国外接连发表多篇极富创见的论文,引起行家的注目和重视。老一代数学家们在战火纷飞中依然坚持研究,在逆境中不怨天尤人,而善于利用有利的条件,正是志士成功的重要因素,也是吾辈应当学习的精神。

2. 心系祖国

陈省身虽然在国外做了许多华人引以为自豪的卓越贡献,然而在国外报国无门,空怀一腔赤子热忱。

西望故国,归去无日,感慨万千,唯借工作以忘情。

眷恋故土的爱国之情,洋溢于这自述的字里行间。还有一事:陈省身的美国公民资格早已通过,而迟迟不去宣誓,只因美国科学院院士必须是美国公民,1961年当选院士的迹兆已显,才匆匆去宣誓,距选为院士不足一月,这也说明了他眷恋故土的情深!

正是这久盼之心、久蕴之情,一旦国门大开,就像火山爆发,喷射出来,一泻无遗。"文革"之后,中国数学界恢复了同外界的交流。陈省身也开始帮助推动中国数学的复苏。此后,邓小平、江泽民等国家领导人多次会见、设宴招待陈省身夫妇,支持他任南开大学数学所所长,赞赏他为发展中国数学所做的努力。陈省身随即以南开大学为基地,亲自主持举办学术活动,在中国数学界的支持下,培养了许多优秀的青年数学家。

"中国应该成为21世纪的数学大国"。陈省身多次提出这个号召,也是他不辞辛劳、连年奔波为之实现的宏愿。为践此壮志,除回国讲学指导以外,还慷慨解囊,以助早出人才。1982年他用积蓄在母校南开大学数学系设立奖学金,鼓励学生奋发进取。1984年又把刚获得的沃尔夫奖奖金全部捐赠祖国,建立了一所现代化的南开数学研究所,并受聘出任所长,同时辞去美国伯克利研究所所长职务,以便把整个身心倾注在祖国大地上新建的这个数学研究所。浙江是陈省身出身的地方,1991 年远游载誉而归的大师,不忘"江东父老"的哺育之恩,又在杭州大学捐出历年积蓄设立数学奖学金,旨在鼓励青年学子刻苦钻研、奋发图强,并促进优秀人才脱颖而出。1998 年,他再次捐出 100 万美元建立"陈省身基金",供南开数学所发展使用。

此外,在南开数学所,陈省身倡导、策划并亲自参加实施的大型活动有如下三项:

(1)在中国定期召开国际"双微"会议。

(2)开办暑期数学研究生教学中心。

(3)每年选派 20 名中国数学研究生赴美国参加"陈省身项目"的研究。

1984 年的陈省身已年过古稀,仍精力充沛,事必躬亲,使三项活动都卓有成效,为我国数学培养了大量生力军。2000 年,他与夫人郑士宁回到母校南开大学定居,亲自为本科生讲课,指导研究生。

评论:自 1972 年归国后,为报效祖国、培养人才,陈省身几乎年年回国讲学访问,不顾年迈体弱,不怕山高路远,仍奔波于神州大地。倾其所有,多次捐献,以耄耋之年持鞭执教培养青年,充分体现着大师眷恋故土,报效祖国的一片赤子之心。

3. 尊师德、爱生情

"杨先生确实培养了不少杰出的人才……他教书教得很好,人缘也好,对学生很负责任,不仅在学业上,其他各方面都很关心,我把他当成可靠的朋友,遇事愿意去找他商量或帮忙。……"

令陈省身念念不忘、并在回忆录中无数次地提到的是姜立夫、杨武之等老师对年轻时他的帮助和提携。除此之外,在王元院士所著《华罗庚》一书中记录着,陈读书时的老师熊庆来患中风,半身不遂,虽经治疗仍残而不废。一个人客居巴黎,生活颇困难。陈省身曾寄钱给熊先生,资助其生活。

"菲尔兹奖"有数学界的"诺贝尔奖"之美称。至今,丘成桐是获此殊荣唯一的华人,成名后的丘成桐写了一篇回忆文章《陈省身,我的老师》,文中深情地回忆了他的一段经历:"在我申请进入这所著名大学时,陈省身教授显然产生了重大影响,在一个中国香港的大学三年级学生要得到伯克利研究生院的录取,陈省身教授曾为我做了非常多的努力。当陈省身看到一个年轻人具有潜力的时候,总是非常愿意给予帮助,本书的许多文章可以作证,很多外国学生,不仅是中国学生,当他们刚到美国,在初期感到孤独和生活上产生困难的时候,陈省身总会及时地、有效地扶助一个相当长的时间。"最后还总结地说:"他是我的老师,还曾经像父辈一样对待我,他给我的指导和帮助,我将永远无法报答。"

毕业于西南联大,扎根边疆,把一生献给云南教育事业的朱德祥教授,生于农村贫困之家、自幼丧父,因刻苦学习而以优异成绩考取清华大学清寒公费生,在西南联大受业于陈省身。陈省身知他亏债很多,便将从德国带回的新书 R. Garnier 著的《代数与几何》交给朱德祥翻译,并写信推荐给重庆编译馆,以求对朱德祥有所补助。虽历 50 多年沧桑巨变,朱德祥回忆这段师恩时,还满怀深情地说:"那时,陈师已是西南联大的名教授,还对我这个穷学生倍加爱护,令人十分感动。"1992 年 6 月,早已誉满天下的陈省身,再度踏上云南故土,尽管应酬频繁,仍抽空携夫人亲临朱德祥简朴的居室(朱德祥生前把全部稿费和节俭的积蓄捐给云南师范大学设立奖学金),看望叙旧。既无得志的傲气和大师架子,也丝毫没有以老师、恩人自居,点滴小事也足见爱生之挚、待人之诚。

陈省身关心、爱护学生,指导、帮助弟子的事迹,举不胜举。

评论:在学生遇到挫折或失意的时候,老师的关爱与帮助,如春风化雨,滋润心田,使人振奋并扬起勇往直前的风帆,这改变一生命运的恩情,使人常怀报答之念。因此,真挚的爱生培养出发自内心深处的尊师,才会发出最为感人的行动。

4. 老而弥坚

陈大师年逾八旬时,仍然每年都思考一些问题,且有数篇论文问世;两个半小时的演讲或座谈,精力充沛,思路清晰,谈到当代数学的发展,更是如数家珍,让人为他严密的思维和敏锐的反应而折服。特别是在 93 岁高龄时,还完美地解决了一道世界难题,即"6 维球面上不存在复结构"这个百年悬而未决的难题。在张奠宙教授 2004 年的一段访谈录中提到,大师谦虚地说:"我喜欢数学,也只会做数学。……所以只好读数学,做数学,终老一生。"

2002 年 8 月,在北京举行国际数学大会期间,陈省身以 91 岁的高龄为少年儿童题了"数学好玩"四个大字,道出了省身大师 93 岁还巧解世界难题的奥秘——陈老已进入了"玩数学"的最高境界。

评论:谁不喜欢玩,玩又何分老少。数学已成为陈老自娱自乐的"玩具"。思考数学问题,已成娱乐,何其轻松,何其从容。遨游神秘的数学王国,犹如闲庭漫步。这才是研究数学的至高境界。数学家长寿的多,但到 93 岁高龄尚能妙解百年未解的难题,当得起"烈士暮年,壮心不已"。陈省身大师的终身学习、终身研究是值得天下人敬仰和视之为楷模的。

结语:陈省身先生是 20 世纪最伟大的数学家之一,曾获得"美国国家科学奖""沃尔夫奖""邵逸夫奖"等诸多奖项,享誉世界。他曾经说过:"将为中国数学、南开数学'鞠躬尽瘁、死而后已'。"陈先生是这样说的,也是这样做的。他一生桃李满天下,培养造就了吴文俊、丘成桐、廖山涛、严志达等一大批卓有建树的国内外知名数学家,为中国乃至世界数学教育事业发展做出了不可磨灭的贡献。"把中国建成数学大国、数学强国",这是陈省身先生一生的梦想,而中国"在21世纪成为数学大国"更是他提出的"陈省身猜想"。作为当代青年学子,我们有责任,有义务,为实现"陈省身猜想"而共同努力。

9. 吴文俊

吴文俊

吴文俊（1919—2017），我国著名数学家、中国共产党优秀党员、中国科学院院士。吴文俊对数学的主要领域——拓扑学做出了重大贡献、开创了崭新的数学机械化领域，获得首届"国家最高科技奖"、首届"国家自然科学一等奖"、有"东方诺贝尔奖"之称的"邵逸夫数学奖"、国际自动推理最高奖"Herbrand 自动推理杰出成就奖"。逝世后被授予"人民科学家"国家荣誉称号，入选"最美奋斗者"名单，入选"中国海归 70 年 70 人"榜单。

1. 丰厚的研究成果

吴文俊 1919 年出生于上海，1940 年本科毕业于交通大学数学系，1946 年在原"中央研究院"数学所工作、在陈省身先生指导下开始从事拓扑学研究，1947 年赴法留学，师从埃里斯曼（Erisman）与嘉当，1949 年毕业于法国斯特拉斯堡大学，获得法国国家博士学位，随后在法国国家科学中心任研究员。中华人民共和国成立后，吴文俊于 1951 年回国工作，先在北京大学数学系任教授，1952 年到中国科学院数学研究所任研究员，直到 1980 年转入中国科学院系统科学所，1998 年转入新成立的中国科学院数学与系统科学研究院。他曾任中国数学会理事长（1985—1987 年），中国科学院数理学部主任（1992—1994

年),全国政协委员、常委(1979—1998年),2002年国际数学家大会主席,中国人工智能学会名誉理事长,1993年开始任中国科学院系统所名誉所长。

从1946年到1951年,吴文俊主要从事施蒂费尔-惠特尼示性类的研究工作;从1953年到1957年,他主要从事庞特里亚金示性类的研究工作。其后,吴文俊转向示嵌类的研究。由于他在拓扑学示性类及示嵌类方面的出色工作,吴文俊与华罗庚、钱学森一起荣获1956年国家第一届"自然科学奖"的最高奖——一等奖,并于1957年增选为中国科学院学部委员(院士)。1958年吴文俊被邀请到国际数学家大会做分组报告(因故未能成行)。

1976年,吴文俊在中国古算研究的基础上,开拓了机械化数学的崭新领域。1986年吴文俊被邀请到国际数学家大会做分组报告,1990年荣获"第三世界科学院数学奖",1993年获"陈嘉庚数理科学奖",1994年获"首届香港求是杰出科学家奖",1997年获得国际自动推理最高奖"厄布朗(Herbrand)自动推理杰出成就奖"。

2000年,吴文俊由于对拓扑学与数学机械化的贡献,获得"首届最高国家科学技术奖"。2006年吴文俊由于对数学机械化新兴交叉学科的贡献与美国数学家David Mumford共同获得了有"东方诺贝尔奖"之称的"邵逸夫数学奖"。评奖委员会认为:"通过引入深邃的数学思想,吴开辟了一种全新的方法,该方法被证明在解决一大类问题上都是极为有效的。""吴的方法使该领域发生了一次彻底的革命性变化,并导致了该领域研究方法的变革。"他的工作"揭示了数学的广度,为未来的数学家们树立了新的榜样"。

评论:吴文俊是我国最具国际影响力的数学家之一。他对数学的核心领域——拓扑学做出了重大贡献,开创了数学机械化新领域,对数学与计算机科学研究影响深远。大师、泰斗、巨擘……在吴文俊的学生、后辈看来,似乎再"高大"的词汇也无法描绘恩师的数学成就。他将"中国古算"开拓为"机械化数学",提示我们在学习研究中应该拓宽思路,化"古"为"新"、化"洋"为"中",走出一条中国式的科研之路。

2. 一生有三大数学高峰

吴文俊的研究工作涉及代数拓扑、微分拓扑学、代数几何学、对策论、中国数学史、数学机械化等多个数学领域并在其中做出了独特的贡献。其中最重要的三个领域:拓扑学、数学机械化和数学史。

拓扑学研究引发"拓扑领域大地震"。拓扑学是现代数学的主要领域之一。法国现代数学家狄多奈称拓扑学是"现代数学的女王"。陈省身先生称拓扑的发展是20世纪上半世纪在纯粹数学的最大成就。示性类是拓扑学中最基本的整体不变量。

20 世纪 50 年代前后,示性类研究还处在起步阶段。吴文俊将示性类概念由繁化简,由难变易,引入新的方法和手段,形成了系统的理论。他引入了一类示性类,被称为吴示性类。他还给出了刻画各种示性类之间关系的吴公式。在他的工作之前,示性类的计算有极大的困难。吴的工作给出了示性类之间的关系与计算方法。由此拓扑学和数学的其他分支结合得更加紧密,许多新的研究领域应运而生。这最终使示性类理论成为拓扑学中最完美的一章。

拓扑学中最基本问题之一是嵌入问题。在吴的工作之前,嵌入理论只有零散的结果。吴提出了吴示嵌类等一系列拓扑不变量,研究了嵌入理论的核心问题,并由此发展了统一的嵌入理论。

在拓扑学研究中,吴起到了承前启后的作用。在他的工作的影响下,研究拓扑学的武器库得以形成,这极大地推进了拓扑学的发展。许多著名数学家从吴的工作中受到启发或直接以吴的成果为起始点之一,获得了一系列重大成果。例如,吴的工作被五位国际数学最高奖——菲尔兹奖得主引用,他们分别是法国数学家托姆、美国数学家米尔诺、斯梅尔、维腾,英国数学家阿提亚,其中三位还在他们的获奖工作中使用了吴的结果。数学大师陈省身先生称赞吴"对纤维丛示性类的研究做出了划时代的贡献。"由于以上两项工作,1956 年吴文俊获首届"国家自然科学一等奖"。

吴文俊的工作是 19 世纪 50 年代前后拓扑学的重大突破之一,产生了重大影响,成为影响深远的经典性成果,被写进多种教科书,至今还在前沿研究中使用。

洞悉未来,开创数学机械化新领域。20 世纪 70 年代末,吴文俊用算法的观点对中国古算做了正本清源的分析,认为中国古算是算法化的数学。由此,开辟了中国数学史研究的新思路与新方法,在数学史领域产生了重大影响。1986 年吴文俊被邀请到国际数学家大会做分组报告,介绍他在中国古代数学史研究中的成果。不仅如此,他又在中国古算研究的启发下,开拓了机械化数学的崭新领域。

1977 年,他在初等几何定理的机械化证明方面首先取得成功,提出了几何定理机器证明的"吴方法"。此后,相继提出微分几何的定理机械化证明方法,方程组符号求解的吴消元法,全局优化的有限核定理,建立了数学机械化体系。他不仅建立数学机械化的基础,而且将这一理论应用于多个高技术领域,解决了曲面拼接、机构设计、计算机视觉、机器人等高技术领域核心问题。这样走出了完全是中国人自己开拓的新的数学道路,产生了巨大的国际影响。

1997 年吴文俊获得国际自动推理最高奖"Herbrand 自动推理杰出成就

奖"。授奖词中提到，几何定理自动证明在"吴方法"出现之前进展甚微，"在不多的自动推理领域中，这种被动局面是由一个人完全扭转的。吴文俊很明显是这样一个人。"吴的工作使得几何定理证明的研究已全面复兴，变为自动推理界最活跃与成功的领域之一。

古为今用，从数学史中挖掘原创思想。吴文俊始终不忘把中国建设成为数学强国的信念，并倾注了大量心血。1974年，他开始研究中国古代数学，把中国传统数学的特点概括为构造性与机械化，并成功将其应用于数学机械化新领域，成为古为今用、自主创新的典范，开创了中国数学史研究的新局面。

吴先生从事数学史研究建立了一个原则：从数学史的客观史料出发理出规律，而不是简单用现代的数学概念来解释历史上的数学工作。这个看起来很基本的原则在吴先生深厚的古文与数学功底下发挥得淋漓尽致。吴先生总结出《九章算术》背后的数学理论，例如"出入相补法"，并提出中国传统数学构造性的特点。吴先生在总结中国传统数学求解高阶多变量多项式方程组的基础上，将此方法用于初等几何定理的机械证明，取得了巨大成功。"吴算法"本身还在不断发展中。根据最近的一些研究，"吴算法"与其他算法如 Grobner 基算法等相比，"吴算法"可能在求解稀疏多项式方程组方面有优势，这个优势在大数据时代可能更有用。值得注意的一点是，吴先生构造性的数学思想，也体现他在拓扑与几何的研究中。他的很多工作都是构造性的，并有极强的原创性，是数学工作的典范。吴先生对于盲目跟风的研究，是颇有微词的。

吴文俊的各项独创性研究工作使他在国际、国内产生广泛的影响，享有很高的声誉。2010年，经国际天文学联合会小天体命名委员会批准，将国际编号第 7683 号小行星永久命名为"吴文俊星"。2011年，中国人工智能学会发起设立"吴文俊人工智能科学技术奖"。这是我国智能科学技术领域唯一依托社会力量设立的科学技术奖，具备直接推荐"国家科学技术奖"资格，被誉为"中国智能科技最高奖"。2011年，中国科学技术大学以中国科学技术大学数学所为基础组建了中国科学院吴文俊数学重点实验室。在开始从事机器证明时，他已近花甲之年，为了验证自己所提方法的有效性，他从零开始学习编写计算机程序，用 Fortran 语言实现了符号计算和几何定理证明的算法。编程的工作量是巨大的，他每天十多个小时在机房连续工作，终于取得成功。

评论：无论是迷惑我们双眼的莫比乌斯环和克莱茵瓶（拓扑学），还是我们现在所研究的人工智能技术（数学机械化），到处都有吴文俊的身影。吴文俊晚年回顾自己一生的成就，把对数学史的研究和对拓扑学的贡献仅排第二、三位。排在第一位的，还是他在数学机械化方面的工作。他治学严谨，学术思想活跃，但从来不注重个人名利，无论获得多么高的声誉，他总是勤奋地在科研第一线工作,一生积极进取,锲而不舍,不断取得新的成就。

3."吴氏笑容"

吴文俊数学领域的造诣在国内外均取得了巨大的成功。吴文俊之所以拥有松柏之寿,跟他的平易近人和年轻的心态有着密不可分的关系。晚年的吴文俊是个"老顽童",90 多岁时,他还趁家人不注意,独自一人打车去商场看电影,看完后再跑到星巴克喝咖啡。"老顽童"、笑容可掬、爱看电影喝咖啡……在吴文俊的同窗好友眼中,这位数学家像孩童一般天真,似乎毫无"烦恼",面对任何事情,他总是乐观豁达。

中国科学技术大学 60 级"吴龙班"学生、中国科学技术大学教授徐森林回忆道:"大学 5 年,从基础课一直到专业课,吴先生'一条龙'上课,每个星期都上三次课。吴文俊这位大科学家,能够这么辛苦地给我们讲课,在全国是少有的。"

中国科学院数学与系统科学研究院院长、中国科学院院士席南华说:"吴文俊先生是色彩丰富的数学家,他的笑容是很有感染力的,或许可以称之为'吴氏笑容'。"他给我们留下了丰富的遗产,在学术上他坚持走自己的路,在拓扑学、数学机械化、中国数学史都有突出的高度原创成就。背后更是有深邃的思想留给后人,在走自己路的同时,他对伟大的数学都怀有深沉的敬意,并从中吸取营养。

评论:"数学是笨人学的。"这是吴老时常说的话。听到这句话,很多人都会产生疑惑,难道我们费尽心思也难以攻克的数学难题,居然是笨人学的?不难看出,此语出自于一位博学且谦逊的学者。意识到自身的无知需要胸怀和勇气,"谦谦君子,卑以自牧"。伟大的科学家牛顿说自己只不过是站在了巨人的肩膀上而已,诺贝尔也只是将自己描述为"无足轻重的我们",吴文俊先生正是这样一位谦逊的人。面对无数光环,吴文俊却从未有丝毫的骄傲,他说:"我不想当社会活动家,我是数学家、科学家,我最重要的工作是科研。我欠的'债',是科学上的'债',也是对党和国家的'债'。""一心治学,无暇他顾"这是在学术上有着重要贡献的数学人的必备素质。

结语:缅怀大师,砥砺前行。纪念先生的最好方式,就是承袭风骨,继续先生未完的事业。纪念吴先生就是要学习他那种淡泊名利、追求卓越、不断攀登科学高峰的精神。吴先生为我们年轻一代树立了很好的榜样,他的精神将在中国数学界传播。我们要在吴先生精神的鼓舞下,为中国数学早日真正赶超世界水平,实现老一辈数学家的遗愿更加努力奋斗,做出更大的贡献。

10. 陈景润

陈景润

陈景润(1933—1996)，中科院院士、中国著名数学家。他以惊人的毅力，经过10多年夜以继日的研究，1966年，发表了著名的论文《大偶数表示一个素数及一个不超过二个素数的乘积之和》，轰动了世界，其中"1+2"被命名为"陈氏定理"，成为"哥德巴赫猜想"研究上的里程碑，同时被誉为筛法的"光辉的顶点"。直到现在，陈景润的研究成果依然是200多年来"世界上研究'哥德巴赫猜想'最好的一个结果"。这项工作使他在1978年获得"中国自然科学奖"一等奖。1999年，中国发行纪念陈景润的邮票。同年十月，紫金山天文台将一颗行星命名为"陈景润星"。

1. 少年的志向

陈景润，1933年5月生于福建省福州市。1953年毕业于厦门大学，1953年9月分配到北京市第四中学任教。1955年2月由当时厦门大学的校长王亚南先生举荐，回母校厦门大学数学系任助教。1957年10月，由于华罗庚教授的赏识，陈景润被调到中国科学院数学研究所。1973年发表了"1+2"的详细证明，被公认为是对"哥德巴赫猜想"研究的重大贡献。1981年3月当选为中国科学院学部委员（院士）。曾任国家科委数学学科组成员，中国科学院原数学研究所研究员。他主要从事解析数论的研究,并在哥德巴赫问题研究方面取得国际领先的成果。在殆素数分布问题、华林问题、格点问题、算术级数中的最小素数问题等一系列重要数论问题上均有杰出的贡献,得到了国内外数学家的高度评价。尤其是他关于"1+2"的证明,将200多年来人们未能解决的哥德巴赫猜想的证明大大推进了一步。这一结果被国际上誉为"陈氏定理"。其后又对此做了改进,将最小素数从原有的80推进到16,深受称赞。至今仍是偶数哥德巴赫猜想研究中最好的工作。陈景润曾获得"国家自然科学"一等奖、"何梁何利数学奖"和中国数学会"华罗庚数学奖"。逝世后又获"最美奋斗者奖""改革先锋奖""100名改革开放杰出贡献对象""100位中华人民共和国成立以来感动中国人物之一提名奖",并获评激励青年勇攀科学高峰的典范。他的事迹由徐迟写成报告文学,鼓舞了一代中国青年投身科学事业。

在初中,他受到两位老师的特殊关注。一位是年近花甲的语文老师。他看到陈景润勤奋刻苦,年少有为,就经常把他叫到身边,讲述中国5 000年文明史,激励他好好读书,肩负起拯救祖国的重任。老师常常说得满眼泪水,陈景润也含泪表示,长大以后,一定报效祖国!另一位是不满30岁的数学教师,毕业于清华大学数学系,知识非常丰富。陈景润最感兴趣的是数学课,一本课本,只用两个星期就学完了。老师觉得这个学生不一般,就分外下力气,多给他讲,并进一步激发他的爱国热情,说:"一个国家,一个民族,要想强大,自然科学不发达是万万不行的,而数学又是自然科学的基础。"从此,陈景润就更加热爱数学了。一直到初中毕业,都保持了数学成绩全优的记录。

后来,陈景润考入福州英华书院念高中。在这里,他有幸遇见使他终生难忘的沈元老师。沈老师曾任清华大学航空系主任,当时是陈景润的班主任兼教数学、英语。沈老师学问渊博,循循善诱,同学们都喜欢听他讲课。有一次,沈老师出了一道有趣的古典数学题——"韩信点兵"。大家都闷头算起来,陈景润很快小声回答"53人"。全班为他算得速度之快惊呆了,沈老师望着这个平素不爱说话、衣衫褴褛的学生,问他是怎么得出来的。陈景润的脸羞红了,说不出话,最后是用笔在黑板上写出了方法。

沈老师高兴地说:"陈景润算得很好,只是不敢讲,我帮他讲吧!"沈老师讲完,又介绍了中国古代对数学的贡献,说祖冲之对圆周率的研究成果早于西欧1 000年,南宋秦九韶对"联合一次方程式"的解法,也比瑞士数学家欧拉的解法早500多年。"大约在200年前,一位名叫哥德巴赫的德国数学家提出了'任何一个大于4的偶数均可表示两个素数之和',简称'1+1',他一生也没证明出来,便给俄国圣彼得堡的数学家欧拉写信,请他帮助证明这道难题。欧拉接到信后,就着手计算。他费尽了脑筋,直到离开人世,也没有证明出来。之后,哥德巴赫带着一生的遗憾也离开了人世,却留下了这道数学难题。200 多年来,这个哥德巴赫猜想之谜吸引了众多的数学家,从而使它成为世界数学界一大悬案。"沈老师讲到这里还打了一个有趣的比喻,数学是自然科学皇后,"哥德巴赫猜想"则是皇后王冠上的明珠! 沈老师接着鼓励说:"我们不能停步,希望你们将来能创造出更大的奇迹,这个'哥德巴赫猜想',是数论中至今未解的难题,这颗皇冠上的明珠,你们要把它摘下来!"这引人入胜的故事给陈景润留下了深刻的印象,"哥德巴赫猜想"像磁石一般吸引着陈景润。课后,沈老师问陈景润有什么想法。陈景润说:"我能行吗?"沈老师说:"你既然能自己解出'韩信点兵',将来就能摘取那颗明珠:天下无难事,只怕有心人啊!"那一夜,陈景润失眠了,他立誓:长大无论成败如何,都要不惜一切地去努力! 从此,陈景润开始了摘取数学皇冠上的明珠的艰辛历程。

成名后的陈景润曾给一位想要报考数学专业的 15 岁女孩题诗:"树雄心要立壮志,多思善想解难题。四化任重人才难,德智体美务求全。"诗言志,从不说豪言壮语的陈景润,在题诗的头二句便表露了他久藏的心迹。可以想见,他那几麻袋的演草纸蕴涵着多少曲折,多少艰辛! 若无破纪录、登高峰的雄心壮志,又哪会有锲而不舍的精神去攀登高峰。题诗既是对广大青少年的勉励和引导,何尝不是他心声的吐露和切身体验。

评论:这曾是一个举世震惊的奇迹:一位屈居于 6 平方米小屋的数学家,借一盏昏暗的煤油灯,伏在床板上,用一支笔,耗去了 6 麻袋的草稿纸,攻克了世界著名数学难题哥德巴赫猜想中的"1+2",创造了距摘取这颗数论皇冠上的明珠"1+1"只是一步之遥的辉煌。创造这个奇迹的正是我国著名数学家陈景润,也正是少年时的理想和信念支撑着他走到生命的最后一刻。

2. 几件小事

1977 年 9 月,著名作家、诗人徐迟发表的一篇报告文学《哥德巴赫猜想》,使陈景润的声誉一夜鹊起,成为全国妇孺皆知的名人。接着报道他的事迹、赞颂他的精神的作品,也散见各种报刊,传记,甚至是电视连续剧也相继问世。这里仅记述几件小事,平凡之中反映出他的美德与情操。

陈景润迷恋数学如痴如醉,以至对衣食住行毫不在意,无所追求。另一方面,不但自己的生活节俭,更注重为国家节约。在巴黎讲学期间,每月除了由法方支付 6 000 法郎的房租之外,他还有 3 000 法郎的纯收入。但他仍然注意节俭开支。在他离开法国之前,还有 5 000 法郎的结余。12 月,当他要离开巴黎,前往英国的时候,我国驻法国大使馆的工作人员,建议他坐飞机去伦敦,再从伦敦乘火车去诺丁汉大学。陈景润坚决不同意,他自己算了一笔账,坐飞机到伦敦要 90 多英镑,坐火车只要 22 英镑。他对使馆的工作人员解释说:"我们的国家还不富裕,普通工人、农民的收入还很低,我这里舒服一下,就要花掉普通百姓好几个月的生活费,我还是坐火车吧!"

成名后的陈景润常被邀请到各地大专院校和研究院所讲学,做报告。对已闻名遐迩的数学家,大家都想高规格地接待他,以显示人们对他的景仰与爱戴。然而,他却约法三章:一不坐软卧,二不住宾馆,三不要公家宴请。叫人感动不已!景润的约法三章,是真心实意而非虚假客套,这和他为国家处处节约,是前后一贯的。

有一次在贵州某校讲学,在陈景润的强烈建议下,住在普通的教工宿舍,并在食堂吃客饭。长期的节俭,使景润早已养成不食鱼虾的生活习惯,他只把新鲜的蔬菜当成可口的美食。景润在食堂吃饭,饭后都不忘去厨房向炊事员致谢。但大家看到这位中外著名的数学家如此和蔼可亲,都十分感动。

陈景润在贵州期间,除了讲学,便回到住所,沉浸在他热爱的数学世界里,婉谢了一切参观与游览。但对省市教育厅、局组织的,为全市中学生做一次科普报告的要求,却一口应承,并认真对待,专门选出一些适合中学生的浅显题目。由此可见他对青少年的关心和爱护。当年,正是陈景润声誉如日中天的时候。求知欲旺盛的中学生,不仅想从报告中获得知识,受到启发,而且更想一睹名家的风采。因为那摘取冠明珠的辉煌,在广大青少年的心中,早已无限向往,奉为将来实现理想的榜样。因此,那天报告会所在的六广门体育场,早就坐满了全市广大的中学生。景润一到,全体起立,热烈鼓掌,响彻云霄。表达了广大青少年对自己钦佩的科学家由衷的爱戴。景润很受感动,连连招手,鞠躬致意,并连声谢谢大家。那时的陈景润口齿清楚,但浓重的福建口音,声音也不算洪亮,虽有麦克风,但在宽阔的会场,除前面少数还能听清,后面效果就差强人意了。即便这样,见到著名的大科学家,被他的言行和风度所折服;再有这"听君一席话,胜读十年书"的机缘,已经是三生有幸了。

评论:言传不如身教,英雄自古出少年。这些学生中受到陈景鼓舞的最终也有很多出类拔萃,成为某行业的佼佼者。后来,他们当中很多人忆起当年攀上科学顶峰的陈景润的大家风范,无不敬仰、钦佩。像陈景润一样的大科学家,才是现代年轻人应该追求的"男女天团"。

结语:中国科学院数学所在他去世后写的《陈景润院士生平事迹简介》中,说"他的成就是用生命换来的"非常切合实际。陈景润在哥德巴赫猜想的成就,至今保持世界领先地位,而且目前还看不出这一世界纪录何时才能被打破。正是因为难度太大,在世界权威的《100 个具有挑战性的数学问题》一书中只提到两个中国人——一个是 1 500 年前的祖冲之,一个是 20 世纪的陈景润。陈景润之伟大,不仅是他登上了科学的巅峰,而且还有他那不争名利的纯真与高尚。他从未去争什么奖,如有争奖的心思,哪能有痴迷的忘我的境界！这又如《陈景润院士生平事迹简介》中说的:"他生活上要求很低、很低,与世无争;而在科学上的奋斗目标却很高、很高,要在国际前沿中为中华民族争一席之地。"

不过,值得欣慰的是,历史是公正的。在数学史上,陈景润的辉煌成就,将永放光芒。

第三篇

国外数学家

1. 泰勒斯

泰勒斯

1. 科学之祖

泰勒斯(Thales,约前 624—前 547 或 546 年),又译为泰利斯,生于古希腊米利都,他的家庭属于奴隶主贵族阶级,所以他从小就受到了良好的教育。泰勒斯是古希腊的著名哲学家、天文学家、数学家和科学家。他招收学生,建立了学园,创立了米利都学派。他是希腊七贤之一,西方思想史上第一个有名字留下来的哲学家。

他生活的那个时代,整个社会还处于愚昧落后的状态,人们对许多自然现象是理解不了的。但是,泰勒斯却总想着探讨自然中的真理。因为他懂得天文和数学,又是人类历史上比较早的科学家,所以,人们称他为"科学之祖"。

泰勒斯早年是一个商人,曾到过不少东方国家,学习了古巴比伦观测日食、月食和测算海上船只距离等知识,了解到埃及土地丈量的方法和规则等。他还到美索不达米亚平原,在那里学习了数学和天文学知识。后来,他从事政治和工程活动,并研究数学和天文学,晚年转向哲学。他几乎涉猎了当时人类的全

137

部思想和活动领域,获得崇高的声誉,被尊为"希腊七贤之首"。实际上七贤之中,只有他够得上是一个渊博的学者,其余的都是政治家。

泰勒斯在数学方面划时代的贡献是引入了命题证明的思想。它标志着人们对客观事物的认识从经验上升到理论,这在数学史上是一次不寻常的飞跃。在数学中引入逻辑证明,它的重要意义在于:保证了命题的正确性;揭示各定理之间的内在联系,使数学构成一个严密的体系,为进一步发展打下基础;使数学命题具有充分的说服力,令人深信不疑。

评论:读万卷书,行万里路、泰勒斯早年的经历告诉我们行万里路,广泛涉猎才能真正变成别人眼中"渊博的学者"。

2. 轶事

由于年代久远,流传至今的很多是泰勒斯的一些轶事。

故事1:只顾天空不看脚下的天文学家。

泰勒斯有一天晚上走在旷野之间,抬头看着星空,满天星斗,可是他预言第二天会下雨,正在他预言会下雨的时候,脚下出现一个坑,他就掉进那个坑里差点摔了个半死。别人把他救起来,他说:"谢谢你把我救起来,你知道吗?明天会下雨啊!"于是又有个关于哲学家的笑话,哲学家是只知道天上的事情不知道脚下发生什么事情的人。但是两千年以后,德国哲学家黑格尔说,一个民族只有有那些关注天空的人,这个民族才有希望。如果一个民族只是关心眼下脚下的事情,这个民族是没有未来的。而泰勒斯就是标志着希腊智慧的第一个人。

故事2:橄榄的故事。

泰勒斯利用了解到的知识,预见橄榄必然获得大丰收,于是就垄断了这一地区的榨油机。事情果然按照他预料的方向发展,他按自定的价格出租榨油机,获得巨额财富。不过他这样做并不是想成为富翁,而是想回答有些人对他的讥讽:如果你足够聪明的话,为什么不去发财呢?他用事实证明,发财致富比研究科学容易得多。

故事3:梭伦的故事。

据普卢塔克记载,梭伦曾到米利都去探望泰勒斯,问他为什么一直不结婚?泰勒斯当时没有回答。几天之后,一个陌生人来到梭伦面前,说他前一天去过雅典,梭伦向他打听那里的新闻。那人说:有一个青年的葬礼轰动了全城,他的父亲是一个显贵的人物,儿子死的时候不在家,因为他很早就出外游历去了。

梭伦听了大惊失色,连忙打听这个青年的姓名,那人说他记不清了,不过他好像很聪明,很正直。当惊慌失色的梭伦就要猜出是他的儿子出了事时,泰勒斯笑着劝他说:"这就是我不肯娶妻生子的原因啊!这种事,连你这么坚强的人都受不了。不过,这消息是虚构的,不必太介意。"

评论:三个小故事,从不同侧面让我们了解到了泰勒斯其人。不管故事的真实性如何,但正如黑格尔所说,每个时代、每个国家都需要泰勒斯这样为科学去奉献一生的人,这种人才是推动历史前进和发展的人。

结语:在泰勒斯"论证数学"思想的影响下,古希腊的晚辈如欧几里得等人,建立起由基本定义、公理和定理系统构建的演绎推理的数学体系,此种体系一直传承至今。泰勒斯的伟大,正如他的墓碑上的铭文所赞:

泰勒斯是一位贤人,
又是出色的数学天文学家。
在宇宙星辰的王国里,他顶天立地,
万古流芳。

名言:
去找出唯一智慧的东西,去选择唯一美好的东西。

——泰勒斯

只有站在高处的人,才有从高处跌进坑里的权利与自由。没有知识的人,本就躺在坑里,又怎能从上面跌进坑里呢?

——泰勒斯

2. 毕达哥拉斯

毕达哥拉斯

1. 毕达哥拉斯学派

毕达哥拉斯(前580—前500)出生在米利都附近的萨摩斯岛(今希腊东部的小岛)——爱奥尼亚群岛的主要岛屿城市之一,此时群岛正处于极盛时期,在经济、文化等各方面都远远领先于希腊本土的各个城邦。毕达哥拉斯的父亲是一个富商,他9岁时被父亲送到提尔,在闪族叙利亚学者那里学习,在这里他接触了东方的宗教和文化。以后他又多次随父亲做商务旅行到小亚细亚。

公元前551年,毕达哥拉斯来到米利都、得洛斯等地,拜访了泰勒斯、阿那克西曼德(Anaximander)和菲尔库德斯,并成为了他们的学生。毕达哥拉斯于公元前535年离家前往埃及,国王阿马西斯推荐他入神庙学习。从公元前535年到公元前525年这十年中,毕达哥拉斯学习了象形文字和埃及神话历史和宗教,并宣传希腊哲学,受到许多希腊人尊敬,有不少人投到他的门下求学。

毕达哥拉斯在49岁时返回家乡萨摩斯,开始讲学并开办学校,但是没有达到他预期的成效。公元前520年左右,为了摆脱当时君主的暴政,他移居西西里岛,后来定居在克罗托内。在那里他广收门徒,建立了一个宗教、政治、学术合一的团体,也就是后来的毕达哥拉斯学派。

SHUXUEJIA DE GUSHI—KECHENG SIZHENGPIAN

他的演讲吸引了各阶层的人士,很多上层社会的人士来参加演讲会。按当时的风俗,妇女是被禁止出席公开的会议的,毕达哥拉斯打破了这个成规,允许她们也来听讲。后来他们受到民主运动的冲击,社团在克罗托内的活动场所遭到了严重的破坏。毕达哥拉斯被迫移居他林敦(今意大利南部塔兰托),并于公元前500年去世,享年80岁。直到前4世纪中叶,毕达哥拉斯学派持续繁荣了两个世纪之久。

评论:不谈论毕达哥拉斯建立学派的宗教及政治方面的影响,单论学术方面,这样的学术团体确实是一个创新,对推动那个时代数学发展的作用不可低估。

2.万物皆数

最早把数的概念提到突出地位的是毕达哥拉斯学派。他们很重视数学,企图用数来解释一切。毕达哥拉斯本人以发现勾股定理(西方称毕达哥拉斯定理)著称于世。这定理早已为巴比伦人和中国人所知。在中国古代大约是战国时期西汉的数学著作《周髀算经》中记录着商高同周公的一段对话。商高说:"……故折矩,勾广三,股修四,经隅五。"商高那段话的意思就是说:当直角三角形的两条直角边分别为3(短边)和4(长边)时,径隅(就是弦)则为5。以后人们就简单地把这个事实说成"勾三股四弦五"。这就是中国著名的勾股定理。不过最早证明此定理的却是毕达哥拉斯。

毕达哥拉斯学派是数论(number theory)的开山鼻祖。

①亲和数

毕达哥拉斯学派规定1是自然数n的因数,而n不是n的因数。一对数n_1与n_2,若n_1的全体因数之和等于n_2,n_2的全体因数之和等于n_1,则称n_1与n_2是一对亲和数。

例如284与220:

284的全体因数为1,2,4,71,142

$$1+2+4+71+142=220$$

220的全体因数为1,2,4,5,10,11,20,22,44,55,110

$$1+2+4+5+10+11+20+22+44+55+110=284$$

所以284与220是一对亲和数。

亲和数是很难寻找的一堆自然数,直到1636年,费马(Fermat)发现了另一对亲和数:17 296和18 416。1638年,笛卡儿(Descartes)也发现了一对亲和数:9 363 584和9 437 056。欧拉也研究过亲和数这个课题。1750年,他一口气向公众抛出了60对亲和数:2 620和2 924,5 020和5 564,6 232和6 368,…,

141

从而引起了轰动。1866 年,年方 16 岁的意大利中学生帕格尼尼(Paganini)发现 1 184 与 1 210 是仅仅比 220 与 284 稍微大一些的第二对亲和数。这戏剧性的发现使数学家如痴如醉。目前,人们已找到了 12 000 000 多对亲和数。但亲和数是否有无穷多对,亲和数的两个数是否都是或同是奇数或同是偶数而没有一奇一偶等,这些问题还有待继续探索。

②完全数

如果一个数恰好等于它的真因子之和,则称该数为"完全数"。例如:第一个完全数是 6,它有约数 1,2,3,6,除去它本身 6 外,其余 3 个数相加

$$1+2+3=6$$

第二个完全数是 28,它有约数 1,2,4,7,14,28,除去它本身 28 外,其余 5 个数相加

$$1+2+4+7+14=28$$

完全数诞生后,吸引着众多数学家与业余爱好者像淘金一样去寻找。它很久以来就一直对数学家和业余爱好者有着一种特别的吸引力,他们没完没了地找寻这一类数字。第三个完全数是 496;第四个是 8 128;第五个完全数要大得多,它是 33 550 336,它的寻求之路也更加扑朔迷离,直到 15 世纪才给出。这一寻找完全数的努力从来没有停止。电子计算机问世后,人们借助这一有力的工具继续探索。笛卡儿曾公开预言:"能找出完全数是不会多的,好比人类一样,要找一个完美人亦非易事。"时至今日,人们一直没有发现有奇完全数的存在。于是是否存在奇完全数成为数论中的一大难题。只知道即便有,这个数也是非常之大,并且需要满足一系列苛刻的条件。

评论:毕达哥拉斯学派研究的数始终还局限在有理数的范畴,但不可否认,在这个领域那个时代他们已经将数研究到了极致。每个人生活在不同的时代,受制于时代的局限性,不可能把所有事情做得尽善尽美,但把力所能及的事情做到极致依然是值得后人敬仰的!

在数学的天地里,重要的不是我们知道什么,而是我们如何知道什么。

——毕达哥拉斯

扩展阅读 9:第一次数学危机

毕达哥拉斯所谓的"万物皆数"其实指的是现在的有理数。毕达哥拉斯的学生希帕索斯(Hippasus)发现一个边长为 1 的等边直角三角形,根据勾股定理,其斜边长应该是"2 的平方根"。如果毕达哥拉斯学派的断言是正确的,那

么直边和斜边应该是可通约的,因此存在一个有理数(即整数之比),恰好等于"根号2"。希帕索斯很快就证明,这是一个矛盾的结论。

他兴高采烈地将自己的非凡发现告诉老师毕达哥拉斯。在经过仔细地检查之后,毕达哥拉斯进入了"两难"的境地。按毕达哥拉斯的观点,一方面,这条对角线的长度就不是数! 这当然更是不能接受的结论;另一方面,毕达哥拉斯学派对数的观念已是根深蒂固,一时岂能承认那种传统的观念会有问题呢! 这就陷人极大的矛盾之中,形成了所谓的第一次数学危机。

据说当时毕达哥拉斯学派的全体成员正在爱琴海上泛舟集会,希帕索斯的挑战性问题把毕达哥拉斯和学派全体成员弄得十分尴尬,大家当即决定禁止把这一问题泄漏出去。

第一次数学危机之后,人们觉悟到除整数和分数之外,还存在着其他实数。由于对这种"怪实数"的接受并不情愿,于是给它起了个难听的名字——无理数。

数学中闹危机也不是什么坏事,这第一次数学危机,产生了无理数。数学危机是会下金蛋的鹅。公元前425年,毕达哥拉斯学派的欧多克斯(Eudoxus)试图通过在几何学中引进不可通约量的概念来解决它的矛盾。他认为,几何线段先天就存在着"可通约"和"不可通约"的限制,这在某种程度上大大拓展了人们对数的认识,也为无理数找到了存在的基础。直到1872年,德国数学家戴德金(Dedekind)从连续性的要求出发,通过有理数的"分割"来定义无理数,并把实数理论建立在严格的分析基础上,才揭开了无理数的神秘面纱,从而结束了无理数被认为"无理"的时代,也结束了自古希腊时代就延续至今的数学史上的第一次大危机。

3. 欧几里得

欧几里得

欧几里得（Euclid，前330—约前275），古希腊数学家，被称为"几何之父"。关于他的生平，现在知道的很少。早年大概就学于雅典，深知柏拉图的学说。公元前300年左右，在托勒密王的邀请下，来到亚历山大，长期在那里工作。他是一位温良敦厚的教育家，对有志数学之士，总是循循善诱。但反对不肯刻苦钻研、投机取巧的作风，也反对狭隘实用观点。据记载，托勒密王曾经问欧几里得，除了他的《几何原本》之外，还有没有其他学习几何的捷径。欧几里得回答说："几何无王者之路。"意思是，在几何里，没有专为国王铺设的大道。这句话后来成为传诵千古的学习箴言。

欧几里得写过另外几本书，其中有些流传至今。然而确立他历史地位的，主要是那本伟大的几何教科书《几何原本》。《几何原本》的重要性并不在于书中提出的哪一条定理。书中提出的几乎所有的定理在欧几里得之前就已经为人知晓，使用的许多证明亦是如此。欧几里得的伟大贡献在于他将这些材料做了整理，并在书中做了全面的系统阐述，包括首次对公理和公设做了适当的选择。然后，他仔细地将这些定理做了安排，使每一个定理与以前的定理在逻辑上前后一致。在需要的地方，他对缺少的步骤和不足的证明也做了补充。

《几何原本》作为教科书使用了两千多年。在形成文字的教科书之中,它无疑是最成功的。欧几里得的杰出工作,使以前类似的工作黯然失色。该书问世之后,很快取代了以前的几何教科书,而后者也就很快在人们的记忆中消失了。《几何原本》是用希腊文写成的,后来被翻译成多种文字。它的首版于1482年问世,自那时以来,《几何原本》已经出版了上千种不同版本。

在训练人的逻辑推理思维方面,《几何原本》比亚里士多德的任何一本有关逻辑的著作的影响都大得多。在完整的演绎推理结构方面,这是一个十分杰出的典范。正因为如此,自此书问世以来,思想家们为之而倾倒。公正地说,欧几里得的这本著作是现代科学产生的一个主要因素。科学绝不仅仅是把经过细心观察的东西和小心概括出来的东西收集在一起而已。科学上的伟大成就,就其原因而言,一方面是将经验同试验进行结合;另一方面,需要细心的分析和演绎推理。

毫无疑问,像牛顿、伽利略、哥白尼和开普勒都接受了欧几里得的传统。他们的确都认真地学习过欧几里得的《几何原本》,并使之成为他们数学知识的基础。欧几里得对牛顿的影响尤为明显。牛顿的《数学原理》一书,就是按照类似于《几何原本》的"几何学"的形式写成的。自那以后,许多西方的科学家都效仿欧几里得,说明他们的结论是如何从最初的几个假设逻辑地推导出来的。许多数学家以及一些哲学家也都如此。

如今,数学家们已经认识到,欧几里得的几何学并不是能够设计出来的唯一的一种内在统一的几何体系。在过去的150年间,人们已经创立出许多非欧几里得几何体系。自从爱因斯坦的广义相对论被接受以来,人们的确已经认识到,在实际的宇宙之中,欧几里得的几何学并非总是正确的。例如,在黑洞和中子星的周围,引力场极为强烈。在这种情况下,欧几里得的几何学无法准确地描述宇宙的情况。但是,这些情况是相当特殊的。在大多数情况下,欧几里得的几何学可以给出十分近似于现实世界的结论。

不管怎样,人类知识的这些最新进展都不会削弱欧几里得学术成就的光芒。也不会因此贬低他在数学发展和建立现代科学成长必不可少的逻辑框架方面的历史重要性。

评论:一个人留下了一本书,流传至今,依旧是经典。这在数学史上除此之外绝无仅有,相信未来也是唯一的存在!

结语:没有谁能够像伟大的希腊几何学家欧几里得那样,声誉经久不衰。有些人物,如拿破仑、亚历山大大帝和马丁·路德,他们生前的声望远比欧几里得大,但就长期而言,欧几里得的名望可能要比他们持久。

4. 阿基米德

阿基米德

1. 数学与物理

公元前287年,阿基米德(Archimedes,前287—前212)诞生于西西里岛叙拉古附近的一个小村庄,他出身于贵族,与叙拉古的赫农王有亲戚关系,家庭十分富有。阿基米德的父亲是天文学家兼数学家,学识渊博,为人谦逊。"阿基米德"的意思是大思想家。阿基米德受家庭的影响,从小就对数学、天文学特别是古希腊的几何学产生了浓厚的兴趣。

公元前267年,阿基米德被父亲送到埃及的亚历山大城。阿基米德在亚历山大跟随过许多著名的数学家学习,包括有名的几何学大师欧几里得,阿基米德在这里学习和生活了许多年,他对东方和古希腊的优秀文化遗产兼收并蓄,这对其后的科学生涯中产生了重大的影响,奠定了阿基米德日后从事科学研究的基础。

阿基米德在物理学里面发现的"阿基米德原理",也就是浮力定律,有着家喻户晓的故事,这里就不再赘述。而他的名言"给我一个支点,我将撬动地球!"更是物理当中"杠杆原理"的经典描述。

在长期思索和多次实验的基础上,阿基米德接连写出了《论平面板的平衡或平面的重心》《论杠杆》和《论重心》等著作。《论平面板的平衡或平面的重心》一直流传下来,在书中他提出了著名的杠杆原理。也因此被称为"流体静力学的奠基人",并且享有"力学之父"的美称。

而阿基米德并不知道,在他以前 200 多年,中国的《墨经》上已经载有这个原理。

评论:虽然是物理的原理,但是其中利用的计算都是数学,因此数学和物理在历史发展进程中有着密不可分的关系。

2. 几何学

阿基米德在数学上有着极为光辉灿烂的成就,特别是在几何学方面。

他确定了抛物线弓形、螺线、圆形的面积以及椭球体、抛物面体等各种复杂几何体的表面积和体积的计算方法。在推演这些公式的过程中,他进一步发展了"穷竭法",就是用内接和外切的直边图形不断地逼近曲边形以用来解决曲面面积问题,即我们今天所说的逐步近似求极限的方法,因而被公认为微积分计算的西方鼻祖。

有一次,邻居家的小孩把一个球塞入圆柱形物体内玩耍时,发现球无法取出,于是向阿基米德求援。阿基米德取过圆柱形物体观看,巧的是里面圆球的直径正好与圆柱的直径和高相等。

阿基米德当即意识到手上的玩具正是圆柱及其内切球的模型,自己曾苦思冥想二者体积之比未果,没想到这个一直困扰他的难题一下子有了线索。他随即向圆柱中注水,反复测量水量。他发现,无球时圆柱储水量与有球时储水量之比为 3∶2,亦即二者体积之比。

这个偶然的发现,令阿基米德终生难忘。他叮嘱家人,他死后,在他的墓碑上镌刻圆柱及其内切球的图案作为墓志铭。

有意思的是,阿基米德利用圆的外切和内接多边形的边长来逼近圆的周长。具体来说,他做出圆的外接多边形和内接多边形。随着多边形的边数增加,将会越来越接近圆。阿基米德的多边形一直做到了 96 边,阿基米德算得圆周率的值应该是一个介于 223/72 和 22/7 之间的值,也就是大于 3.140 845,小于 3.142 857,这在当时那个连精确的尺子都很少见的年代是非常了不起的成就。而且类似的方法后来我国的祖冲之也采用了,并且推算出了比阿基米德更加精确的结果。

评论:阿基米德对数学和物理的发展做出了巨大的贡献,为社会进步和人类发展做出了不可磨灭的影响,即使牛顿和爱因斯坦也都曾从他身上汲取过智慧和灵感,他是"理论天才与实验天才合于一人的理想化身",文艺复兴时期的达·芬奇和伽利略等人都拿他来做自己的楷模。

　　结语:数学的最高奖菲尔兹奖奖章的正面是阿基米德的浮雕头像,并刻有大写希腊字母: ΑΡΧΙΜΗΔΟΥΣ,意为"阿基米德"的(头像),和拉丁文TRANSIRE SUUM PECTUS MUNDOQUE POTIRI,意为"超越人的精神,作宇宙的主人"。奖章背面刻有拉丁文"CONGREGATI EX TOTO ORBE MATHEMATICI OB SCRIPTA INSIGNIA TRIBUERE",意为"聚集自全球的数学家,为了杰出工作颁发(奖项)"。背景为阿基米德的球体嵌进圆柱体内(图1)。

图1

扩展阅读 10:菲尔兹奖

　　菲尔兹奖(Fields Medal),又译为菲尔茨奖,是依加拿大数学家约翰·查尔斯·菲尔兹(John Charles Fields)要求设立的国际性数学奖项,于1936年首次颁发。菲尔兹奖是数学领域的国际最高奖项之一。因诺贝尔奖未设置数学奖,故该奖被誉为"数学界的诺贝尔奖"。

　　菲尔兹奖每四年颁发一次,在由国际数学联合会主办的四年一度的国际数学家大会上举行颁奖仪式,每次授予2至4名有卓越贡献的年轻数学家。获奖者必须在该年元旦前未满40岁,每人能获得1.5万加拿大元奖金和金质奖章一枚。

　　截至2022年,世界上共有64位数学家获得菲尔兹奖,其中2位为华裔数学家,分别是1982年获奖的数学家丘成桐和2006年获奖的数学家陶哲轩。世界各高校按照最多获奖人数的排名依次为美国哈佛大学(18位)、法国巴黎大学(16位)、美国普林斯顿大学(16位)、法国巴黎高等师范学院(14位)、美国加利福尼亚大学伯克利分校(14位)。

5.笛卡儿

笛卡儿

1.我思故我在

笛卡儿(Descartes,1596—1650)1596年3月31日生于法国土伦省莱耳市的一个贵族之家,笛卡儿的父亲是布列塔尼地方议会的议员,同时也是地方法院的法官,笛卡儿在优越的生活中无忧无虑地度过了童年。他幼年体弱多病,母亲病故后就一直由一位保姆照看。他对周围的事物充满了好奇,父亲见他颇有哲学家的气质,亲昵地称他为"小哲学家"。

父亲希望笛卡儿将来能够成为一名神学家,于是在笛卡儿八岁时,便将他送入拉夫雷士的耶稣会学校,接受古典教育。校方为照顾他的孱弱的身体,特许他可以不必受校规的约束,早晨不必到学校上课,可以在床上读书。因此,他从小养成了喜欢安静、善于思考的习惯。

笛卡儿1612年到普瓦捷大学攻读法学,四年后获博士学位。1616年笛卡儿结束学业后,便背离家庭的职业传统,开始探索人生之路。他投笔从戎,想借机游历欧洲,开阔眼界。

这期间的一次经历对他产生了重大的影响。有一天笛卡儿在街上散步,偶然间看到了一张数学题悬赏的启事。两天后,笛卡儿竟然把那个问题解答出来了,引起了著名学者伊萨克·皮克曼(Lsaac Beeckman)的注意。皮克曼向笛卡儿介绍了数学的最新发展,给了他许多有待研究的问题。与皮克曼的交往,使笛卡儿对自己的数学和科学能力有了较充分的认识,他开始认真探寻是否存在一种类似于数学的、具有普遍使用性的方法,以期获取真正的知识。

笛卡儿不仅在哲学领域里开辟了一条新的道路,同时笛卡儿又是一位勇于探索的科学家,在物理学、生理学等领域都有值得称道的创见,特别是在数学上他创立了解析几何,从而打开了近代数学的大门,在科学史上具有划时代的意义。

评论:笛卡儿毕业后四处游历,既开阔了眼界,也找到了适合自己的未来的发展方向。不可否认笛卡儿是一个全才,但没有人生阅历也不会有他深入的思考和深邃的哲学观点,这也是成才的关键。不断地思考人生,不断地思考未来,也是大学生在大学期间的必修课。

2. 解析几何

笛卡儿的主要数学成果集中在他的"几何学"中。当时,代数还是一门比较新的科学,几何学的思维还在数学家的头脑中占有统治地位。在笛卡儿之前,几何与代数是数学中两个不同的研究领域。笛卡儿站在方法论的自然哲学的高度,认为希腊人的几何学过于依赖于图形,束缚了人的想象力。对于当时流行的代数学,他觉得它完全从属于法则和公式,不能成为一门改进智力的科学。因此他提出必须把几何与代数的优点结合起来,建立一种"真正的数学"。笛卡儿的思想核心是:把几何学的问题归结成代数形式的问题,用代数学的方法进行计算、证明,从而达到最终解决几何问题的目的。依照这种思想他创立了我们现在称之为的"解析几何学"。

据说,笛卡儿曾在一个晚上做了三个奇特的梦。第一个梦是笛卡儿被风暴吹到一个风力吹不到的地方,第二个梦是他得到了打开自然宝库的钥匙,第三个梦是他开辟了通向真正知识的道路。这三个奇特的梦增强了他创立新学说的信心。这一天是笛卡儿思想上的一个转折点,有些学者也把这一天定为解析几何的诞生日。

1637年,笛卡儿发表了《几何学》,创立了直角坐标系。他用平面上的一点到两条固定直线的距离来确定点的位置,用坐标来描述空间上的点。他进而又创立了解析几何学,表明了几何问题不仅可以归结成为代数形式,而且可以通过代数变换来发现几何性质,证明几何性质。解析几何的出现,改变了自古希腊以来代数和几何分离的趋势,把相互对立着的"数"与"形"统一了起来,使几何曲线与代数方程相结合。

笛卡儿的这一创见,更为微积分的创立奠定了基础,从而开拓了变量数学的广阔领域。最为可贵的是,笛卡儿用运动的观点,把曲线看成点的运动的轨迹,不仅建立了点与实数的对应关系,而且把"形"(包括点、线、面)和"数"两个对立的对象统一起来,建立了曲线和方程的对应关系。这种对应关系的建立,不仅标志着函数概念的萌芽,而且标明变数进入了数学,使数学在思想方法上发生了伟大的转折——由常量数学进入变量数学的时期。

评论:也许大家已经发现,很多历史上的数学家也同时是哲学家,这显然并不是偶然事件,笛卡儿解析几何的发现绝对是哲学思想在数学理论中的体现。

结语:正如恩格斯所说:"数学中的转折点是笛卡儿的变数。有了变数,运动进入了数学;有了变数,辩证法进入了数学;有了变数,微分和积分也就立刻成为必要了。笛卡儿的这些成就,为后来牛顿、莱布尼茨发现微积分,为一大批数学家的新发现开辟了道路。

《古今数学思想》的作者克莱因(Klein)曾说过:"笛卡儿是第一位杰出的近代哲学家,是近代生物学的奠基人,是第一流的物理学家,但只偶然是个数学家。不过,像他那样富于智慧的人,即使只花一部分时间在一个科目上,其工作也必定是有重要意义的。"

名言:

读杰出的书籍,有如和过去最杰出的人物促膝交谈。

——笛卡儿

越学习,越发现自己的无知。

——笛卡儿

6. 费马

费马

1. 业余数学家之王

费马（Fermat，1601—1665）是法国数学家，1601 年 8 月 17 日出生于法国南部图卢兹附近的博蒙–德洛马涅。他的父亲多米尼克·费马在当地开了一家大皮革商店，拥有相当丰厚的产业，使得费马从小生活在富裕舒适的环境中。

费马小时候受教于他的叔叔皮埃尔，受到了良好的启蒙教育，培养了广泛的兴趣和爱好。14 岁时费马才进入博蒙–德洛马涅公学，毕业后先后在奥尔良大学和图卢兹大学学习法律。17 世纪的法国，男子最讲究的职业是当律师。因此，男子学习法律成为时髦，也使人敬羡。

由于家境环境优越，费马毕业返回家乡以后，便很容易地当上了图卢兹议会的议员，虽然他从步入社会直到去世都没有失去官职，但对费马来说，真正的事业是学术，尤其是数学。费马通晓法语、意大利语、西班牙语、拉丁语和希腊语，而且还颇有研究。语言方面的博学给费马的数学研究提供了语言工具和便利，使他有能力学习和了解阿拉伯和意大利的代数以及古希腊的数学。正是这些，可能为费马在数学上的造诣奠定了良好基础。在数学上，费马不仅可以在数学王国里自由驰骋，而且还可以站在数学天地之外鸟瞰数学。这也不能绝对归于他的数学天赋,与他的博学多才多少也是有关系的。

费马生性内向,谦虚好静,不善推销自己,不善展示自我。因此他生前极少发表自己的论著,连一部完整的著作也没有出版。他发表的一些文章,也总是隐姓埋名。《数学论集》还是费马去世后由其长子将其笔记、批注及书信整理成书而出版的。我们现在早就认识到时间性对于科学的重要,即使在17世纪,这个问题也是突出的。费马的数学研究成果不及时发表,得不到传播和发展,并不完全是个人的名誉损失,而是影响了那个时代数学前进的步伐。

评论:也许正是因为把数学当作业余爱好,因此对费马来说,发表论文及出版书籍才并不是最重要的事情,一切只是兴趣使然。

2. 费马大定理

1621年,费马买了一本丢番图(古希腊数学家)的《算术学》。1637年,他以批注的形式将费马大猜想写在丢番图著作空白处:"……将一个高于二次的幂分为两个同次的幂,这是不可能的。关于此,我确信已发现一种美妙的证法,可惜这里空白的地方太小,写不下。"费马的儿子在他去世后,在其图书室里发现了他的这个手迹,并于1670年公之于世。人们曾在费马的藏书、遗稿、笔记等一切可能的地方去寻找他那"美妙的证法",都没有找到。费马绝没有想到,他写在书边上的寥寥数语,留给后人的却是数学上最大的不解之谜。

这个谜在此后的三百多年间,困惑,吸引,难倒了数不尽的数学家,包括"数学家之英雄"欧拉、"数学王子"高斯在内的第一流数学家都在难题面前败下阵来。直到1995年这个比哥德巴赫猜想更悠久、更有名的难题才被出身英国剑桥的数学家安德鲁·怀尔斯(Andrew Wiles)攻克了。然而,费马本人到底有没有找到一种美妙的证法解决这个问题呢?这个谜中之谜却仍然没有解开。不过,谜底似乎不再重要。因为无论谜底如何,作为伟大的创造者,费马早已跻身于世界第一流数学家的行列。

评论:费马提出了一个好的问题,三百年来,所有热爱数学的人前赴后继的不断努力,终于将此问题完美解决。而这一个问题也激发了无数青年人的数学热情,为数学学科的发展起到了巨大的推动作用。

结语:费马一生从未受过专门的数学教育,数学研究也不过是业余之爱好。然而,在17世纪的法国还找不到哪位数学家可以与之匹敌。他是解析几何的发明者之一,对于微积分诞生的贡献仅次于牛顿、莱布尼茨。他是概率论的主要创始人,以及独承17世纪数论天地的人。此外,费马对物理学也有重要贡献。一代数学天才费马堪称是17世纪法国最伟大的数学家。

扩展阅读 11：费马大定理的证明

最先对费马大定理提出挑战的是欧拉，在 1770 年欧拉给出了 $n=3$ 的证明，这时，离费马提出大定理已经过去了 133 年。之后，围绕费马大定理，全世界优秀的数学家开始了惨烈的竞争和接力。19 世纪初，法国女数学家热尔曼（Germain）对 n 和 $2n+1$ 都是素数时给出费马大定理的证明，1825 年德国数学家狄利克雷（Dirichlet）和法国数学家勒让德（Legendre）分别独立证明了 $n=5$ 时费马大定理成立。

1847 年拉梅（Lame）和柯西（Cauchy）都宣布自己证明了费马大定理，但德国数学家库默尔（Kummer）证明了两位数学家是错误的。1908 年，德国人沃尔夫斯凯尔（Wolfskell）为了激励大家证明费马大定理给出了 10 万马克的奖励，谁能证明费马大定理，谁就可以得到它。那么，沃尔夫为什么这么做呢？背后的故事很具戏剧性，简单点说就是沃尔夫失恋了，于是他要自杀，并安排好了所有的事情和自杀的时间，在等待自杀的时间里他去了图书馆，随手翻到一本数学期刊，被其中一篇论文吸引住了，作者库默尔在文中解释为何柯西和拉梅证明费马大定理的方法行不通。

他看到库默尔的论文，认为论述中有一个漏洞，于是自己重新演算了一遍，经过烦琐的论证之后，发现自杀时间过了，那就算了。对于救命恩人费马大定理，他能做的就是重金给证明者，10 万马克对于他这样的富豪还是没问题的。

最终费马大定理由英国人安德鲁·怀尔斯在 1995 年证明，结果发表在《数学年刊》上，过程曲折，曲折之中还有曲折。怀尔斯在做完所有准备后，想用 10 年时间证明费马大定理，结果 7 年就证明了，没想到的是却被 6 位审稿人中的 1 位发现了其中的重大漏洞，梦想破灭，但怀尔斯没有轻易认输，仔细思索之后从漏洞出发，回到原来的方法（谷山-志村猜想），最终证明了费马大定理。

怀尔斯没有获得"诺贝尔奖"，因为数学没有"诺贝尔奖"，他也没有获得"菲尔兹奖"，因为他证明费马大定理时已经超过 40 岁了，怎么办？1998 年，国际数学联盟授予怀尔斯"国际数学联盟特别奖"。

费马大定理由费马在 1637 年提出，费马没有说谎，怀尔斯的证明有 200 多页，确实写不下。谷歌在费马诞辰时将费马大定理在首页置顶，并写道：对费马大定理已经有了真正奇妙的证明，但因为页面空白处太小了，写不下。

7.牛顿

牛顿

牛顿(Newton,1643—1727)爵士,英国皇家学会会长,英国著名的物理学家,百科全书式的"全才",著有《自然哲学的数学原理》《光学》。

1.少年时代

1643 年 1 月 4 日,艾萨克·牛顿出生于英格兰林肯郡乡下的一个小村落伍尔索普村的伍尔索普庄园。在牛顿出生之时,英格兰并没有采用教皇的最新历法,因此他的生日被记载为 1642 年的圣诞节。牛顿出生前三个月,他的父亲才刚去世。由于早产的缘故,新生儿的牛顿十分瘦小。后人对他的推崇和赞颂,不乏于许多科学论著和报刊文章中,这里借用英国诗人的话:

> 宇宙和自然的规律隐藏在一片黑夜里,
> 上帝说:"让牛顿降生吧!"
> 于是,一切都变得光明。

说明诗人对他的崇拜,虽有诗人的夸张,但也反映出了他在科学史上的崇高地位。当牛顿 3 岁时,他的母亲改嫁并住进了新丈夫巴纳巴斯·史密斯牧师

155

的家,而把牛顿托付给了他的外祖母玛杰里·艾斯库。1648 年,牛顿被送去读书。少年时的牛顿并不是神童,他成绩一般,但他喜欢读书,喜欢看一些介绍各种简单机械模型制作方法的读物,并从中受到启发,自己动手制作些奇奇怪怪的小玩意,如风车、木钟、折叠式提灯等。

一个星期天,牛顿拿着一件自制的木器,兴冲冲地走向村外。同村的小朋友看见牛顿又捧着一件新玩具,便纷纷地跟着他走到村外。原来牛顿拿的是自行设计制作的水车,小朋友好奇地问:"能不能转动?""当然能。"牛顿信心十足地回答着。便与小朋友一起来到有一定落差的河边,并动手安装起来,刚开始水车便嘎嘎作响,接着就真的转动起来了。大多数小朋友都称赞牛顿还真有本事。

从 12 岁左右到 17 岁,牛顿都在金格斯皇家中学学习,在该校图书馆的窗台上还可以看见他当年的签名。他曾从学校退学,并在 1659 年 10 月回到埃尔斯索普村,因为他再度守寡的母亲想让牛顿当一名农夫。牛顿虽然顺从了母亲的意思,但耕作工作让牛顿相当不快乐。所幸金格斯皇家中学的校长亨利·斯托克斯说服了牛顿的母亲,牛顿又被送回了学校以完成他的学业。他在 18 岁时完成了中学的学业,并得到了一份完美的毕业报告。

评论:年少时的教育对一个人成长还是非常重要的,当然综合素质和能力也是决定一个人未来成就大小的重要因素。

2. 苹果落地

关于牛顿创造、发现的故事很多,但流传甚广且富有启发的,当首推苹果下落的轶事。伦敦大瘟疫期间,一日牛顿在沃尔斯索普到户外休闲散步,在一棵苹果树旁的石凳上坐下来小憩。正当牛顿悠然沉思,忽见一熟透了的苹果落在地上。瓜熟蒂落,一个苹果落在地上,实乃司空见惯的小事。但是与"力"打了一辈子交道、被后世尊为力学开山鼻祖的牛顿,对这个平凡小事,便有不平凡的态度。由苹果落地想到万有引力,深究其中缘由,总结前人的有关资料,进而设计出种种实验,最终给出了著名的万有引力定律。英国人很重视这个苹果落地的故事。1820 年,沃斯索普庄园那棵苹果树,被一场暴风刮倒了。据说被锯成数截,有的人拿回去折下枝条,插栽培育。在牛顿曾经读书的地方剑桥大学三一学院的主楼前还专门种下一棵苹果树,便是这个故事的象征。现在到剑桥大学参观的人,还特意到这棵树下摄影留念,并缅怀牛顿在自然科学上的丰功伟绩,遥想当年万有引力发现的情景。

2009 年 4 月,来我国访问的剑桥大学现任校长艾莉森·理查德,接受中央电视台的高端访谈时,水均益问道:"砸开牛顿智慧大门的那棵苹果树,是否还在校园内?"艾莉森·理查德回答说:"仍然在,但已是第三代,是孙子或孙女,因为苹果树的寿命是 50~80 年,但新植的是上一棵的种子。"由此也可看出:苹果落地与万有引力的故事,在世界范围内都长盛不衰地流传着。

评论:牛顿苹果落地的故事告诉我们:普遍性常寓于特殊性中,必然性也隐含于偶然性中。

3. 最后留下的名言

牛顿在数学与自然科学上的贡献是多方面的,而且都是对后世产生深远影响的巨大成就。

在数学上,他是微积分的创立者。他基于速度,引入了导数、微分,又基于无穷级数的研究而发现了积分与微分的互逆关系,即微积分的基本定理。后来,德国的莱布尼茨也独立地发现了这一定理。因此,数学史上,将他们二人并列为微积分的创始人。

此外,在数学上,二项式定理的发现,也是牛顿的一项重要成果,其他还有以牛顿命名的如牛顿定理、牛顿公式、牛顿恒等式、牛顿不等式、牛顿线、牛顿轨迹、牛顿法……也散见于数学的许多分支。中国台湾出版的《幼狮数学大辞典》称牛顿为"人类智慧的代表,数学界的领袖"。

在天文学中,以发现万有引力定律,而创立了科学的天文学;在力学中,由于认识了力的本质,提出的力学三大基本定律而形成了以他名字命名的牛顿力学;在光学中,发明了光之光谱分解,倡导光的粒子学说,有力地促进了光学的发展。

1727 年 3 月 4 日,85 岁高龄的牛顿,在伦敦主持皇家学会大会后回到家中,感到全身疼痛,便和衣而卧。谁知自此以后,再也起不来了。在床上躺 15 天之后,自感大限将至,便把照料起居的侄亲叫到床前断断续续讲述他心中要说的话:

> 我不知世人是怎样看我,但我自认为我不过是像在海滨玩耍的孩童,一会儿找到一颗特别光滑的卵石,一会儿发现一只异常美丽的贝壳。就这样使自己消遣娱乐。而与此同时,真理的汪洋大海在我眼前还未被发现。

停顿片刻,他又说:

> 如果我比笛卡儿看得远些,那是因为我站在巨人的肩膀上的缘故。

157

说完这些话,他安详地闭上了眼睛。

评论:牛顿说自己站在巨人的肩膀上有了更高的成就,实际上每个人求学何尝又不是站在了前人肩膀上,但能取得更高的成就却不是所有人都能够做到的事情。

结语:在美国学者麦克·哈特(Michael H. Hart)所著的《影响人类历史进程的100名人排行榜》中牛顿名列第2位,仅次于穆罕默德(Muhammad)。书中指出:在牛顿诞生后的数百年里,人们的生活方式发生了翻天覆地的变化,而这些变化大都是基于牛顿的理论和发现。在过去500年里,随着现代科学的兴起,大多数人的日常生活发生了革命性的变化。同1 500年前的人相比,我们穿着不同,饮食不同,工作不同,更与他们不同的是我们还有大量的闲暇时间。科学发现不仅带来技术上和经济上的革命,它还完全改变了政治、宗教思想、艺术和哲学。

8. 莱布尼茨

莱布尼茨

莱布尼茨(Leibniz,1646—1716),德国哲学家、数学家,是历史上少见的通才,被誉为"十七世纪的亚里士多德"。

1. 文科生的数学造诣

莱布尼茨的父亲是莱比锡大学的伦理学教授,他的父母是他的启蒙教师,从小莱布尼茨就十分好学,并有很高的天赋,幼年时就对诗歌和历史有着浓厚的兴趣。不幸的是,父亲在他6岁时去世,幸运的是给他留下了比金钱更宝贵的丰富的藏书,知书达理的母亲担负起了儿子的幼年教育。莱布尼茨因此得以广泛接触古希腊罗马文化,阅读了许多著名学者的著作,由此而获得了坚实的文化功底和明确的学术目标。

8岁时,莱布尼茨进入尼古拉学校,学习拉丁文、希腊文、修辞学、算术、逻辑、音乐以及《圣经》、路德教义等。14岁时进入莱比锡大学念书。21岁获得法学博士学位。次年任驻法国大使,在巴黎的德国大使馆生活了4年。莱布尼茨的许多重大数学成就都是在这4年的巴黎之行中完成的。

在巴黎,莱布尼茨没有完成游说法国国王路易十四放弃进攻德国的政治任务,但却进入了巴黎的知识圈,结识了大科学家惠更斯(Huygens)等人。这一

159

时期的莱布尼茨特别研究数学,而发明了微积分。1679年,莱布尼茨发明了二进制,并对其系统性深入研究,完善了二进制。

评论:作为一个文科生,莱布尼茨如何在数学方面取得如此大的成就呢?其根源在于兴趣使然。有资料显示,莱布尼茨曾经在大学期间旁听过数学专业教授关于欧几里得《几何原本》的讲座,就对数学产生了浓厚的兴趣。可以说他在数学方面的成就基于他对数学的兴趣和触类旁通的个人能力。

2. 世界科学院的梦想

1673年,莱布尼茨当选为英国皇家学会会员;1700年,当选为巴黎科学院院士;1700年,莱布尼茨创办柏林科学院;接着莱布尼茨致力于维也纳、圣彼得堡科学院的创立;他还设想建立"世界科学院"。尤其令我们倍感亲切的是,莱布尼茨曾亲笔写信给中国的康熙皇帝,建议成立北京科学院,可惜康熙对莱布尼茨的重要建议未予采纳!莱布尼茨是最早关心中国科学发展的国际友人。

评论:在17世纪,就能够意识到世界交流沟通的重要性,无疑莱布尼茨的思想具有别人无法企及的超前意识。

3. 优先权之争

莱布尼茨与艾萨克·牛顿谁先发明微积分的争论是数学界至今最大的公案。牛顿从物理学出发,运用几何方法研究微积分,其应用上更多地结合了运动学,造诣高于莱布尼茨。莱布尼茨则从几何问题出发,运用分析学方法引进微积分概念,得出运算法则,其数学的严密性与系统性是牛顿所不及的。

评论:莱布尼茨是百科全书式的天才。他一生孜孜不倦,勤奋忘我,慈善待人,是人类历史上道德学问的楷模和导师。

结语:

此人本身就是一所科学院。

——腓特烈大帝

9. 伯努利家族

17—18 世纪,在欧洲数学界出现了一个大的数学家族——伯努利家族(Bernoulli),这个家族的三代人中有 8 位数学家,他们几乎对当时数学的各个分支都做出了许多重大贡献,其中以第一代的雅各布·伯努利和约翰·伯努利兄弟及第二代的丹尼尔·伯努利最为著名。整个家族谱系为:

第一代:雅各布·伯努利、尼古拉·伯努利和约翰·伯努利三兄弟。

第二代:尼古拉的儿子尼古拉,约翰的三个儿子尼古拉、丹尼尔、约翰 。

第三代:丹尼尔的三个儿子约翰三世、丹尼尔 、雅各布。

1. 雅各布·伯努利

雅各布·伯努利

雅各布·伯努利(Jakob Bernoulli),1654 年 12 月 27 日出生在瑞士的巴塞尔,1705 年 8 月 16 日卒于巴塞尔。在数学、力学、天文学等领域都有贡献。

许多数学成果与雅各布的名字相联系。例如悬链线问题(1690 年),曲率半径公式(1694 年),伯努利双纽线(1694 年),伯努利微分方程(1695 年),等周问题(1700 年)等。雅各布对数学最重大的贡献是在概率论研究方面。他从 1685 年起发表关于赌博游戏中输赢次数问题的论文,后来写成巨著《猜度术》,这本书在他死后 8 年,即 1713 年才得以出版。

最为人们津津乐道的轶事之一，是雅各布醉心于研究对数螺线，这项研究从 1691 年就开始了。他发现，对数螺线经过各种变换后仍然是对数螺线，如它的渐屈线和渐伸线是对数螺线，自极点至切线的垂足的轨迹，以极点为发光点经对数螺线反射后得到的反射线，以及与所有这些反射线相切的曲线（回光线）都是对数螺线。他惊叹这种曲线的神奇，竟在遗嘱里要求后人将对数螺线刻在自己的墓碑上，并附以颂词"纵然变化，依然故我"，用以象征死后永生不朽。

2. 约翰·伯努利

约翰·伯努利

雅各布·伯努利的弟弟约翰·伯努利（Johann Bernoulli）比哥哥小 13 岁，1667 年 8 月 6 日生于巴塞尔，1748 年 1 月 1 日卒于巴塞尔，享年 81 岁。

约翰的数学成果比雅各布还要多。例如解决悬链线问题（1691 年），提出洛必达法则（1694 年）、最速降线（1696 年）和测地线问题（1697 年），给出求积分的变量替换法（1699 年），研究弦振动问题（1727 年），出版《积分学教程》（1742 年）等。

约翰的另一大功绩是培养了一大批出色的数学家，其中包括 18 世纪最著名的数学家欧拉、瑞士数学家克莱姆（Cramer）、法国数学家洛必达（L'Hopital），以及他自己的儿子丹尼尔和侄子尼古拉二世等。1691 年他到达巴黎，在那里他会见了洛必达，为洛必达讲授微积分，并开始写作微积分的有关著作。洛必达 1696 年把约翰·伯努利的资料汇进他的微积分课本（也是世界上第一本微积分课本），书中给出的求"0/0 型"未定式极限的被人们称为是"洛比达法则"的实际上是约翰的成果。

3. 丹尼尔·伯努利

丹尼尔·伯努利

丹尼尔·伯努利(Daniel Bernoulli)是约翰的第二个儿子,是这个家族中最杰出的一位。他1700年2月8日出生在荷兰的格罗宁根,1782年3月17日卒于瑞士的巴塞尔。

在伯努利家族中,丹尼尔是涉及科学领域较多的人。他出版了经典著作《流体动力学》(1738年),研究弹性弦的横向振动问题(1741—1743年),提出声音在空气中的传播规律(1762年)。他的论著还涉及天文学(1734年)、地球引力(1728年)、湖汐(1740年)、磁学(1743年、1746年),振动理论(1747年)、船体航行的稳定(1753年、1757年)和生理学(1721年、1728年)等。凡尼尔的博学成为伯努利家族的代表。

1734年,丹尼尔荣获"巴黎科学院奖金",以后又10次获得该奖金。能与丹尼尔媲美的只有大数学家欧拉。丹尼尔和欧拉保持了近40年的学术通信,在科学史上留下一段佳话。

丹尼尔于1747年当选为柏林科学院院士,1748年当选为巴黎科学院院士,1750年当选为英国皇家学会会员。他一生获得过多项荣誉称号。

评论:伯努利家族的成功,对我们具有重要的启示。

首先,家族的数学传统与数学学习。伯努利家族的8位数学家有一个共同的特点,即他们最初都不是从事数学的,有从经商、从医或做律师开始,到最终走上从事数学的生涯,并成为著名数学家。父辈们的要求并没有约束或压抑住他们,他们的数学热情、兴趣,数学的天才以及这个家庭的良好的数学传统的熏陶成为他们成功的主客观原因。善于和勤于学习,是他们成功的又一重要方法。雅各布还养成了记学术日记的习惯,他把这些学术日记称为"沉思录"(Meditaione),这一习惯他保持终生。

其次,学术交流与学术碰撞。伯努利家族的成员们,在17—18世纪的100多年间,与当时的数学家和科学家建立了广泛的通信联系,在通信中他们交流学术思想、学术观点,进行学术的辩论,相互促进,提高了他们的学术水平,促进了数学的发展与完善。据记载,雅各布与莱布尼茨的通信有21封,而约翰与莱布尼茨的通信有275封,他还与100多位学者有通信联系,全部的学术通信将近2500封。在学术争论与碰撞中,最引人注目的是雅各布与约翰兄弟之间。约翰开始跟哥哥雅各布学习数学,很快成才,由于约翰对"悬链线"等问题的解决,使他产生了骄傲情绪,他急于要显示自己的数学才能,于1696年6月,在《教师学报》上向欧洲数学家挑战,提出了一个难题,即"最速降线问题",最终牛顿、雅各布及约翰都给出了不同的解法。时过境迁,当时的某些具体细节也许我们无法还原,但这些问题的提出、争论及解决,却促使雅各布和约翰成为新的数学分支——变分法的重要奠基者。

再有,在继承的基础上大胆创新。17世纪至18世纪,整个数学思想方法曾经过两次重大的转折。一次是从常量数学到变量数学的转折,以"坐标几何"、微积分学的萌发,成长为主要标志;另一次是从必然数学到或然数学的转折,以"概率论"的产生为标志。与当时的整个数学思想方法处于上述转变时期相契合,伯努利家族主要成员,在思想方法上的改进、突破,也主要体现在坐标几何、微积分、概率论等几个方面。他们继承和发展了这些尚不成熟的思想,使之完善。因此雅各布和约翰兄弟才能成为继牛顿、莱布尼茨之后,微积分的两个最重要的奠基者。

10. 欧拉

欧拉

1. 少年天才

欧拉（Euler，1707—1783）于 1707 年出生在瑞士的巴塞尔一个牧师家庭，父亲保罗·欧拉是基督教加尔文宗的牧师。保罗·欧拉早年在巴塞尔大学学习神学，后娶了一位牧师的女儿玛格丽特·布鲁克，也就是欧拉的母亲。欧拉是他们 6 个孩子中的长子。在欧拉出生后不久，他们全家就从巴塞尔搬迁至郊外的里恩，在那里欧拉度过了他童年的大部分时光。欧拉最早是从他的父亲那里接触到一些数学，后来欧拉搬回巴塞尔和他的外祖母住在一起，并在那里开始了他的正式学业。在中学时期，由于欧拉所在的学校并不教授数学，他便私下里从一位大学生那里学习。欧拉 13 岁时进入了巴塞尔大学，主修哲学和法律，但在每周星期六下午便跟当时欧洲最优秀的数学家约翰·伯努利学习数学。欧拉后来常常回忆起与他的老师伯努利在一起的这段时光。

欧拉于 1723 年取得了他的哲学硕士学位，学位论文的内容是笛卡儿哲学和牛顿哲学的比较研究。之后，欧拉遵从了他父亲的意愿进入了神学系，学习神学、希腊语和希伯来语（欧拉的父亲希望欧拉成为一名牧师），但最终约翰·伯努利说服欧拉的父亲允许欧拉学习数学，并使他相信欧拉注定能成为一位伟大的数学家。1726 年,欧拉完成了他的博士学位论文,内容是研究声音的传播。1727 年,欧拉参加了法国科学院主办的有奖征文竞赛,当年的问题是找出船上的桅杆的最优放置方法。结果他得了二等奖,一等奖为被誉为"舰船建造学之父"的皮埃尔·布格(Pierre Bouguer)所获得,不过后来欧拉在他一生中一共 12 次赢得该奖项一等奖。

评论:选择适合自己的专业才是将来成才的关键,有兴趣才能有动力去取得更大的成就。

2. 失明之后

1727 年,欧拉成为俄国圣彼得堡科学院的成员。当时,俄国建立科学院,是为了与巴黎和柏林的科学院相匹敌,以实现彼得大帝的梦想。在移居俄国的学者中,有一位是约翰的儿子丹尼尔·伯努利。通过丹尼尔的影响,欧拉谋得了职位。由于自然科学方面没有空缺,欧拉只能就任医学和生理学方面的职位。1733 年,数学教授丹尼尔·伯努利辞职返回瑞士,欧拉接替了丹尼尔的职位。

当时,欧拉已显示出后来成为他整个数学生涯鲜明特征的过人精力和巨大创造力。虽然在 18 世纪 30 年代中期,欧拉的右眼失明,而且,不久就完全失明,但是,伤残并没有影响他的科学研究。他不屈不挠,解决了多个数学领域(如几何学、数论和组合)及应用领域(如机械学、流体动力学和光学)中的种种疑难问题。只要想象一下一个人在失明后还要向世界揭示光学的奥秘,我们就会受到强烈的感染和激励。

1741 年,欧拉离开了圣彼得堡科学院,并应腓特烈大帝的邀请,成为柏林科学院院士。在一定程度上,他离开俄国是因为他不喜欢沙皇制度的压抑。但遗憾的是,柏林的情况也并不理想。腓欧拉于俄国叶卡捷琳娜二世在位期间应邀返回了圣彼得堡。他后来一直住在俄国,直到十七年后逝世。

欧拉的同时代人称他是一个善良和宽宏大量的人,他喜欢自己种菜和给他 13 个孩子讲故事。甚至在 1771 年,欧拉的另一只眼睛也失明后,他仍然保持着这种温良的性格。尽管欧拉双目全盲,而且经常疼痛,但他依然坚持向他的助手口授他奇妙的方程和公式,在助手的帮助下,继续从事数学著述。正如失聪没有阻碍下一代的路德维希·冯·贝多芬的音乐创作一样,失明也同样没有阻碍李昂纳德·欧拉的数学探索。

欧拉的整个数学生涯,始终得益于他惊人的记忆力。对此,我们只能称他为超人。他在进行数论研究时,不但能够记住前 100 个素数,而且还能记住所有这些素数的平方、立方,甚至四次方、五次方和六次方。欧拉可以很轻松地背

诵出诸如 241^4 或 337^6 的数值,而其他人却要忙着查表或笔算。但这还只是他显示非凡记忆力的一些小把戏。他能够进行复杂的心算,其中有些运算要求他必须要记住 50 位小数!法国物理学家弗朗索瓦·阿拉戈(François Arago)说,欧拉计算时似乎毫不费力,"就像人在呼吸,或鹰在翱翔一样轻松"。除此以外,欧拉还能够记住大量的论据、引语和诗歌,包括维吉尔(Virgil)的《埃涅阿斯纪》全篇,这部史诗是欧拉幼年时诵读的,时隔 50 年后,他依然能够一字不差地背出全文。任何一位小说作家都不敢编造出一个具有如此惊人记忆力的人物。

评论:惊人的记忆力是欧拉失明之后科学研究的重要支撑,而他对数学的热爱才是能"轻松"记住这些内容的关键。

3. 浩如烟海的著作

任何人在谈到欧拉的数学时,都会提到他的《全集》,这是一部 73 卷的文集。这部文集汇编了他一生分别用拉丁文、法文和德文撰著的 886 卷书和文章。他的著作数量极多,产出速度极快,甚至在他完全失明后也是如此。其著作和论文中分析、代数、数论占 40%,几何占 18%,物理和力学占 28%,天文学占 11%,弹道学、航海学、建筑学等占 3%,彼得堡科学院为了整理他的著作,足足忙碌了 47 年。

如前所述,欧拉并未将他的工作局限于纯数学领域。相反,他广泛涉猎声学、工程学、机械学、天文学等许多领域,甚至还写有三卷著作,专门论述光学仪器,如望远镜和显微镜。虽然听来令人难以相信,但据估计,如果有人清点 18 世纪后 70 几年中的所有数学著作,那么,其中大约有三分之一出自欧拉之手。

欧拉是科学史上最多产的一位杰出的数学家,据统计他那不倦的一生,共写下了 886 本书籍和论文,如果你在图书馆里,站在收藏欧拉著作的书架前,一个书架一个书架地看去,其著述洋洋大观,令人惊叹。这成千上万页文字,涉及从变分法、图论,到复变函数和微分方程等数学的所有分支,它们指引了数学各个领域的新方向。实际上,数学的每个分支都有欧拉创立的重要定理。因此,我们可以在几何学中找到欧拉三角,在拓扑学中找到欧拉示性函数,在图论中找到欧拉圆,还不要说使人目不暇接的欧拉常数、欧拉多项式、欧拉积分等名目了。即使这些还只是故事的一半,因为人们一向记于他人名下的许多数学定理,实际上却是欧拉发现的,并深藏于他卷帙浩繁的著述中。有一则似假还真的趣话说道:

"……法则和定理的命名,常有喧宾夺主的事情,否则,有半数应署上欧拉的名字。"

欧拉所有著作的论述都非常清楚易懂,并且,他所选用的数学符号,都是为了将他的意思表达得更加清晰明了，而不是含混不清。对于今天的读者来说，欧拉的数学著述，堪称是最早一些具有现代数学意味的著述；这当然不仅是因为他使用了现代数学符号。而且，还因为他的影响十分深远，所有后来的数学家都采用了他的文体、符号和公式。并且，欧拉在写作时，想到了并非所有读者都能像他那样，具有惊人的学习数学的能力。欧拉不是以往那类数学家，他们虽然对问题有深邃的见解，但却无法把自己的意思传达给旁人。相反，他深深地喜爱教学。法国数学家孔多塞在谈到欧拉时有一句精辟的话："他喜欢教诲他的学生，而不是从炫耀中求取满足。"这正是对一个人的高度赞美，因为欧拉如果喜欢炫耀，他的数学才干确实足以令任何人吃惊。

1783 年 9 月 7 日，欧拉溘然长逝。尽管他已双目失明，但直至他逝世前，他一直在进行数学研究。据说，在他生命的最后一天，他还在与他的孙子们一起游戏并讨论有关天王星的最新理论。对于欧拉来说，死神来得非常突然，用孔多塞的话说，"他终止了计算和生命"。欧拉被埋葬在他曾居住过的圣彼得堡，他曾断断续续地在那里度过了许多美好的时光。

评论：热爱教育，热爱数学，热爱生活。这就是欧拉。

结语：在漫长的数学史中，欧拉的遗产是无与伦比的。他博大精深和空前丰富的著述令人叹为观止。欧拉厚厚的 70 多卷文选，如此深远地改变了数学的面貌，足以证明这位谦和的瑞士人的非凡天才。

名言：

读读欧拉，读读欧拉，他是我们大家的老师。

——拉普拉斯

11. 拉格朗日

拉格朗日

1. 小试牛刀

约瑟夫·拉格朗日(Lagrange,1736—1813),法国著名数学家、物理学家。1736 年 1 月 25 日生于意大利都灵,1813 年 4 月 10 日卒于巴黎。他在数学、力学和天文学三个学科领域中都有历史性的贡献,其中尤以数学方面的成就最为突出。

拉格朗日父亲是法国陆军骑兵里的一名军官,后由于经商破产,家道中落。据拉格朗日本人回忆,如果幼年时家境富裕,他也就不会做数学研究了,因为父亲一心想把他培养成为一名律师。拉格朗日个人却对法律毫无兴趣。父亲有一条家规:必须有一子继任他的职业,拉格朗日也不反对。但到了青年时代,在数学家雷维里的教导下,拉格朗日喜爱上了几何学。17 岁时,他读了英国天文学家哈雷的介绍牛顿微积分成就的短文《论分析方法的优点》后,感觉到"分析才是自己最热爱的学科",从此他迷上了数学分析,开始专攻当时迅速发展的数学分析。

18 岁时,拉格朗日用意大利语写了第一篇论文,是用牛顿二项式定理处理两函数乘积的高阶微商,他又将论文用拉丁语写出寄给了当时在柏林科学院任职的数学家欧拉。不久后,欧拉回信告知他这一成果早在半个世纪前就被莱布尼茨取得了。并鼓励他涉猎更多数学著作。这个并不幸运的开端并未使拉格朗日灰心,相反,更坚定了他投身数学分析领域的信心。

评论:欧拉的鼓励是拉格朗日继续从事数学的动力。当一个人功成名就,应该更多地考虑如何去扶持年轻人尽快成才。个人的兴趣、名师的指引都是青年人成才的关键。

2. 名满天下

1755 年拉格朗日 19 岁时,在探讨数学难题"等周问题"的过程中,他以欧拉的思路和结果为依据,用纯分析的方法求变分极值。第一篇论文《极大和极小的方法研究》发展了欧拉所开创的变分法,为变分法奠定了理论基础。变分法的创立,使拉格朗日在都灵声名大振,并使他在 19 岁时就当上了都灵皇家炮兵学校的教授,成为当时欧洲公认的第一流数学家。1756 年,受欧拉的举荐,拉格朗日被任命为普鲁士科学院通讯院士。

1764 年,法国科学院悬赏征文,要求用万有引力解释月球天平动问题,他的研究获奖。接着又成功地运用微分方程理论和近似解法研究了科学院提出的一个复杂的六体问题(木星的四个卫星的运动问题),为此又一次于 1766 年获奖。

1766 年德国的腓特烈大帝向拉格朗日发出邀请时说,在"欧洲最大的王"的宫廷中应有"欧洲最大的数学家"。于是他应邀前往柏林,任普鲁士科学院数学部主任,居住达 20 年之久,开始了他一生的科学研究。其中有关月球运动(三体问题)、行星运动、轨道计算、两个不动中心问题、流体力学、数论、方程论、微分方程、函数论等方面的成果,成为这些领域的开创性或奠基性研究.此外,还在概率论、循环级数以及一些力学和几何学课题方面有重要贡献.他还翻译了欧拉和 A. 棣莫弗(De Moivre)的著作。在此期间,他完成了《分析力学》一书,这是牛顿之后的一部重要的经典力学著作。书中运用变分原理和分析的方法,建立起完整和谐的力学体系,使力学分析化了。他在序言中宣称:力学已经成为分析的一个分支。

1783 年,拉格朗日的故乡建立了都灵科学院,他被任命为名誉院长。1786 年腓特烈大帝去世以后,他接受了法王路易十六的邀请,离开柏林,定居巴黎,直至去世。

评论:拉格朗日最突出的贡献是在把数学分析的基础脱离几何与力学方面

起了决定性的作用。使数学的独立性更为清楚,而不仅是其他学科的工具。同时在使天文学力学化、力学分析化上也起到了历史性作用,促使力学和天文学(天体力学)更深入发展。大学学过微积分的同学应该都不会忘记以他名字命名的"拉格朗日中值定理"。

　　结语:拉格朗日是 18 世纪的伟大数学家,拿破仑曾称赞他是"一座高耸在数学界的金字塔"。

12. 高斯

高斯

1. 正十七边形

高斯(Gauss,1777—1855)是一对普通夫妇的儿子。他的母亲是一个贫穷石匠的女儿,虽然十分聪明,但却没有接受过教育,近似于文盲。他的父亲曾做过园丁、工头、商人的助手和一个小保险公司的评估师。高斯三岁时便能够纠正他父亲的借债账目的事情,已经成为一个轶事流传至今。

还有一个家喻户晓的故事,高斯用很短的时间计算出了小学老师布置的任务:对自然数从 1 到 100 的求和。他所使用的方法是:对 50 对构造成和为 101 的数列求和(1+100,2+99,3+98,…),同时得到结果:5050。这一年,高斯 9 岁。

高斯的老师布吕特纳与他的助手马丁·巴特尔斯很早就认识到了高斯在数学上异乎寻常的天赋,同时卡尔·威廉·费迪南德布伦瑞克公爵也对这个天才儿童有深刻印象。于是他们从高斯 14 岁起便资助其学习与生活。这也使高斯能够在 1792—1795 年在 Carolinum 学院(布伦瑞克工业大学的前身)学习。18 岁时,高斯转入哥廷根大学学习。

1796 年,在德国哥廷根大学,19 岁的高斯得到了数学史上极重要的结果——正十七边形尺规作图的理论和方法。尺规作图是几何学的重要内容之一,用尺规能画出哪些正多边形是数学界延续千年的问题。当时,很多数学家都认为正十七边形是不可能用尺规作图完成的。

高斯的这一发现解决了人类数学史上2 000年来悬而未决的难题,换句话说,上一次人们发现新的正多边形尺规作图法还是在古希腊时期。从此,高斯走上了数学研究的道路,这一年也被人们称为"高斯奇迹年"。值得一提的是,在高斯逝世后,人们按照他的遗嘱,在他的雕像下建造了正十七边棱柱的底座,来纪念他的伟大发现。

评论:高斯的天才能力自不必说,在其成长过程中碰到的伯乐也是他能快速成长的关键。这也许能给我们教书育人的教师更多的启示,如何启发引导学生才能让学生更早的成才、更好的成长?

2. 谷神星的发现

谷神星于1801年被意大利天文学家皮亚齐发现,但因病他耽误了观测,从而失去了这颗小行星的轨迹。皮亚齐以希腊神话中的"丰收女神"(Ceres)对它命名,称为谷神星(Planetoiden Ceres),并将自己以前观测的数据发表出来,希望全球的天文学家一起寻找。通过以前3次的观测数据,时年24岁的高斯使用最小二乘法准确无误地计算出了谷神星的运行轨迹。奥地利天文学家根据高斯计算出的轨道成功地发现了谷神星。高斯将这种方法发表在其著作《天体运动论》中,这一方法也帮助人类在1864年发现了太阳系第八颗行星——海王星。

评论:高斯通过数学计算得出了谷神星的运行轨迹,再次向世人证明了"数学的力量"。现在很多初高中及大学的同学并不知道所学数学的用途,因为他们更多的还是停留在理论层面,没有看到数学在实际当中强大的工具作用。如何将理论与实际结合,其实也是教育需要解决的一个很重大的课题。

结语:高斯的研究涉及十多个领域,其中数学占了一半以上。高斯一生勤勉好学,几乎没有娱乐时间,科学研究之外就是广泛阅读多个语种的藏书。他的研究成果也相当丰硕,全世界以他命名的成果多达110个。爱因斯坦对高斯的评价是:"高斯对于近代物理学的发展,尤其是对于相对论的数学基础所做出的贡献,其重要性是超越一切、无与伦比的。"

13. 柯西

柯西

1. 成长历程

柯西（Cauchy，1789—1857）出生在巴黎，其父为拿破仑政权上议院秘书长，巴黎大学法学院高才生。朋友中有拉格朗日和拉普拉斯等顶尖数学家。柯西小时候，他们曾经去过他家并夸奖道："此子必将是一个了不起的人才。"

柯西16岁考上巴黎理工大学，就读于道路桥梁学院，20岁时曾获该校桥梁工程大奖，毕业后在拿破仑港当工程师。当时携带了拉格朗日的《解析函数论》和拉普拉斯（Laplace）的《天体力学》，业余时间阅读了相关的著作，后来还陆续收到从巴黎寄出或从当地借得的一些数学书。22岁发表了第一篇数学论文，第二年又发表了一篇数学论文，当时著名的数学大师勒让德（Legendre）对这两篇文章非常欣赏。

20多岁的柯西面临两个选择，继续工程技术行业或者从事数学研究。最终遵循了自己内心的爱好，选择了数学，26岁就回到母校任教，同时当选为巴黎科学院院士。

柯西在数学上的最大贡献是在微积分中引进了极限概念，并以极限为基础建立了逻辑清晰的分析体系。这是微积分发展史上的精华，也是柯西对人类科学发展所做的巨大贡献。1821 年柯西提出极限定义的方法,把极限过程用不等式来刻画,后经魏尔斯特拉斯改进,成为现在所说的柯西极限定义或叫 $\varepsilon-\delta$ 定义。当今所有微积分教科书都还(至少是在本质上)沿用着柯西等人关于极限、连续、导数、收敛等概念的定义。他对微积分的解释被后人普遍采用。

评论:大学生应该尽快确定自己的未来方向,才能在自己适合的领域有一番成就。柯西在回母校当教授时说:"我像是找到自己河道的鲑鱼一般地兴奋。"

2. 人无完人

据说柯西虽然待人彬彬有礼,但与科学院的同事关系冷淡,显得十分孤立怪诞,有人说柯西是数学史上"最不可爱的科学家之一"。另外柯西对年轻有为的天才数学家态度冷漠,没有给予应有的提携和帮助。例如,由于柯西"失落"了才华出众的年轻数学家阿贝尔(Abel)与伽罗瓦(Galois)的开创性的论文手稿,造成群论晚问世约半个世纪。

评论:我们应该学习其孜孜不倦、勤奋工作的优点,避免其缺点。

结语:1857 年 5 月 23 日柯西在巴黎病逝。他临终的一句名言"人总是要死的,但是,他们的业绩永存。"长久地叩击着一代又一代学子的心扉。

14. 阿贝尔

阿贝尔

1. 出生寒门

阿贝尔(Abel,1802—1829)生于挪威奥斯陆,父亲是一位牧师。阿贝尔因家贫无法上学,直到 13 岁得到一笔奖学金才进入一所教会学校。15 岁教会来了一位数学老师洪宝,激发了阿贝尔学习数学的兴趣。他自学了高数,在中学阶段就开始读欧拉、高斯的著作。当时三次及四次方程的解法已经给出近三百年的时间,很多数学家都在寻求高次方程的解法。阿贝尔也小试牛刀,给出了五次方程的解法。后来邮寄给丹麦著名的数学家德根(F. Degen),德根回信建议其用实例进行验证,并说:"即使你得到的结果最终证明是错误的,但已经显示出你是一个有数学才能的人。"后来阿贝尔验证发现结果果然错误,但得到肯定的他仍然对数学充满了兴趣,也获得了更多的信心。

评论:学生应该去尝试原创性的东西,而且要对自己有信心。坚定信心去做才有可能成功。

2. 大学科研

19 岁在洪宝的资助下阿贝尔进入奥斯陆大学。经过一段时间学习,21 岁的他反其道而行之,写出《论代数方程——证明一般五次方程的不可解》。因为觉得结果重要,就自费出版,为省钱压缩至 6 页,并邮寄给了高斯。高斯也不相信一个大学生可以解决困扰数学界 300 年的难题,因此并没有重视。导致这篇重要的论文没有及时发表。

评论:坚持自己的梦想,坚持原创性的成果,将来才有大的成就。即使像阿贝尔当年一样,没能马上得到认可,但仍不可磨灭他在数学史上浓墨重彩的一笔。

3. 良师益友

如果说洪宝是一位良师,那么 22 岁毕业后的阿贝尔在柏林遇到的克列尔才是他一生的挚友。克列尔是一位工程师建筑师,出于对数学的兴趣,自学数学并获得了博士学位。他非常欣赏阿贝尔的才华。也是因为对数学的热爱,他创立了一本数学杂志,创刊初期发表的就是阿贝尔的论文。

24 岁,阿贝尔椭圆函数的论文投稿至法国科学院,文章落入柯西手中,但被丢在了一边。后来发表在了克列尔的杂志上。同年雅可比(Jacobi)也发表了类似的成果。雅各比注意到了这件事情,后来发现阿贝尔又发表了一篇水平更高的文章,雅各比就非常佩服,甘拜下风。在得知阿贝尔曾经将此成果投稿至法国科学院但并未得到回复,因此替阿贝尔抱不平,法国科学院得知此事才去寻找,最后在天棚上找到了此篇论文。

经过一系列的事情之后,大家认识到阿贝尔所做成果的重要性,在阿贝尔27 岁时,柏林大学向阿贝尔发出聘书,邀请他到柏林大学任教,但当聘书到达挪威时,阿贝尔已经于两天前病故了。

评论:雅各比高尚的品格让我们敬佩,大家需要有这样的胸怀,才能成为真正的大家。

结语:挪威首都奥斯陆皇家公园竖立着一尊阿贝尔的雕像,象征着他在数学上的卓越贡献,与世长存。2001 年,为了纪念挪威著名数学家阿贝尔二百周年诞辰,挪威政府宣布将开始颁发阿贝尔奖(Abel Prize),并拨款 2 亿挪威克朗(约合 2 200 万美元)作为启动资金。自 2003 年起,一个由挪威自然科学与文学院的五名数学家院士组成的委员会负责宣布获奖人。奖金的数额大致同诺贝尔奖相近。设立此奖的一个原因也是因为诺贝尔奖没有数学奖项。扩大数学的影响,吸引年轻人从事数学研究则是设立阿贝尔奖的主要目的。2003 年 3 月 23 日,第一个获奖人名宣布,六月奖金第一次正式颁发。2019 年 3 月,诞生首位女性获奖者——美国普林斯顿大学的高级访问研究学者凯伦·乌伦贝克。

15. 伽罗瓦

伽罗瓦

1. 大师名著

伽罗瓦(Galois,1811—1832)生于巴黎,父亲当过拉赖因堡市市长,母亲是法官的女儿。12 岁进入皇家中学就读,15 岁阅读拉格朗日、高斯、柯西、阿贝尔等人的著作,他曾说:"最有价值的教科书是著者在书中明白指出了他不明白的东西,遗憾的是,这还是很少被人们所认识,作者由于掩盖难点,大多害了他的读者。"他读名家著作的两大收获:一是这是走向科学发展前沿的最佳途径,二是找到了创新的源头。伽罗瓦最大的贡献是系统化地阐释了为何五次以上之方程式没有公式解,而四次以下有公式解。而他给出的置换群的概念也是受拉格朗日总结三四次方程时提到的"解三次方程,需先解一个二次辅助方程;解四次方程,需先解一个三次辅助方程"的启发。

评论:早一点读大师著作,早一点进入研究领域,对大学生成长是有帮助的。很多高校"大一年度项目",其实起到的作用就是这个。

2. 坎坷投稿

17 岁时,伽罗瓦提交 4 篇文章到法国科学院,由柯西、泊松(Poisson)审查,但会议上柯西却找不到论文,因此最后不了了之。19 岁又投稿 2 篇,审稿人是法国科学院院士傅里叶(Fourier),但开会前两天傅里叶不幸去世,文章又不知所踪。后泊松注意到了这个问题,让伽罗瓦重新写了一份,这份珍贵的手稿《关于用根式解方程的可解性条件》也有幸保存至今,但泊松当时并未完全理解,后来伽罗瓦因为个人原因导致论文的事情暂时搁置,直至过世也无人理解其理论内容。

评论:伽罗瓦首创概念过于超前,很多人难于理解。他去世14年后法国数学家刘维尔(Liouville)将此文章正式发表,但仍很少人懂。38年后法国数学家约当(Jordan)依靠其置换群思想,写了一本书,对传播其理论起到了推动作用。直到此时人们才意识到他开创性的贡献。

结语:现如今伽罗瓦住过的故居所在街道已经改名"伽罗瓦街",他诞生和居住过房屋正面,竖起一块纪念碑,上面写着:

法国著名数学家埃瓦里斯特·伽罗瓦生于此。
卒年21岁(1811—1832)。

扩展阅读12:三次方程解法之卡丹公式

1. 童年经历

卡丹(Cardano,1501—1576)数学史上的怪杰之一。出生于意大利的帕维亚,在其自传中提到,他是米兰一个律师的私生子,母亲是一位没有文化、性情暴躁的寡妇,因此童年异常悲惨,经常受旁人的歧视。19岁那年卡丹考入帕维亚大学学医,25岁获得博士学位,数学是在业余时间自学,但却成就斐然。33岁获聘米兰大学数学教授,同时还在米兰市行医。当时在数学与医学两个领域都名声显赫。

评论:现如今大学一直有双学位的辅修,每个人辅修的目的也许不同,有的把辅修作为了未来的主修,有的只是为了扩展知识面。卡丹的经历告诉我们,只要努力,两个领域都可以做得非常出色。

2. 卡丹公式

卡丹性格怪癖,行迹不轨,居才自傲,69岁还因亵渎耶稣的罪名入狱,但这些依然不影响其数学方面伟大的成就。概率论的原始著作《赌博论》就是由卡丹出版的,还有虚数的概念也是由卡丹最早提出的。其最有影响力的当然是三次方程求根公式的证明。其实最早三次方程求根公式是意大利另一位数学家塔塔利亚(Fontana)首先发现的,但他并未给出这个公式的证明。

后来卡丹在其代表作《大术》中公布了此公式,并公开宣布"我的朋友塔塔利亚享有如此优异的、绝妙的、超人的聪明和人类精神的全部才能的这样一种发现的荣誉"。但后人却将此公式误称为"卡丹公式",并延续至今。这也在当时引起了塔塔利亚的愤怒,历史上的恩怨我们不置可否,但无论如何,此公式的公布对数学的发展都起了推动的作用。

评论:数学史上也总有各种争议的事情发生。作为大学生,将来成就固然是很重要,但更重要的是如何做人,做一个学术品德高尚的人,才能得到所有人的尊重,也才能真正流传千古。

结语:他不是鼎鼎大名备受推崇的数学大师,但他却是文艺复兴时期举足轻重的数学家;他不是身世清白研究专一的纯粹学者,但他坎坷离奇跌宕起伏的经历令人唏嘘;他称不上是光明磊落令人尊敬的谦谦君子,但他对于数学的执着、领悟和贡献却有据可查毋庸置疑。

扩展阅读13:三次方程解法之塔塔利亚公式

1. 自学成才

塔塔利亚(1499—1557),原名尼科洛·方塔纳(Nicolo Fontana),意大利数学家,幼年时法国士兵占领了他的家乡,父亲被打死,他的颈部和舌头被法国士兵砍伤,致使他的一生丧失了准确说话的能力,所以人们叫他"塔塔利亚",意思是"发音不清楚的,结巴的",一般叫他"大结巴"。但随着时间的推移,人们都只记住了"塔塔利亚"这个名字,他的真名反而没有多少人知道了。塔塔利亚因家境贫困,没有受到正规的学校教育,全靠自学。他天资聪慧,勤奋好学,终于掌握了拉丁文、希腊文和数学。他发表的一些论文,思路奇特,见地高远,表现了作者相当深的数学造诣。

评论:自学成才的人更多地依仗自己的毅力和勤奋。

2. 潜力激发

1535年,塔塔利亚宣布,他发现了三次方程的解法,当时的数学家弗里奥勃然大怒,表示不服。原来,弗里奥是波洛尼亚大学数学教授费尔洛的得意门生。费尔洛教授有一样镇山之宝,那就是一些三次方程的解法。费尔洛临终前把他的心爱之物传给他的高徒弗里奥。于是弗里奥立时向塔塔利亚下了战表,约定1535年2月22日在意大利的米兰市公开进行数学竞赛。届时,双方各出三十道问题,谁解得最多、最快、最正确,谁就获胜。

塔塔利亚开始比较紧张,因为他清楚,三次方程也只能解一些特殊情况。不过,塔塔利亚很快就镇静下来,闭门不出,苦苦思索。正如他自己所说的:"我运用了自己的一切努力、勤勉和技巧,以便得到解这些方程的法则。结果很好,我在规定的期限前十天,就是2月12日,就做到了这一点。"为此,他欣喜若狂,一面熟悉新方法,一面精心构造了三十道只有运用新方法才能解出的问题。比赛那天,塔塔利亚在不到两个小时的时间内,解决了对方的全部问题,终于弗里奥以6:30败下阵来。

塔塔利亚深知,虽然他胜了弗里奥,但方法仍不完善,从此他更热心地研究三次方程。到1539年,他才真正得到了一般三次方程的解法。

评论:适当的压力也许是激发一个人潜力最好的办法,躺平虽然舒适,但想要取得更大的成就必须要努力。

3. 传承

当时已誉满欧洲的塔塔利亚并不打算把自己的成果立即发表,而是醉心于完成《几何原本》的巨型译作。对众多求教者,则一概拒之门外。那时,在米兰,有一位驰名欧洲的医生卡丹精心于数学,研究过三次方程问题,但无所获,当听到塔塔利亚已得到三次方程的解法时,希望能分享这一成果。卡丹的勤奋、刻苦、真诚使塔塔利亚似乎见到了自己幼年的影子,他破例收卡丹为徒。后来,卡丹再三恳求并庄严地起誓:我任何时候对任何人也不公开这个由于塔先生的友爱而传给我的这些法则和秘密。塔塔利亚深受感动,立刻口传秘法,让卡丹遂了心愿。没过多久,公元1545年,卡丹出身了《大术》一书,书中介绍了三次方程的解法。虽然卡丹标注了发现三次方程解法之人为塔塔利亚,但世人却仍然以为这个方法是他发明的,为了纪念他,就把三次方程的求根公式称为"卡丹公式"了。

《大术》发表第二年,塔塔利亚发表了《种种疑问及发明》一文。谴责卡丹背信弃义,并要求在米兰市与卡丹公开竞赛。双方各出考题,限期半个月交卷。参赛那天,出阵的是卡丹的天才学生费尔拉里(1522—1565)。此时他已经根据三次方程的解法给出了四次方程的解法。果然不出意外塔塔利亚败下阵来。此后,塔塔利亚潜心于代数学的鸿篇巨著。除数学外,他对力学、弹道学、测量学和筑城学都很有研究,这位不善口才的天才数学家于1557年与世长辞,享年

58 岁。

  结语:三次方程与四次方程是人类智慧的结晶,也是一代代数学家传承的过程。我们从中学阶段就在学习的二次方程解法,经过几代数学家们长期不断的努力,我们针对三次、四次,直至 n 次方程,均给出了一个最终的解决方案。纵观方程的数学发展史,不禁让人唏嘘,也让人感叹! 而方程的问题并未终结,随着微积分的诞生又产生了微分方程,其形式及解法更为复杂,仍需年轻的数学家们像老一代数学家一样,不断努力去征服!

16. 罗巴切夫斯基

罗巴切夫斯基

1. 喀山大学校长

罗巴切夫斯基(Lobachevsky,1792—1856)出生于俄国一个贫苦的小职员家庭,7 岁丧父,其母是一位顽强开朗的女性,她竭尽全力培养孩子,把三个孩子都送到喀山中学住校读书。罗巴切夫斯基是次子,年仅 15 岁就凭借着优异的成绩和极高的数学天赋进入喀山大学数学物理系深造。1811 年获得物理数学硕士学位,因成绩突出而留校工作。1814 年任教授助理。1816 年升为额外教授。1822 年成为常任教授。从 1818 年起,罗巴切夫斯基开始担任行政职务,最先被选进喀山大学校委会。1822 年担任新校舍工程委员会委员。1825 年被推选为该委员会的主席。在这期间,还曾两度担任物理数学系主任(1820—1821 年,1823—1825 年)。由于工作成绩卓著,在 1827 年,35 岁的罗巴切夫斯基便担任了喀山大学校长一职。1846 年以后任喀山学区副督学,直至逝世。

在他担任喀山大学校长期间,显示了他卓越的领导管理才能,兴建了当时俄国最大的教学楼、图书馆,还建造了著名的喀山天文台。他亲自担任数学专业的几何课教师,出版了关于教学方法的著作。在他的科学精神与工作热情鼓舞下,喀山大学全体师生团结一致,很快把喀山大学办成了全俄最著名的大学之一。

评论:历史上很多数学家担任过学校校长的职位,罗巴切夫斯基无疑是其中最出色的之一。能35岁就成为大学校长,且在任20余年,确实显示了他卓越的领导才能。每个人成长和发展除了本专业学术能力之外,也许大学期间更应该培养的是其他各个方面的综合能力,这样他未来才能发挥出更大的价值和作用。

2. 非欧几何的创始人

1826年2月23日,罗巴切夫斯基于喀山大学物理数学系学术会议上,宣读了他的第一篇关于非欧几何的论文《几何学原理及平行线定理严格证明的摘要》。这篇首创性论文的问世,标志着非欧几何的诞生。然而,这一重大成果刚一公诸于世,就遭到正统数学家的冷漠和反对。

多位数学造诣较深的专家参加了这次学术会议,其中有著名的数学家、天文学家西蒙诺夫,有后来成为科学院院士的古普费尔,以及后来在数学界颇有声望的博拉斯曼。宣讲论文后,罗巴切夫斯基诚恳地请与会者讨论,提出修改意见。可是,谁也不肯做任何公开评论,会场上一片冷漠。一个具有独创性的重大发现诞生了,那些最先聆听到发现者本人讲述发现内容的同行专家,却因思想上的守旧,不仅没能理解这一发现的重要意义,反而采取了冷淡和轻慢的态度,这实在是一件令人遗憾的事情。

会后,系学术委员会委托西蒙诺夫、古普费尔和博拉斯曼组成三人鉴定小组,对罗巴切夫斯基的论文做出书面鉴定。他们的态度无疑是否定的,但又迟迟不肯写出书面意见,以致最后连文稿也给弄丢了。

1856年2月12日,伟大的学者罗巴切夫斯基走完了他生命的最后一段路程。喀山大学师生为他举行了隆重的追悼会。在追悼会上,他的许多同事和学生高度赞扬他在建设喀山大学、提高民族教育水平和培养数学人才等方面的卓越功绩,可是谁也不提他的非欧几何研究工作,因为此时,人们还普遍认为非欧几何纯属"无稽之谈"。

历史是最公允的,因为它终将会对各种思想、观点和见解做出正确的评价。1868年,意大利数学家贝特拉米发表了一篇著名论文《非欧几何解释的尝试》,证明非欧几何可以在欧氏空间的曲面上实现。这就是说,非欧几何命题可以"翻译"成相应的欧氏几何命题,如果欧氏几何没有矛盾,非欧几何也就自然没有矛盾。

直到这时,长期无人问津的非欧几何才开始获得学术界的普遍注意和深入研究,罗巴切夫斯基的独创性研究也由此得到学术界的高度评价和一致赞美,这时的罗巴切夫斯基则被人们赞誉为"几何学中的哥白尼"。

评论:在科学探索的征途上,一个人经得住一时的挫折和打击并不难,难的是勇于长期甚至终生在逆境中奋斗。罗巴切夫斯基就是在逆境中奋斗终生的勇士。同样,一名科学工作者,特别是声望较高的学术专家,正确识别出那些已经成熟的或具有明显现实意义的科学成果并不难,难的是及时识别出那些尚未成熟或现实意义尚未显露出来的科学成果。我们每一位科学工作者,既应当做一名勇于在逆境中顽强拼搏的科学探索者,又应当成为一个科学领域中新生事物的坚定支持者。

结语:为了纪念这位伟大的数学家,1893 年,在喀山大学树立起了罗巴切夫斯基的塑像。这个雕像至今都在陪伴着每一届喀山大学的学子,在无形中告诉各位学子真理的必要性。这是世界上第一个为数学家雕塑的塑像,罗巴切夫斯基值得这个至高无上的荣誉。

17. 黎曼

黎曼

1. 师徒缘分

黎曼(Riemann,1826—1866)生于 1826 年 9 月 17 日,比高斯刚好小五十岁。他的出生地布列塞伦兹是德国的一个村庄,高斯那个时候正好在这个地区进行土地丈量。

黎曼的父亲是个牧师,家里很贫困,黎曼从小体弱多病,原本也打算做牧师尽早养家糊口,但是他的数学才能让他有了另一个选择。

黎曼从小酷爱数学。他 6 岁时开始学习算术,不仅能解决所有留给他的数学问题,而且还经常提一些问题来捉弄他的兄弟姐妹。10 岁时他跟一位职业教师学习高级算术和几何,很快便超过了老师,常常对一些问题能做出更好的答案。

由于经济拮据,黎曼中学时总是靠步行奔波于家和学校之间,当然没有能力买书。幸运的是,中学校长及时地发现了他的数学才能,考虑到他经济上的困难,校长特许黎曼可以从自己私人藏书室里借阅数学书籍。有一次,黎曼借了一部数学家勒让德的《数论》,这是一部 4 卷本共 859 页的名著,以晦涩难懂著称。黎曼十分珍惜,他如饥似渴地自学起来,6 天之后,黎曼便学完并归还了这本书。校长问他:"你读了几页?"黎曼说:"这是一本了不起的书,我已经全部掌握了。"之后,校长就这本书的内容考他。黎曼对答如流,并且回答得很全面。这个时候,他只有 14 岁。

19 岁按其父亲的意愿进入哥廷根大学攻读哲学和神学,以便将来继承父志也当一名牧师。由于从小酷爱数学,黎曼在学习哲学和神学的同时也听些数学课。当时的哥廷根大学是世界数学的中心之一,一些著名的数学家如高斯、韦伯、斯特尔都在校执教。黎曼被这里的数学教学和数学研究的气氛所感染,决定放弃神学,专攻数学。1847 年,黎曼转到柏林大学学习,成为雅可比、狄利克雷、施泰纳、艾森斯坦的学生。1849 年重回哥廷根大学攻读博士学位,成为高斯晚年的学生。

评论:年少时多多涉猎,对将来成长成才大有裨益。大学期间找到自己的兴趣点,并为之不断努力,是未来取得更大成就的关键。

2. 黎曼几何

黎曼对数学最重要的贡献还在于几何方面,他开创的高维抽象几何的研究,处理几何问题的方法和手段是几何史上一场深刻的革命,他建立了一种全新的后来以其名字命名的几何体系,对现代几何乃至数学和科学各分支的发展都产生了巨大的影响。

1854 年,黎曼为了取得哥廷根大学编外讲师的资格,对全体教员做了一次演讲,该演讲在其逝世后的两年(1868 年)以《关于作为几何学基础的假设》为题出版。演讲中,他对所有已知的几何,包括刚刚诞生的非欧几何之一的双曲几何做了纵贯古今的概要,并提出一种新的几何体系,后人称为黎曼几何。

关于这次重要的演讲,还有一段轶事。当时为了确定论文的选题,黎曼向自己的老师高斯提交了 3 个题目,以便让高斯在其中选定一个。其中第 3 个题目涉及几何基础,这个题目黎曼当时并没有准备多少案头资料,因此从心底里希望高斯不要选中它。可是,高斯对第 3 个题目却深有研究,他已思考这个问题达 60 年之久。出于想看看黎曼对这个深奥的问题会做些什么样的创造性工作,高斯指定第 3 个题目作为黎曼就职演讲论文的题目。

令所有人惊讶的是,经过不到两个月时间的准备,黎曼就做了题为"论作为几何基础的假设"的演讲。这被认为是数学史上发表的内容最丰富的长篇论文,其中提出了一种新的几何体系。该篇论文中一大堆陌生概念,一长串复杂的计算,竟然使被誉为"世界数学中心"的哥廷根大学全体教员除高斯以外一个个眼花缭乱。论文在表述上堪称典范,高斯带着少有的热情在同事面前做了高度评价。

之后,爱因斯坦(Einstein)就是成功地以黎曼几何为工具,才将广义相对论几何化。20世纪的顶尖物理学家波恩曾经说:"这种有限但是无界的空间,是人类对自然界所做的最为伟大的构想之一。"具有讽刺意味的是,波恩以为那是爱因斯坦的想法。因为波恩并不清楚爱因斯坦在宇宙学的研究中,借用了黎曼的思想。现在,黎曼几何已成为现代理论物理必备的数学基础。如今我们回顾历史,他在哥廷根大学的那场就职演讲明显地预示了现代宇宙学的诞生。

评论:数学家所做的虽然是纯理论研究,然而正是这些纯理论,却可能是未来各个学科发展必备的基础知识。因此追求急功近利,并不适合数学这个学科,也不适合人类文明的进步和发展的需要。

3. 黎曼猜想

黎曼1857年晋升为副教授,1859年接替去世的狄利克雷被聘为教授。同年,黎曼发表了《在给定大小之下的素数个数》的论文。这是一篇不到十页、内容极其深刻的论文,他将素数的分布的问题归结为函数的问题,现在称为黎曼函数。黎曼证明了函数的一些重要性质,并简要地断言了其他的性质而未予证明。

在黎曼死后的一百多年中,世界上许多最优秀的数学家尽了最大的努力想证明他的这些断言,并在做出这些努力的过程中为分析创立了新的内容丰富的新分支。如今,除了他的一个断言外,其余都按黎曼所期望的那样得到了解决。

那个未解决的问题现称为"黎曼猜想",是希尔伯特23个问题中的第8个问题,这个问题迄今没有人证明。数论中很多问题的解决有赖于这个猜想的解决。黎曼的这一工作既是对解析数论理论的贡献,也极大地丰富了复变函数论的内容。

因长年的贫困和劳累,黎曼在1862年婚后不到一个月就开始患胸膜炎和肺结核,其后四年的大部分时间在意大利治病疗养。1866年7月20日病逝于意大利,终年39岁。

评论:黎曼是世界数学史上最具独创精神的数学家之一。黎曼的著作不多,但却异常深刻,极富于对概念的创造与想象。黎曼在其短暂的一生中为数学的众多领域做了许多奠基性、创造性的工作,为世界数学建立了丰功伟绩。我们现在所提出的"原创性成果",指的便是诸如黎曼所做的相关的工作,这才是青年人应该努力去奋斗的目标。

结语:黎曼的工作直接影响了19世纪后半期的数学发展,许多杰出的数学家重新论证黎曼断言过的定理,在黎曼思想的影响下,数学许多分支取得了辉煌成就。

扩展阅读 14：非欧几何

非欧几何是非欧几里得几何的简称，就是指罗氏几何和黎曼几何这两种几何。

欧几里得的《几何原本》提出的第五条公设：过已知直线外一点有且仅有一条直线与之平行。长期以来，数学家们发现第五公设和前四个公设比较起来，显得文字叙述冗长，而且也不那么显而易见。

因此，一些数学家提出，第五公设能不能不作为公设，而作为定理？能不能依靠前四个公设来证明第五公设？这就是几何发展史上最著名的，争论了长达两千多年的关于"平行线理论"的讨论。

到了 19 世纪 20 年代，俄国喀山大学教授罗巴切夫斯基在证明第五公设的过程中，他走了另一条路子。他提出了一个和平行公理相矛盾的命题，"过直线外一点有两条直线与之平行"，用它来代替第五公设，然后与欧式几何的前四个公设结合成一个公理系统，展开一系列的推理。最后，罗巴切夫斯基得出两个重要的结论：

第一，第五公设不能被证明。

第二，在新的公理体系中展开的一连串推理，得到了一系列在逻辑上无矛盾的新的定理，并形成了新的理论。这个理论像欧式几何一样是完善的、严密的几何学。

这种几何学被称为罗巴切夫斯基几何，简称罗氏几何。这是第一个被提出的非欧几何学。

几乎在罗巴切夫斯基创立非欧几何学的同时，匈牙利数学家鲍耶也发现了第五公设不可证明和非欧几何学的存在。鲍耶在研究非欧几何学的过程中也遭到了社会的冷漠对待。最终在 1832 年，在他的父亲的一本著作里，以附录的形式发表了研究结果。那个时代被誉为"数学王子"的高斯也发现第五公设不能证明，并且研究了非欧几何。但是高斯不愿意受到当时社会的非议和抨击，因此并没有公开发表自己的研究成果，只是在书信中向自己的朋友表示了自己的看法，也没有公开支持罗巴切夫斯基、鲍耶他们的新理论。

黎曼几何是德国数学家黎曼创立的。黎曼几何是用另外一条规定代替第五公设的，他规定：过直线外一点所有直线都与该直线相交。以此为公理，导出另外一个几何，现在被称为黎曼几何。

欧氏几何、罗氏几何、黎曼几何是三种各有区别的几何。这三种几何各自所有的命题都构成了一个严密的公理体系,各公理之间满足和谐性、完备性和独立性。因此这三种几何都是正确的。

在我们这个不大不小、不远不近的空间里,也就是在我们的日常生活中,欧式几何是适用的;在宇宙空间中或原子核世界,罗氏几何更符合客观实际;在地球表面研究航海、航空等实际问题中,黎曼几何更准确一些。

18. 康托

康托

1. 坎坷的数学人生

1845 年 3 月 3 日,乔治·康托(Cantor,1845—1918)生于俄国的一个丹麦-犹太血统的家庭。1856 年康托和他的父母一起迁到德国的法兰克福。康托深受父亲的影响,对文化和哲学有着浓厚的兴趣,在上中学和大学期间,父亲一直给他的生活和事业提供很多有用的建议。然而,尽管认识到他儿子的数学能力很强,他仍然固执地试图强迫他的儿子从事工程,认为这是一个比数学更有前途的职业。

康托以优异的成绩毕业于达姆施塔特的实科中学,并于 1862 年开始他的大学学习。他先是学习了两年的工程,然后转到瑞士联邦理工学院学习数学。在他父亲死于肺结核的第二年,他得到了一大笔遗产,并转到柏林大学学习。这时柏林大学正在形成一个数学教学与研究的中心。康托很早就向往这所由魏尔斯特拉斯(Weierstrass)占据着的世界数学中心之一。所以在柏林大学,康托受了魏尔斯特拉斯的影响而转到纯粹的数学。他在 1869 年取得在哈雷大学任教的资格,不久后就升为副教授,并在 1879 年升为正教授。

1874 年,康托在《数学杂志》上发表了关于无穷集合理论的第一篇革命性文章。数学史上一般认为这篇文章的发表标志着集合论的诞生。这篇文章的创造性引起人们的注意。在以后的研究中,集合论和超限数成为康托研究的主流,他一直在这方面发表论文直到 1897 年,过度的思维劳累以及强烈的外界刺激曾使康托患了精神分裂症。这一难以消除的病根在他后来 30 多年间一直断断续续影响着他的生活。1918 年 1 月 6 日,康托在哈雷大学的精神病院中去世。

评论:好的大学、好的老师对学生的影响是巨大的,也许没有柏林大学的知名数学家的引导,也不会有未来康托伟大的成就。

2. 伟大的集合论

康托创立了集合论作为实数理论,以至整个微积分理论体系的基础。作为集合论的创立者,康托是数学史上最富有想象力,也最有争议的人物之一。19世纪末他所从事的关于连续性和无穷的研究从根本上背离了数学中关于无穷的使用和解释的传统,从而引起了激烈的争论乃至严厉的谴责。

为了比较清楚地了解康托在集合论上的工作,先介绍一下集合论产生的背景。

集合论在 19 世纪诞生的基本原理,来自数学分析基础的批判运动。数学分析的发展必然涉及无穷过程、无穷小和无穷大这些无穷概念。在 18 世纪,由于无穷概念没有精确的定义,使微积分理论不仅遇到严重的逻辑困难,而且还使无穷概念在数学中信誉扫地。19 世纪上半叶,柯西给出了极限概念的精确描述。在这基础上建立起连续、导数、微分、积分以及无穷级数的理论。正是这 19 世纪发展起来的极限理论相当完美地解决了微积分理论所遇到的逻辑困难。但是,柯西并没有彻底完成微积分的严密化。柯西思想有一定的模糊性,甚至产生逻辑矛盾。

19 世纪后期的数学家们发现使柯西产生逻辑矛盾的问题的原因在奠定微积分基础的极限概念上。严格地说柯西的极限概念并没有真正地摆脱几何直观,确实地建立在纯粹严密的算术的基础上。于是,许多受分析基础危机影响的数学家致力于分析的严格化。在这一过程中,都涉及对微积分的基本研究对象——连续函数的描述。在数与连续性的定义中,有涉及关于无限的理论。因此,无限集合在数学上的存在问题又被提出来了。这自然也就导致寻求无限集合的理论基础的工作。总之,为寻求微积分彻底严密的算术化倾向,成了集合论产生的一个重要原因。

康托最初的证明发表在 1874 年的一篇题为《关于全体实代数数的特征》的文章中,它标志着集合论的诞生。随着实数不可数性质的确立,康托又提出一个新的、更大胆的问题。1874 年,他考虑了能否建立平面上的点和直线上的点之间的一一对应。从直观上说,平面上的点显然要比线上的点要多得多。康托自己起初也是这样认识的。但三年后,康托宣布:不仅平面和直线之间可以建立一一对应,而且一般的 n 维连续空间也可以建立一一对应。这一结果是出人意料的。就连康托本人也觉得"简直不能相信"。然而这又是明摆着的事实,它说明直观是靠不住的,只有靠理性才能发现真理,避免谬误。

集合论虽然建立起来,但是集合论的内在矛盾也开始暴露出来。康托自己首先发现了集合论的内在矛盾。他在 1895 年的文章中遗留下两个悬而未决的问题:一个是连续统假说,另一个是所有超穷基数的可比较性。他虽然认为无穷基数有最小数而没有最大数,但没有明显叙述其矛盾之处。一直到 1903 年罗素(Russell)发表了他的著名悖论,集合论的内在矛盾才突显出来,成为 20 世纪集合论和数学基础研究的出发点。

罗素那个著名的悖论就是所谓的"理发师悖论"。

  在小镇有个爱吹牛的理发师。有一天,理发师夸下海口说:"我给镇上所有不自己刮胡子的人刮胡子,而且只给这样的人刮胡子。"

  大家听了直发笑。有人问他:"理发师先生,您给不给自己刮胡子呢?"

  ……

  "这,这……"理发师张口结舌,半晌说不出一句话来。

原来,这个爱吹牛的理发师,已经陷入自相矛盾的窘境。如果他给自己刮胡子,那就不符合他声明的前一半,这样,他就不应当给自己刮胡子;但是,如果他不给自己刮胡子,那又不符合他声明的后一半,所以,他又应当给自己刮胡子。无论刮不刮,横竖都不对。

这是著名英国数学家罗素(Russell)编的一个很有趣的笑话。像理发师这样在逻辑上自相矛盾的言论,叫作"悖论"。罗素的悖论震撼了世界数学界,导致了一场涉及数学基础的危机。

因此康托的成就不仅没有得到应有的评价,反而受到排斥。集合论最激烈的反对者是克罗内克(Kronecker),他认为只有他研究的数论及代数才最可靠。因为自然数是上帝创造的,其余的是人的工作。他对康托的研究对象和论证手段都表示强烈的反对。由于柏林是当时的数学中心,克罗内克又是柏林学派的领袖人物,所以他对康托及其集合论的发展前途的阻碍是非常大的。1891 年,克罗内克去世之后,康托的处境开始好转。

1897 年在第一次国际数学家大会上,瑞士苏黎世理工大学教授胡尔维茨 (Hurwitz)在对解析函数的最新进展进行概括时,就对康托的集合论的贡献进行了阐述。三年后的第二次国际数学大会上,为了捍卫集合论而勇敢战斗的希尔伯特又进一步强调了康托工作的重要性。他把连续统假设列为 20 世纪初有待解决的 23 个主要数学问题之首。希尔伯特宣称"没有人能把我们从康托为我们创造的乐园中驱逐出去"。特别自 1901 年勒贝格积分产生以及勒贝格的测度理论充实了集合论之后,集合论得到了公认,康托的工作获得了崇高的评价。当第三次国际数学大会于 1904 年召开时,"现代数学不能没有集合论"已成为大家的看法。康托的声望已经得到举世公认。

集合论是现代数学中重要的基础理论。它的概念和方法已经渗透到代数、拓扑和分析等许多数学分支以及物理学和质点力学等一些自然科学领域,为这些学科提供了奠基的方法,改变了这些学科的面貌。几乎可以说,如果没有集合论的观点,很难对现代数学获得一个深刻的理解。所以集合论的创立不仅对数学基础的研究有重要意义,而且对现代数学的发展也有深远的影响。

评论:数学的发展最终证明康托是正确的。康托创立的集合论被誉为 20 世纪最伟大的数学创造。集合概念大大扩充了数学的研究领域,给数学结构提供了一个基础。集合论不仅影响了现代数学,而且也深深影响了现代哲学和逻辑。但由于康托过于超前的思想,导致在当时并未得到所有数学家的承认和认可,反而因此给他带来了很多困扰,也让人唏嘘不已。换一个角度,从抨击他的人的角度思考,当我们未来面临新的观点和理念出现的时候,我们又该采用何种处理方式,才能避免历史的悲剧重演呢?也许哈尔滨工业大学"规格严格,功夫到家"的校训才是这个问题最好的解答吧!

结语:两千多年来,科学家们接触到"无穷",却又无力去把握和认识它,这的确是向人类提出的尖锐挑战。康托以其思维之独特,想象力之丰富,方法之新颖绘制了一幅人类智慧的精品——集合论和超穷数理论,令 19、20 世纪之交的整个数学界、甚至哲学界感到震惊。可以毫不夸张地讲,"关于数学无穷的革命几乎是由他一个人独立完成的"。今天集合论已成为整个数学大厦的基础,康托也因此成为世纪之交的最伟大的数学家之一。

19. 庞加莱

庞加莱

1. 全才庞加莱

庞加莱(Poincaré,1854—1912)1854 年出生于法国南锡,父亲是南希大学的医学教授。庞加莱家族人才辈出,他的一个堂弟是法语学院的院士,在 1913—1920 年之间担任法国总统。庞加莱小时候身体不好,由其母欧也妮亲自启蒙教育,1862 年进入南希帝国学校(如今名为庞加莱中学校)上了 11 年学,各科全优,被数学老师称为数学大魔头。庞加莱 1873 年进入巴黎工科学校,1875 年毕业。在巴黎工科学校,庞加莱跟着埃尔米特(Hermite)学数学,成绩依然优异并在 1874 年发表第一篇学术论文《面指标性质的新证明》。1875—1878 年间,庞加莱在巴黎矿业学校学习,1879 年获得采矿工程师学位;同期从巴黎大学毕业,在埃尔米特指导下获得了科学博士学位,论文题目为《论由偏微分方程所定义之函数的性质》。具体说来,庞加莱这是发明了新方法研究偏微分方程的性质,他不仅研究这些方程可积的问题,还是第一个研究这些方程一般几何性质的人。

庞加莱的第一份工作是 1879 年在卡昂大学当讲师。在那里,他得到了一个重要的研究成果,是关于自守函数的。到 1881 年时 27 岁的庞加莱就已经确立了欧洲最伟大数学家的身份。1881年庞加莱转往巴黎大学,在1881—1882年间他发展了新的数学分支——微分方程的定性理论,对于某些微分方程在未求解的情形下就可以获悉关于解的最重要的信息。1883—1897年间庞加莱在巴黎工科学校教授数学分析,1896年获得巴黎大学的数学天文学和天体力学的教席。在巴黎大学他占据的教席还包括力学、数学物理、概率论等。庞加莱备受法国学术界推崇,1886年即当选法国数学学会主席,1900年再次当选,1902年又当选法国物理学会主席。1887年32岁的庞加莱入选了法国科学院,1906年成为其主席,1908年庞加莱还当选法语学院的成员。法语学院也是法国学术机构下设的机构,是涉及法语事务的专门学术团体,始终保持40名成员的规模。1893年,庞加莱加入法国国家标准局,参与时间同步校准的工作,这份工作引导他考虑划分国际时区以及在运动物体间如何进行时间校准的问题,而这是相对论的关键。庞加莱还曾三次当选法国长度标准局主任。物理标准的建立是学(做)物理的起点,庞加莱的相对论成就与在标准局的任职有关。庞加莱以数学家、物理学家的身份闻名于世,但也一直没有放弃他矿业工程师的身份,1881—1885年他负责法国北部铁路的修建,1893年升为矿业集团主任工程师,1910年升为总监。

庞加莱的学术研究起始于1878年,直至他1912年辞世。在这三十四年的科学生涯中,他的研究和贡献涉及数学、物理学、天文学、科学哲学等诸多学科,并且开创了许多新的领域。几乎在每一个新领域,他都相当完整地完成了伟大的理论建树,是20世纪初影响力遍布全世界的一位科学大师。他以其出众的才华、渊博的学识、广泛的研究和杰出的贡献而闻名,赢得了同代人和后辈人的赞誉。美国著名科学史家萨顿曾经这样评价庞加莱:

> 他是我们这个时代最有智慧的人物。

评论:人们会好奇,是什么让庞加莱成为那么富有创造力的天才的? 答案是,天资聪颖、过目不忘以及对科学问题持久的全力以赴。此外,他还有能力、有意识地忙着一个问题时而潜意识里在忙着另一个问题。庞加莱有能力直击问题的核心,包括问题的缘起与具体的细节。庞加莱读别人的文章,都是直奔结果,然后自己构造论证过程。

2.严谨治学的故事

1885年到1886年,斯德哥尔摩出版的《数学学报》(Acta Mathematica)的第六卷上宣布了一项数学科学的悬赏,该项奖金将发给第一个得到 n 体问题一般求解途径的人。1888年5月,庞加莱提交了他的关于三体问题运动稳定性的一般证明的论文。该论文经过大数学家魏尔斯特拉斯和米塔格－累夫勒（Mittag-Leffler）的审查,1889 年 1 月 21 日,庞加莱获得了这笔额度为 2 500 克朗的奖金。

庞加莱的这篇论文准备在《数学学报》上发表。当时出版文章的排印周期相当长,需要从 1889 年 4 月等到 10 月。在排印庞加莱的论文过程中,由米塔格·累夫勒任命的编辑在阅读文章并进行编辑加工时,发现有些段落不够清楚。米塔格·累夫勒把这个问题告诉了庞加莱,并且希望他写一个注记附在论文的后面。当年的秋天,庞加莱才发现论文的另外部分包含了一个严重的错误,并且在 11 月 30 日打电报给米塔格·累夫勒,希望马上停止印刷,以等待改正的信件。

在已经得到了奖金并且又发现了错误的情况下,庞加莱经受着巨大的压力,要在尽可能短的时间内改正这篇论文。但是直至 1890 年 1 月,庞加莱才提交了他的改正论文,而这时登载包含错误论文的《数学学报》也已印好。庞加莱原来的论文是 158 页,而改正后的论文有 270 页之多。为了维护该学报的信誉,杂志的主编米塔格·累夫勒决定将已印好的学报全部收回销毁,重新印发改正后的论文。为此庞加莱不得不支付了 3 585 克朗作为对该杂志的补偿,其数额大大超出了他所得到的奖金。

庞加莱的这项工作实际上就是他后来出版的重要著作《天体力学的新方法》三卷的主要内容,它标志着天体力学和动力系统发展的一个新阶段。论文中最初的错误就是疏忽了对所发生的同宿轨道的处理,在这种情形下所讨论的三体问题可以是不稳定的。人们认为庞加莱的这项工作实际上就是现今所说的"混沌"的最早的研究。

评论:数学问题上出错其实在所难免,即使向庞加莱这样的大师亦是如此。但不管怎样,庞加莱严谨的治学态度却是作为年轻大学生从一开始就最应该学习的。

3. 庞加莱猜想

庞加莱被认为是横跨 19、20 世纪的数学界的领袖人物。他所开拓的方向或提出的问题,在几十年后仍是当代数学的经典。庞加莱发明的自守函数使函数论在 19 世纪大放异彩。他最先系统而普遍地讨论了几何学图形的组合理论,是公认的组合拓扑学的奠基人。而微分方程定性理论是他在微分方程领域中最为杰出的贡献,始终处于庞加莱数学思想的中心地位。此外,代数几何学、数论、代数学、数学基础、非欧几何学等分支的不少研究课题也都源于他的工作。

1895 年,庞加莱发表了论文《位置分析》(Analysis Situs),连同其后发表的五篇补充论文构成了组合拓扑学的主要框架,从而宣告这门新学科的诞生。

1904 年,庞加莱在一篇论文中提出了一个看似很简单的拓扑学的猜想:在一个三维空间中,假如每一条封闭的曲线都能收缩到一点,那么这个空间一定是一个三维的圆球。但 1905 年发现其中的错误,修改为:"任何与 n 维球面同伦的 n 维封闭流形必定同胚于 n 维球面。"后来这个猜想被推广至三维以上空间,被称为"高维庞加莱猜想"。这个猜想一经提出就被列为拓扑学最重要的问题,经过近一百年数学家前赴后继的努力,终于在 2003 年将其完美解决。

大于或等于五维的庞加莱猜想被斯蒂芬·斯梅尔(Stephen Smale)证明,四维的庞加莱猜想被迈克尔·弗里德曼(Micheal L. Friedmann)证明,三维的庞加莱猜想被俄罗斯数学家佩雷尔曼(Perelman)于 2002—2003 年证明。他们分别获得 1966 年、1986 年和 2006 年菲尔兹奖。

评论:庞加莱猜想仅仅是部分解决,都可以得到菲尔兹奖,其重要性可见一斑。从另外一个角度也说明了庞加莱提出问题的重要性。因此能提出一个好的问题,绝对也是数学家能力的体现。

结语:他被公认是 19 世纪后四分之一和 20 世纪初的领袖数学家,是对于数学和它的应用具有全面知识的最后一个人。庞加莱在数学方面的杰出工作对 20 世纪和当今的数学产生极其深远的影响,他在天体力学方面的研究是牛顿之后的一座里程碑,他因为对电子理论的研究被公认为相对论的理论先驱。

扩展阅读 15:庞加莱猜想的证明

20 世纪 30 年代以前,庞加莱猜想的研究只有零星几项。但突然,英国数学家怀特海(Whitehead)对这个问题产生了浓厚兴趣。他一度声称自己完成了证明,但不久就撤回了论文。但是在这个过程中,他发现了三维流形的一些有趣的特例,而这些特例,现在被统称为怀特海流形。

30 年代到 60 年代之间,又有一些著名的数学家宣称自己解决了庞加莱猜想,著名的宾(R. Bing)、哈肯(Haken)、莫伊泽(Moise)和帕帕奇拉克普罗斯(Papakyriakopoulos)均在其中。

1966 年菲尔兹奖得主斯梅尔对庞加莱猜想的五维和五维以上的空间给出了证明。1983 年,美国数学家弗里德曼将证明又向前推动了一步。在唐纳森(Donaldson)工作的基础上,他证出了四维空间中的庞加莱猜想,并因此获得 1986 年的菲尔兹奖。

拓扑学的方法研究三维庞加莱猜想没有进展,有人开始想到了其他的工具。瑟斯顿就是其中之一。他引入了几何结构的方法对三维流形进行切割,并因此获得了 1983 年的菲尔兹奖。

数学家格里戈里·佩雷尔曼在花了 8 年时间研究这个足有一个世纪的古

老数学难题后,将3份关键论文的手稿在2002年11月和2003年7月之间,粘贴到一家专门刊登数学和物理论文的网站上,并用电邮通知了几位数学家。声称证明了庞加莱猜想。到2005年10月,数位专家宣布验证了该证明,达成了一致的赞成意见。

说到格里戈里·佩雷尔曼,绝对是一个传奇式的人物。他出生于1966年6月13日,他的天分使他很早就开始专攻高等数学和物理。16岁时,他以优异的成绩在1982年举行的国际数学奥林匹克竞赛中摘得金牌。当时他得到了有史以来的最高分——满分42分。此外,他还是一名天才的小提琴家,桌球打得也不错。

从圣彼得堡大学获得博士学位后,佩雷尔曼一直在俄罗斯科学院圣彼得堡斯捷克洛夫数学研究所工作。佩雷尔曼于1993年到美国做访问学者。在美期间他解决了多个数学难题,其中包括著名的"灵魂猜想"。其成就引起美国数学界的关注:加州大学伯克利分校、斯坦福大学、麻省理工学院、普林斯顿大学等一批著名学府高薪聘请他任教,但都被他谢绝了。一年后,他回到斯捷克洛夫数学研究所工作。据佩雷尔曼的同事阿夫杰伊说:"他虽然性格有点孤僻,但待人友善。无论对朋友还是同事,他都很友好。"之后佩雷尔曼在美国数学界销声匿迹,直到2002年他声称证明了"庞加莱猜想"。

2006年度《科学》杂志十大科学进展,其中"庞加莱猜想"的证明被列为头号科学进展。《科学》杂志说,科学家们在2006年完成了数学史上的一个重要章节,这个"有关三维空间抽象形状"的问题终于被解决。庞加莱猜想属于数学中的拓扑学分支,1904年由法国数学家庞加莱提出,即如果一个封闭空间中所有的封闭曲线都可以收缩成一点,那么这个空间一定是圆球。百余年来,数学家们为证明这一猜想付出了艰辛的努力。

2006年8月在西班牙马德里召开的国际数学大会上,国际数学联合会决定将有"数学诺贝尔奖"之称的菲尔兹奖授予佩雷尔曼。然而,面对这巨大的荣誉他却选择了拒绝。他也成为了历史上第一个拒绝领取菲尔兹奖的数学家,同时他也拒领"千禧年数学大奖"的100万美元的奖金。

评论:美国数学家说,不修边幅的佩雷尔曼"友善而害羞,对一切物质财富不感兴趣",他"似乎不是生活在这个世界的人"。纽约州立大学数学家迈克尔·安德森说:"佩雷尔曼来过了,解决了问题,其他的一切对于他都是肤浅的。"

20. 希尔伯特

希尔伯特

1. 哥廷根学派

希尔伯特(Hilbert,1862—1943)出生于东普鲁士哥尼斯堡(苏联加里宁格勒)附近的韦劳,中学时代他就是一名勤奋好学的学生,对于科学特别是数学表现出浓厚的兴趣,善于灵活和深刻地掌握以致能应用老师讲课的内容。1880年,他不顾父亲让他学法律的意愿,进入哥尼斯堡大学攻读数学,并于1884年获得博士学位,后留校取得讲师资格和升任副教授。1892年结婚。1893年他被任命为正教授。1895年转入哥廷根大学任教授,此后一直在数学之乡哥廷根生活和工作。他于1930年退休。在此期间,他成为柏林科学院通讯院士,并曾获得施泰纳奖、罗巴契夫斯基奖和波约伊奖。

1895年是希尔伯特此生关键的一年,他来到德国的数学重镇哥廷根,自从希尔伯特来到哥廷根担任教授之后,哥廷根的数学实力引起世界数学界的瞩目。希尔伯特所开创的数学讨论班吸引了世界范围的数学家。对数学的深刻理解、高水准的授课内容、严谨的讲课方式使他成为一个真正的数学教育家。在他讲课时,授课大厅常聚集好几百人,有的甚至坐在窗台上。

20 世纪的著名数学家和物理学家,如维纳(Wiener)、冯诺依曼(John von Neumann)、玻尔(Born)、玻恩(Bohr)等人,都数度聆听过他的教导。哥廷根成为全德,乃至全欧洲、全世界仰慕的数学朝圣之地,无可争议的世界数学中心。在当时,全世界几乎所有数学专业的学生,都心怀着一个梦想"打起背包,到哥廷根去!",因为那里有希尔伯特。

在哥廷根,希尔伯特整整工作和生活了 48 年。他的不变量理论、代数数域理论、积分方程、引力论张量理论、积分方程变分法、华林问题、特征值问题、希尔伯特空间等,无论哪个课题都称得上是对数学的开创性贡献。

其中仅以他的名字命名的理论、概念和方法,诸如希尔伯特空间、希尔伯特模形式、希尔伯特环、希尔伯特变换、希尔伯特定理、希尔伯特程序等就有 40 个之多。

评论:历史上有很多数学家成就高于希尔伯特,但影响力却没有超过他,一个重要的原因就是他不仅仅是数学家,更是教育家。他靠自己的魅力影响了下一代的数学家。"他就像一个穿着杂色衣服的风笛手,引诱着一大群老鼠跟他走进数学的海洋。"

2. 希尔伯特的 23 个问题

希尔伯特是一位名副其实的数学大师,有人将他称为"数学界最后一位全才",他看待数学的眼光也是相当深刻的。

在 1900 年巴黎国际数学家代表大会上,希尔伯特发表了题为《数学问题》的著名讲演。希尔伯特的这份讲演稿长达 40 页,他根据 19 世纪的数学成果和未来发展的趋势,提出了新世纪数学家应该努力解决的 23 个问题。这 23 个问题通称希尔伯特问题,后来成为许多数学家力图攻克的难关,对现代数学的研究和发展产生了深刻的影响,并起到了积极的推动作用,希尔伯特问题中有些现已得到圆满解决,有些至今仍未解决。

希尔伯特的这次历史性演讲,激发了世界数学界的无比想象力,更是对数学界的一个极大的鞭策与鼓励。人们普遍认为,一个数学工作者只要能解决希尔伯特巴黎演讲中 23 个问题的任何一个,都是对数学科学的一个重大贡献。随着问题的解决,必将推动 20 世纪数学的发展。可以说,希尔伯特领导的数学学派是 19 世纪末 20 世纪初数学界的一面旗帜,他被称为"数学界的无冕之王"。

正如希尔伯特的好友,著名数学家闵可夫斯基(Minkows)所说,希尔伯特的这次演讲"为新世纪数学发展提供了一份导航图"。1950 年,即希尔伯特演讲的半个世纪之后,美国普林斯顿高等研究所的著名数学家,希尔伯特的学生赫尔曼·魏尔(Hermann Weyl)在美国数学学会的一次会议上,总结20世纪前半叶的数学发展史时说:"过去的50年,我们数学家正是按照这张导航图衡量我们进步的。"

评论:有的时候提出一个好的问题比解决一个问题更加重要!

结语:希尔伯特不但发展了大量的思想观念,如不变量理论,公理化几何以及著名的希尔伯特空间,还以数学界的领袖而知名。他在1900年演讲中阐发的相信每个数学问题都可以解决的信念,对于数学工作者是一种巨大的鼓舞。他说:"在我们中间,常常听到这样的呼声:这里有一个数学问题,去找出它的答案!你能通过纯思维找到它,因为在数学中没有不可知。"1930年,在接受哥尼斯堡荣誉市民称号的讲演中,针对一些人信奉的不可知论观点,他再次满怀信心地宣称:"我们必须知道,我们必将知道。"

拓展阅读 16:希尔伯特的 23 个问题

在1900年巴黎国际数学家代表大会上,希尔伯特发表了《数学问题》的著名演讲。他根据过去19世纪数学研究的成果和发展趋势,提出了23个最重要的数学问题。这23个问题现称为"希尔伯特问题"(Hilbert's Problems),对现代数学的研究和发展产生了深刻及指导性的影响。

希尔伯特的23个问题可分为四大类(表1):

第1到第6问题是数学基础问题;

第7到第12问题是数论问题;

第13到第18问题属于代数和几何问题;

第19到第23问题属于数学分析问题。

表1　希尔伯特的23个问题

编号	问题	推动发展的领域	解决情况
1	连续统假设	公理化集合论	1874年,康托猜测在可数集基数和实数基数之间没有别的基数,即著名的连续统假设。1938年,奥地利数学家哥德尔(Godel)证明连续统假设和ZFS公理系统的无矛盾性。1963年,美国数学家科恩(Choen)证明了连续统假设与ZFS公理彼此独立。因此,连续统假设不能用世人所公认的ZFS公理证明其对或错。

续表1

编号	问题	推动发展的领域	解决情况
2	算术的无矛盾性	数学基础	欧氏几何的无矛盾性可归纳为算术公理的无矛盾性。希尔伯特提出用形式主义的证明论方法加以解决。但1931年哥德尔的"不完备定理"加以否定。1936年根茨（Gentaen）用超限归纳法证明了算术公理的无矛盾性。而数学的兼容性问题至今未解决。
3	两等高、底的四面体体积相等问题	几何基础	1900年，由希尔伯特的学生德恩（Dehn）解决。
4	两点以直线为最短距离问题	几何基础	此问题过于一般。1973年，苏联数学家波格列洛夫（Pogleov）宣布，在对称情形下，问题获得解决。
5	不给所定义群的函数作可微性假设的李氏概念	拓扑群论	这个问题简称连续群的解析性，即是否每一个局部欧氏群都一定是李群？经过一段漫长的时期后，于1952年由格利森（Griess）、蒙哥马利（Montgomery）及齐宾（Zippin）共同解决，答案是肯定的。
6	物理学的公理化	数学物理	希尔伯特建议用数学的公理化方法推演出全部物理。1933年，柯尔莫哥洛夫（Kolmogorov）将概率论公理化。在量子力学、热力学等方面，公理化已获很大成功。但是，物理学是否能全盘公理化，这工作至今没有完成。
7	某些数的无理性与超越性	超越数论	问题要求证明：若 α 是代数数，β 是无理数的代数数，则 α 的 β 次方一定是超越数或至少是个无理数。1934年，苏联数学家盖尔方特（Gelfard）和德国数学家施奈德各自独立地解决了这一问题。1966年后，又被英国数学家贝克（Baker）等人大大地推广和发展。
8	质数分布问题	数论	这问题包括黎曼猜想、哥德巴赫猜想及李生质数猜想。一般情形下的黎曼猜想仍然是个猜想。而后两个问题亦还未得到最终解决，中国数学家陈景润在后两个问题上取得领先地位。

编号	问题	推动发展的领域	解决情况
9	任意数域中的最一般的互反律的证明	类域论	该问题已由德国数学家阿廷(Artin)于1927年解决,类域论至今仍在蓬勃发展。
10	丢番图方程的可解性判别	不定分析	求出一个整系数方程的整数根,称为丢番图方程可解。希尔伯特问:是否能用有限步构成的一般算法判断一个丢番图方程的可解?1970年,苏联数学家马蒂塞维奇(Mattisevich)在美国数学家戴维斯(Davis)、普特南(Putnam)、罗宾逊(Robinson)工作的基础上证明了希尔伯特所期望的一般算法不能实现。
11	系数为任意代数数的二次型	二次型理论	德国数学家哈塞(Hasse)和西格尔(Siegel)分别在20世纪20年代和30年代获得重要结果。20世纪60年代,法国数学家丰伊(A. Weil)取得了新的重要进展。
12	阿贝尔域上克罗内克定理推广到任意代数有理域上	复乘法理论	这问题只有些零碎的结果,离解决还有很长一段距离。
13	用两个变量解一般的七次方程的不可能性	方程论和实函数理论	七次方程 $x^7+ax^3+bx^2+cx+1=0$ 的根依赖于三个参数 $a,b,c;x=(a,b,c)$ 是否能用两个变量的函数表示出来?1957年,苏联数学家阿诺尔德(Arnold)解决了连续情形。1964年,他的同胞维土斯金(Vituskin)又推广到连续可微情形。如要求是解析函数,则问题仍未解决。
14	证明某类完全函数系的有限性	代数不变量理论	1958年,日本数学家水田雅直给出了反例,证明了存在群 Γ,其不变式所构成的环不具有有限个数基。

续表1

编号	问题	推动发展的领域	解决情况
15	舒伯特(Schubert)计数演算的严格基础	代数几何学	一个典型问题是:在三维空间中有四条直线,问有几条直线和这四条直线都相交?舒伯特给出了直观解法。希尔伯特则将问题一般化,并要求给以严格基础。经过许多数学家的努力,舒伯特演算基础的纯代数处理已有可能,但舒伯特演算的合理性仍待解决。
16	代数曲线和代数曲面的拓扑	曲线和曲面的拓扑学及常微方程定性理论	这问题分两部分。第一部分涉及代数曲线含有封闭分枝曲线的最大个数;第二部分涉及常微分方程 $dy/dx=Y/X$ 的极限环的最大数目和相对位置,其中 X,Y 是 x,y 的 n 次多项式。苏联数学家彼得罗夫斯基堪称 $n=2$ 的极限环不超过三个。1979 年,中国数学家史松龄和王明淑分别给出了四个极限环的反例。
17	半正定形式的平方和表示	域论	一个实数 n 元多项式对一切数组都恒大于或等于零,是否能写成平方和的形式?1927 年,已由阿廷解决。
18	由全等多面体构造空间	结晶体群理论	问题由两部分组成。第一部分欧氏空间仅有有限个不同类的带基本区域的运动群;第二部分包括是否存在不是运动群的基本区域但经适当毗连可充满全空间的多面体?第一部分已由德国数学家比伯巴赫(Bieberbach)做出肯定的回答。第二部分,德国数学家莱因哈特(Reinhart)做出部分解决。
19	正则变分问题的解是否一定解析	椭圆型微分方程理论	这问题在下述意义下已获解决:1904 年,苏联数学家伯恩斯坦(Bernstein)证明了一个两个变元的、解析的非线性椭圆型方程,其解必定是解析的。这个结果,后来又被伯恩斯坦和彼得罗夫斯基等推广到多变元和椭圆组情形。
20	一般边值问题	椭圆型微分方程理论	偏微分方程边值问题的研究正处于方兴未艾,蓬勃发展的阶段。

编号	问题	推动发展的领域	解决情况
21	具有给定单值群的线性微分方程的存在性证明	线性常微分方程大范围理论	此问题在 1905 年希尔伯特、1957 年勒尔(Rohrl)及 1970 年比利时数学家德林的工作中,已得到解决。
22	由自守函数构成的解析函数单值化	黎曼曲面理论	一个变量的情形已于 1907 年由德国数学家克伯解决。其他方面尚未解决。
23	变分方法的进一步发展	变分法	希尔伯特本人和其他数学家都做出了重要的贡献。20 世纪变分法已有很大的进展。

21. 柯尔莫哥洛夫

柯尔莫哥洛夫

1. 只需要一个证明

柯尔莫哥洛夫（Kolmogorov, 1903—1987）是苏联数学家。1903 年 4 月 25 日生于俄罗斯顿巴夫市，父亲是位农艺师，母亲在生他时不幸去世，他由姨母抚养成人。柯尔莫哥洛夫 1920 年进入莫斯科大学学习，入大学前在铁路上当过列车员。

柯尔莫哥洛夫在大学时一开始是一名历史系的学生，那时他在莫斯科大学提交了一篇论文，对中世纪俄罗斯人的生活进行了非常规的统计分析。他发现，政府对村庄的课税往往是整数，而分到每户人家时就成为了分数。因此，他认识到当时税收政策是按村缴纳再摊派到户，并不是按户纳税再由村庄收齐上缴。"孤证不立"，历史教授对他的发现给出了极为严厉的批评，"一个证据是不够的，你至少要找到五个例证"。这件事也坚定了柯尔莫哥洛夫投身数学的决心，因为数学定理只证明一次就够了。

由于柯尔莫哥洛夫聪敏好学，1922 年他只是莫斯科大学数学物理学三年级的学生，就构造了一个几乎处处发散的傅里叶级数而名扬世界。据他自己说，这个级数是他当列车售票员时在火车上想出的。这两个例子对于数学家们来说都是完全出乎意料的,并引起了极大的反响,从而也使他声名鹊起。

1925 年,他师从于著名数学家鲁金,一起从事概率论研究。1929 年研究生毕业,成为莫斯科大学数学研究所研究员。1930 年 6 月到 1931 年 3 月访问哥廷根、慕尼黑及巴黎。1931 年任莫斯科大学教授,1933 年任该校数学力学研究所所长。1935 年获苏联首批博士学位,于 1939 年当选为苏联科学院院士,1966 年当选为苏联教育科学院院士。他还被选为荷兰皇家学会、英国皇家学会、美国国家科学院、法国科学院、罗马尼亚科学院以及其他多个国家科学院的会员或院士,并获得不少国外著名大学的"荣誉博士"称号。

评论:数学和历史学科差异很大,我们不做过多评价,其实不管什么学科,选择适合自己的都是好的。只有在自己擅长的领域才能更快更好的发展,发挥出更大价值。

2. 概率论中的欧几里得

柯尔莫哥洛夫是 20 世纪最有影响力的数学家之一,对开创现代数学的好几个分支都做出了重大贡献。柯尔莫哥洛夫是现代概率论的开拓者之一,让概率论成为现代数学中的一部分,除了早期欧洲的一些数学家的铺垫工作外,正是柯尔莫哥洛夫把概率论建立在了公理化的基础上。

1933 年,柯尔莫哥洛夫的专著《概率论的基础》出版,书中第一次在测度论基础上建立了概率论的严密公理体系,这一光辉成就使他名垂史册。因为这一专著不仅提出了概率论的公理定义,在公理的框架内系统地给出了概率论理论体系。而且给出并证明:相容的有限维概率分布族决定无穷维概率分布的"相容性定理",解决了随机过程的概率分布的存在问题;提出了现代的一般的条件概率和条件期望的概念并导出了他们的基本性质,使马尔可夫过程以及很多关于随机过程的概念得以严格地定义并论证。这就奠定了近代概率论的基础,从而使概率论建立在完全严格的数学基础之上。20 世纪 20 年代,在概率论方面他还做了关于强大数律、重对数律的基本工作。他和辛钦成功地找到了具有相互独立的随机变量的项的级数收敛的必要充分条件。他成功地证明了大数法则的必要充分要件,证明了在项上加上极宽的条件时独立随机变量的重对数法则,得到了在独立同分布项情形下强大数法则的必要充分条件。

柯尔莫哥洛夫还是随机过程论的奠基人之一。20 世纪 30 年代,他建立了马尔可夫过程的两个基本方程,他的卓越论文《概率论的解析方法》为现代马尔可夫随机过程论和揭示概率论与常微分方程及二阶偏微分方程的深刻联系奠定了基础。他还创立了具有可数状态的马尔可夫链理论。他找到了连续的分布函数与它的经验分布函数之差的上确界的极限分布,这个结果是非参数统计中分布函数拟合检验的理论依据,成为统计学的核心之一。

柯尔莫哥洛夫对数学概念的发现极富敏感性,苏联著名数学家亚历山大洛夫(Alexander)说:"数学天才有敏捷型与稳健迟缓型两种,柯尔莫哥洛夫属于前一种,而希尔伯特则属于后一种。"

柯尔莫哥洛夫一生获得各式各样的大奖。例如,关于随机过程 1941 年的国家级一等奖,1965 年关于经典力学获"列宁奖",1951 年获"切比雪夫奖",1986 年获"罗巴切夫斯基奖",1963 年获"苏维埃劳动英雄"称号,1983 年获"十月革命勋章",1940 年获"红旗勋章",1944—1975 年获 7 枚"列宁勋章",1963 年获"金星奖章"等。

评论:柯尔莫哥洛夫淡泊名利,他的兴趣只在数学科学上,对奖章从不放在心上,从未在别人面前炫耀过自己的头衔或成就。对于奖金更是无动于衷,悉数捐给了学校图书馆。这种淡泊名利的品质,正是知识分子做人、做学问的楷模。

3. 优秀的教育家

柯尔莫哥洛夫不但是杰出的数学家,而且是优秀的教育家,他指导过 60 多名博士和副博士。他认为在大学的数学教育中,好的教师应该是:

(1)讲课高明,比如能用其他科学领域的例子来吸引学生;

(2)以清晰的解释和宽广的数学知识来吸引学生;

(3)善于做个别指导,清楚每个学生的能力,在其能力范围内安排学习内容,使学生增强信心。

柯尔莫哥洛夫非常关心和重视基础教育,并亲自领导了中学数学教科书的编写工作。他培养了许多优秀的数学家,如盖尔方特、马尔采夫(Malcev)、格涅坚科(Gnedenko)、阿诺尔德(Arnold)等。柯尔莫哥洛夫胸襟开阔,他总是具有把青年人吸引到他研究工作中去的魅力,并形成以他为首的学派。

柯尔莫哥洛夫从 20 世纪 30 年代起就做全苏中学生奥林匹克数学竞赛的总教练,他对这种竞赛有正确的指导思想。他强调指出,数学奥赛的意义在于发现数学天才,继而对他们进行深造,把他们培养成数学家,而不像体育上的奥林匹克运动会那样,目标仅仅是拿金牌。应当对参加数学奥林匹克竞赛的学生进行全面的数学教育,让他们对数学概念具有深刻一些的领会,而不是仅仅训练他们做题术。

1929 年,在一次独木舟旅行中,柯尔莫哥洛夫与数学家帕维尔·亚历山德罗夫(Pavel Sergeevich Aleksandrov)相遇,从此二人也成为了终生的好友。在一封长信中,亚历山德罗夫坦率地指责柯尔莫哥洛夫喜欢在火车上与人攀谈,并暗示这种交际太肤浅,并不能真实地了解一个人。而柯尔莫哥洛夫表示了反对,他以一种激进的概率论视角来看待社会交际。在这样的交际互动中,交际的对象是更大群体的统计样本。"人会从环境中领悟真谛,并将养成的生活方式与世界观带给周围任何的人,不只是特定的朋友。"柯尔莫哥洛夫在回信中说。

评论:柯尔莫哥洛夫对数学竞赛、对教育教学、对人际交往的各种看法、观点,对现在从事教育行业的人也是一个启发。

结语:1963 年召开的一次概率统计国际会议上,美国统计学家沃尔夫维茨说:"我来苏联的一个特别目的是确定柯尔莫哥洛夫到底是一个人呢,还是一个研究机构。"最后引用同为沃尔夫数学奖获得者、著名数学家伊藤清的话来作为结尾:"柯尔莫哥洛夫在数学的几乎所有领域中都提出了独创性的思想,导入了崭新而强有力的方法,他的成就是无比光辉而影响深远的……"

参考文献

[1] 李学数. 数学和数学家的故事(1-8 册)[M]. 上海:上海科学技术出版社,2015.

[2] 李心灿. 微积分的创立者及其先驱[M]. 北京:航空工业出版社,1991.

[3] 蔡天新. 数学的故事[M]. 北京:中信出版社,2018.

[4] 徐品方,徐伟. 古算诗题探源[M]. 北京:科学出版社,2015.

[5] 李长明. 灿烂星光:古今数学二十杰传奇[M]. 武汉:湖北教育出版社,2010.

[6] 王树禾. 数学百家[M]. 北京:国防工业出版社,2006.

[7] [美]威廉·邓纳姆. 天才引导的历程[M]. 北京:机械工业出版社,1994.

[8] 张友余. 二十世纪中国数学史料研究(第一辑)[M]. 哈尔滨:哈尔滨工业大学出版社,2016.

[9] 袁传宽. 中国现代数学的开山鼻祖冯祖荀[J]. 人物,2007(12):31.

[10] 张奠宙,袁向东,冯祖荀. 中国科学技术专家传略. 理学编:数学卷1[M]. 石家庄:河北教育出版社,1996.

[11] 江泽涵先生纪念文集编委会. 数学泰斗世代宗师[M]. 北京:北京大学出版社,1998.

[12] 程民德. 中国现代数学家传(第四卷). 南京:江苏教育出版,2000.

[13] 姚梓芳. 澄海黄任初教授墓碑[M]. 黄任初先生文钞. 广州:中山大学出版组,1949.

[14] 李新魁. 博学鸿才的黄际遇先生[J]. 韩山师专学报,1993(4):110-111.

[15] 梁秋实. 记黄际遇先生. 传记文学(台湾),31(4):63-64;《雅舍杂文》. 上海:上海人民出版社,1993.

[16] 胡明复博士纪念号[J]. 科学,1928,13(6):729-851.

[17] 张祖贵. 中国第一位现代数学博士胡明复[J]. 中国科技史料,1991,12(3):46-53.

[18] 杨铨,赵元任. 胡明复墓铭[J]. 科学,1930,14:853.

[19] 张维. 熊庆来传[M]. 昆明:云南教育出版社,1992.

[20] 刘重熙. 中国科学社第 22 届昆明年会记事[J]. 科学,1940,24(12),898.

211

[21] 任南衡,张友余.中国数学会史料[M].南京:江苏教育出版社,1995.

[22] 清华大学应用数学系编.杨武之先生纪念文集[M].北京:清华大学出版社,1998.

[23] 张友余.回忆杨武之——陈省身教授访谈录[J].科学,1997,49(1):47.

[24] 张奠宙,杨武之.中国现代科学家传记(第三集)[M].北京:科学出版社,1992.

[25] 徐利治.徐利治访谈录[M].长沙:湖南教育出版社,2009.

[26] 张奠宙,张友余,喻纬.数学老人话沧桑——苏步青教授访谈录[J].科学,1993,45(5):52.

[27] 苏步青.理想·学习·生活[M].北京:人民教育出版社,1985.

[28] 苏步青.苏步青文选[M].杭州:浙江科学技术出版社,1991.

[29] 叶永烈.中国科学明星[M].石家庄:河北人民出版社,1982.

[30] 王元.华罗庚[M].北京:开明出版社,1994.

[31] 清华大学校史编写组.清华大学校史稿[M].北京:中华书局,1981.

[32] 陈省身.在中国数学会六十周年年会开幕式上的讲话[J].中国数学会通讯,1995(2):6-7.

[33] 吴文俊,葛墨林.陈省身与中国数学[M].天津:南开大学出版社,2007.

附录1 吴从炘:始终不懈的耕耘

吴从炘

　　他是老一辈"八百壮士"的杰出代表,是我国著名数学家、享受国务院特殊津贴专家、全国优秀教师、全国优秀科技工作者、航空航天部有突出贡献中青年专家。曾获"全国科学大会重大成果奖",又是"文化大革命"后的首批教授。他是哈尔滨工业大学(以下简称"哈工大")数学学科不断发展壮大的领路人和开拓者。在他的带领下,1986年哈工大成为全国第一个没有老一辈数学家带领,也没有办过基础数学专业而取得基础数学博士点的高校。杰出校友李长春在《母校九十华诞感怀》文章中专门提到他。由于在"泛函分析"和"模糊数学"领域具有的卓越成就,他被誉为"分析学三大家"。自1955年来校工作,吴从炘在哈工大辛勤耕耘了65年。这65年,他爱岗敬业、治学严谨、为人师表;这65年,他声名斐然、硕果累累、桃李芬芳。

1.数学兴趣的萌芽

　　谈到吴从炘,人们自然而然地就想到他在数学方面的成绩。但很多人并不知道的是,他在孩童时最喜欢的科目却不是数学,而是地理。由于吴从炘小时候生病只能卧床静养,家里收藏的地图就成了他最好的伙伴。他甚至能根据地形清楚地记得是哪个国家,有什么矿产。也正是这样的爱好促使他在退休后走

213

遍全国各地,用足迹印证童年来自书本的记忆。

吴从炘幼年早慧,两岁左右就识字了,但由于身体多病,常年卧床休养,小学只上了一周;9岁上初中时不会写字,数学也只会加减乘除,刚进初中第一次考试只得了25分,小学、初中总共勉强读了两年。即便是两年的不系统的学习,也使得他在考高中时,从1 300多名报名者中脱颖而出,考入了福建省最著名的中学——省福中(即现在的福州一中)高中部。当年录取人数仅80余人。

从这次考试之后,吴从炘的求学路发生了转折——他逐渐对数学产生了浓厚的兴趣,学习成绩也逐渐提高。由于基础太差,刚上高中的第一学期期末考试,他是班级排名榜中的最后一名。直到第二学年,王杰官老师执教吴从炘所在班数学课后,其独特的教学方法让吴从炘对数学的兴趣大增。特别是一次小考之后,王杰官对吴从炘所提出"其中的一道题,因假设不够完备,而造成出现两种不同结论"的问题,最终肯定了其合理性,这大大鼓舞了吴从炘学习数学的热情、信心和决心,于是他立志报考数学系。

1951年,经华东与东北两大区联合招生考试,吴从炘以第一名的成绩被东北工学院(现东北大学)数学系录取。那时候,从福建到长春的交通远没有现在这么发达,需要坐船,坐卡车,坐火车。吴从炘经过11天长途跋涉才到达东北工学院长春分院。后来院系调整,他到了东北人民大学就读。当时学校有一批高水平的数学老师:徐利治、江泽坚等老一辈数学家。特别是徐利治老师还将班级里学习较好的6个人组织起来,成立了一个课外学习小组,选取《美国数学月刊》上若干论文让他们分头阅读,相互报告并交流心得体会,引导吴从炘他们在大三时就开始学习和讨论相关文献。在学习小组中,吴从炘讲的是一致有界原理,是关于泛函空间的重要理论。也正是这时,吴从炘深深被泛函空间的"奇特"作用所吸引,对他后来选择泛函空间作为研究方向产生了重要影响。这样良好的学术氛围为吴从炘的科研事业奠定了坚实基础。

2. 给校长讲微积分

1955年,吴从炘毕业后来到哈工大数学教研室工作。他从助教做起,最初负责3个小班的习题课、批改作业与答疑。当时学校还不大,只有土木楼、机械楼、电机楼、机工厂等,数、理、化教研室统一由公共教研室领导。1956年,学校根据数学教研室的发展规划,决定派遣吴从炘进修泛函分析。

1956年暑假,正当吴从炘准备回母校深造的时候,一个临时任务找上了他,那就是为时任校长李昌讲授高等数学课,学时为一个暑假,每晚上课4学时。课时多,任务急,没有时间备课,对还没正式走上讲台的吴从炘来说是一个艰巨的挑战。他就做了一个大胆的决定——不写讲稿,借一份笔记,根据笔记和教材做好整个暑期讲课的总体规划,从宏观上设计每次课要讲的内容与章节以及各次课之间如何相互衔接与联系。他利用每次课前的白天时间,从微观上再仔细推敲,吃透所要讲的内容,抓住要点与核心,整理出讲解的脉络,写简明提纲。吴从炘第一次到校长办公室上课时,格外忐忑不安。直到见到校长态度和蔼,还特意坐在硬板凳上听课,非常认真地边听边记边问,课间休息时又主动以轻松话题缓解吴从炘的紧张感,他原本绷紧的神经才松弛下来。给校长讲课对于吴从炘来说无疑是一次难得的经历,而让他更难忘的是老校长学习的劲头。他说:"虽然是假期,老校长十分忙碌,但他都会挤出时间做习题,而且做得非常好。"在他看来,老校长李昌是一名好学生,更是一位好领导。

3. 一步一个脚印走出来的"破格提拔"

在进修期间,吴从炘同时做了两个研究方向,一个方向是老师指定的,一个方向是他自己选择的。进修虽然仅仅两年时间,但吴从炘收获却很大。1958—1962年,他先后发表了12篇论文,并翻译出版了关于"奥尔里奇(W. Orlicz)空间"的第一本专著。1961年,根据学校科研处要求,他将两个方向的研究成果分别整理成文,由哈工大铅印成两个单行本。与此同时,他还承担了繁重的教学任务,先后为数学专业学生开出了"实变函数""泛函分析""线性代数""微分方程"等6门课程,每门课程的教学效果都很好,还支援新建高校的插班生、调干生的教学,得到同学们的一致好评。由于成绩突出,年仅26岁的吴从炘被破格由助教提升为副教授。这是当年全国唯一的一例破格提拔。虽然他是老校长的"小老师",但在评副教授的问题上,李昌对他的要求更加严格,专门派人到吉林大学中科院数学所等单位,找曾在学术交流时听过吴从炘讲课的教授调查了解他们对吴从炘的看法,结果得到了他们的一致认可:"吴从炘在数学上的造诣和教学能力,完全达到了副教授的水平。"经过慎重考虑和上级批准,吴从炘被破格由助教提升为副教授。同年在哈工大报和省日报都刊登了这则新闻。

1972年,"泛函空间"被定义为"见不得人"的"纯理论"。当时吴从炘从数学教研室分配到机械系任教。一方面,他从数学角度对机械学进行思索和探讨;另一方面,他偷偷恢复了对泛函空间的学习与研究。深夜,他站着撰写有关数学联系机械和泛函空间的文稿。后来这些文稿相继被《数学学报》《应用数学学报》发表。1978年7月,黑龙江省人民政府晋升吴从炘为教授。

众所周知,数学有许许多多的分支。每一个分支的建立和发展必须由少数一部分人来开辟战线、建立队伍和带头取得基本结果,这无疑是一条规律。就拿泛函分析来说,吴从炘在不满20岁的时候就开始研究空间理论,在以后的岁月中,他带领着一批师生进行了大量研究,取得了显著的成果,为哈工大在该方面的发展做出了贡献。

可是吴从炘并不满足在泛函分析方面取得的成果,他还把目光盯在世界科学的最前沿。1977年,吴从炘参加会议时见到了著名数学家关肇直。关肇直提道:"模糊数学很值得研究。"就这样,吴从炘开始进军一个新的领域——模糊数学。为此,吴从炘提出前往中国科学院数学研究所跟随关肇直学习模糊数学并获得批准。他住在北京航空学院的学生宿舍,只有桌子可供学习,行李自备。在这里,吴从炘看到了模糊数学第一本国际刊物——国际模糊系统协会(IFSA)官方刊物《模糊集与系统》(1978年创刊号)。那时候的吴从炘根本没有想过将来会向它投稿,更不会想到以后还会在这个刊物上发表50多篇论文。在研究中,他在模糊拓扑线性空间方面提出了一种比国外更为合适的框架,使理论得到进一步的开展。作为一名科学工作者,吴从炘更懂得时间的宝贵,他从来不舍得浪费时间。他成了省图书馆的常客,阅览室里有时就只剩他一个人在"探宝"。白天,他查阅和抄录大量的国内外文献,晚上回到家里继续夜战。夜静更深,千家万户的灯光一盏盏相继熄灭,而从炘家里那跳跃闪动的灯光常常是整夜陪伴着他。那时,他家住在四宿舍的一个阴面房间里,他把台灯放在房间一角的一个柜子上,用报纸遮住光,站在柜子旁边看书或写论文。每天工作到十一二点的状态一直到退休还坚持着。

4. 哈工大的"欧拉"

幼年时的卧床休养严重损坏了吴先生的视力,在55岁时由于高度近视,视网膜脱落,虽经过多次手术后有所恢复,但医生叮嘱且不可用眼过度,否则仍有可能复发再次失明,但吴先生仍坚持于数学科研第一线直到去世。

在"文化大革命"期间,结合自己的专业知识从数学角度对机械学进行思索和探讨,撰写了有关数学联系机械的文稿。另外,在视网膜脱落住院手术期间,坚持不懈地动员主刀医生与他合作开展眼部手术与模糊数学应用领域的研究,并取得了一定的成绩。即使是在退休后,他仍笔耕不辍,退休后写了30多篇文章、出版了6本著作。对于吴从炘来说,退休意味着有了更多的自由时间,又可以捡起孩童时的爱好——到地图上自己熟悉的那些地方去走一走,看一看。他一直有一个心愿,即走访800个前6批全国重点文物保护单位。但绝非一般人的泛泛的到此一游,而是一定要进行研究探查后撰写论文的,并有多篇文章发表于社科期刊。比如,他根据自身的走访经历撰写的《福建省三明与漳州两市前6批全国重点文物保护单位考察报告》发表在《吉林省教育学院学报》上。

在这样的科研精神下,吴从炘在泛函空间、模糊分析、应用数学等领域攻克了一个又一个壁垒,他先后在《中国科学》《科学记录》《科学通报》《数学学报》《泛函分析》《数学分析与应用》《信息科学》等国内外刊物上发表论文近300篇,被 SCI 收录近 200 篇,其中有近百篇刊登于数学学科的顶级学术期刊中;出版《奥尔里奇空间及其应用》《序列空间及其应用》《模糊分析学基础》《模糊测度与模糊积分理论》《有界变差函数及其推广应用》《模糊分析与特殊泛函空间》等专著和译著近 20 部;获得"国家科学大会奖"等国家或部委奖 6 项;多次担任国际学术会议的程序委员会委员、副主席、大会执行主席。他曾访问波兰、匈牙利、日本、美国、新加坡、加拿大、印度等国家和地区,多次参加国际会议,进行合作研究。他历任哈工大数学系主任、数学研究所所长、中国系统工程学会理事、模糊数学与模糊系统专业委员会主任委员、中国数学学会理事、泛函空间理论学组负责人、黑龙江省数学学会理事长等,曾担任国内外多种期刊的编委。

5. 吴先生与人才培养

作为一名教育工作者,吴先生荣获首批"黑龙江省优秀教师",首批"全国优秀教师"称号。他诲人不倦,培养博士 50 余人、硕士 70 余人,他们中有省级领导、大学校长及几十位院长、系主任和学科带头人,可谓桃李满天下。他长期为本科生上基础课,直至 75 岁,对本科生的教学情有独钟。曾多次受邀在全国教学研讨会做教学专题报告,退休后依然如此。比如 2018 年,吴先生在科学出版社出版的《一元微积分基础理论深化与比较》一书入选为"普通高等教育'十三五'规划教材",2019 年以 85 岁的高龄赴北京、南宁、兰州等地专题讲授微积分,为青年教师的培养和能力提高尽心尽力。

吴先生对于学生的关怀不止于具体学业。2015 年,吴先生将所获"李昌奖"的五万元全部捐出,用以奖励数学系在读的优秀学生。此外,为激励各专业学生对数学的学习热情,同年又设立"哈尔滨工业大学从炘奖学金",用于奖励哈工大品学兼优的本科生和科研成果突出的博士生(奖励金额:5 000 元/人)。诗云:"老骥伏枥,志在千里;烈士暮年,壮心不已。"在吴从炘老先生身上,我们看到了什么是"志在千里",什么叫"壮心不已"。

吴先生在他的自传中曾写道:"我算不上一位数学家,没有对数学做过什么贡献,只是愿为数学教育和研究奋斗不息,始终不渝。"他正是用一生来书写对数学教育和研究的热爱与始终不渝的耕耘。吴先生走了,但他的精神永存,指引着一代又一代哈工大数学人肩负国家民族的重任,披荆斩棘,砥砺前行。

附录2　杨克邵

杨克邵

　　杨克邵老师也是一位传奇式的人物:1978 年晋升为副教授 ,并被评为"黑龙江省优秀教师";1980 年再度被评为"黑龙江省高等学校优秀教师";1988 年晋升为教授;1989 年获"黑龙江省优秀教学成果二等奖";1993 年被批准享受国务院颁发的"政府特殊津贴";1997 年获哈尔滨工业大学首届"海王奖",被评为"首批基础教学带头人"(享受博士生导师待遇),并被聘为哈尔滨工业大学第一届本科教学委员会成员;2000 年被哈尔滨工业大学学生评为"我心目中的优秀教师"第一名。著有《高等数学试题精选与答题技巧》《矩阵分析》《微积分典型题题典》等。

　　遗憾的是 2005 年在作者留校任教的时候,他已经退休,因此作者只能用他在 2018 年哈尔滨工业大学首届教学节上的一段讲话作为对他的纪念。

按照专业要求来上课,重视教师对学生的影响

杨克邵

　　我今天的发言 ,先从校训开始。大家都知道我们的校训是"规格

严格,功夫到家"。那么哈工大的规格是什么呢？当然它是系统工程,它应该体现到各个教学环节之中。

那么,高等数学这门课,其规格是什么？教育部对工科院校的高等数学课程规定了教学内容和教学要求,它是不是就是我们的规格呢？我认为不是。我们国家这么大,学生的素质不一样,培养的方向不一样,不可能都用同一个教学大纲。我的体会,它是最低要求。

1959年,我第一次上大课,我们学校由民转军。成立了航天学院,成立了无线电专业。无线电这个专业对数学的要求比一般专业高一些。后来对计算数学讲过课,按理科微积分来讲。1977年刚刚恢复高考,就有一批学生进到哈工大,其中最小的16岁,最大的30多岁。他们的学习热情非常高。这回学生来了,他们的学习热情高,就刺激了我,对77级高等数学的课,我决定用理科数学讲课。学生积极,专业又有这样的要求,于是就有了这样的结果。讲完之后,1980年考研究生,我们班,一大半都考上了研究生,才二年级的时候就考上了,其中,数学最好的学生考取了清华大学的研究生,派出国了。

2009年,我早都退休了。这些学生三十年后回到母校,三十年后再相聚,出了一本书,回忆在哈工大的生活。其中有一篇文章题目是《疯狂的数学》,文章中说进校后有一位老师给他们讲理科数学,什么ε,σ这样的理科数学,学生也疯狂,有一名疯狂的老师,有一群饿疯了的"狼",拿着汉英词典背单词,拿着"吉米多维奇"的习题做数学习题。

我想,在我们哈工大,有成人教育学院,有英才学院,他们的要求不同,我们不能用同一个标准教高等数学。所以,后来我就写了两套教材:一种偏理的,计算机学院、航天学院、实验(英才)学院选择偏理的高等数学;另一种偏工的,面向其他专业。

总而言之,应该按专业要求来上课,这是我个人的体会。

另外一点,蔡惟铮老师提了我们学校,评定了基础教学带头人,这次组织了教学节。教学节是不是我校的独创,我不知道,但这表明我校很重视教学。

教学是一项基本活动,应该从教和学两方面考虑。只有老师的积极性,其效果不会很完美,要调动学生的积极性。

高等数学,是一年级的课。学生从中学到大学,他不适应。往往高等数学的第一节课,讲数学中最难的部分——极限,学生就蒙了。因此,在我的高等数学第一节课,不讲这一部分,而是讲学习法:怎样预习,怎样听课,怎样做课堂笔记,怎么复习,怎么做题,怎么答疑,一堂课之后做一个小结,学生反映很好。

2009 年学生返校后,其中有两名学生,一个是新加坡南洋理工大学教授,一个是美国大学的数学教授,他们一定要到我家去感谢我,表示在大学的数学课上受益不小。

教和学是两方面,教师对学生的影响是非常重要的。

我讲一个故事。

1995 年,我们学校设立"海王奖",第一次颁奖我去领奖,在领奖会上我的旁边坐了一位老师。他问我:"杨老师认识我么?"我说:"不认识。"他说:"我是您学生啊,我叫周玉啊。"(笑声)现在是我们的校长,院士。

我在哈工大已经六十一年了,有苦有乐,我看到自己培养的学生在各条战线上为国家建设做贡献,我感到很欣慰,我想抱着这个心情走完我最后的人生历程。

评语:我无以言表,我无法表达自己的心情,但所有这些我们都会记在心里。(齐晶瑶①)

---

① 2018 年任哈尔滨工业大学教务处处长。

附录3　刘锐

1. 初识名师

2005 年,在我即将留校当老师前,按学校要求,需要有一个试讲。说的简单点,就是学校及学院要看下这个人能否将来成为一个合格的大学教师。试讲是半小时,顺利完成之后很快到了提问环节,当时有哪些老师在场,时至今日多数早已不记得了,唯一让我记忆深刻的是让我"挂黑板"的一位老先生,他就是刘锐。

还记得当时他先是善意地笑了笑,然后转头便问了个非常尖锐的问题,揪住我忽略的小细节,打了我一个措手不及。虽然憋了一会我也算给出了回答,但现在回想起来,确实也是没有切中要害。一场试讲下来之后,让我惊出了一身的冷汗,也第一次领略到了哈工大"规格严格,功夫到家"的校训精神。下来之后我第一件事就是向别人请教了这位老先生的大名,才知道到他就是哈工大讲授微积分被大家公认最牛的老师。虽然他给了我一个下马威,但我内心还是不自觉的对他产生了一种敬意。

而令我没想到的是,几天后我又一次见到了他。学院把我分到了分析教研室,教研室主任指定我去听课的老教师就是刘锐老师。说实话,第二次见他,心里还是有点打怵的。由于试讲的阴影还在,感觉在他面前,自己的理论知识显得那么不扎实,仿佛一眼就能让他看透一样。但和他聊了几句后,他那和蔼可掬的笑容就打消了我的顾虑。而且他还非常的健谈,交谈之后我才知道我们算是吉林大学的校友,轻松的气氛很快拉近了我和他的关系,我蓦然感觉他就像一个慈祥的父亲一样,完全没有了试讲时候的严肃。后来我才知道,刘锐老师带过的新教师非常多,我只是其中普普通通的一员,他可能并不在意这种"师生之谊",但"拜师"的种子却在我心底慢慢发芽,在我心底永远把他当成父亲一样的人,哪怕后来他退休,我还是会像以前一样过年打个电话拜年,他回到哈尔滨我也会请他吃饭聊聊天。

2. 名师风采

2005 年 9 月,我开始了一年跟随他听课的历程。说实话,第一堂听课下来,我就被这位老先生镇住了。游刃有余自不必说,怎么可以做到完全不带教案,进教室门一根粉笔举起来就是一堂课,粉笔放下来课就结束了?我在听课的同时一直在思考这个问题。我也是十几年求学生涯见过不少好老师的,好像没有谁能这样"玩"的吧?转念又一想,许是第一堂课内容简单,不需要带教案,以后就不好说了。

然而当第二堂课、第三堂课依然重复着第一堂课的情形时,我才终于对"烂熟于心"这个词有了新的理解和认识。当时我还天真地认为可能老先生几十年都是一套教案,没有任何的改变。但当若干年后教研室另外两位老师也拿出他们听刘锐老师课的课堂笔记时,我们才惊奇地发现居然每年他讲课的内容和习题都是不完全相同的,甚至还会有比较明显的差别。当时我们几人对视一眼,没有说话,但都从对方的眼中看出了相同的叹服,仿佛老先生上课笑吟吟的模样又出现在了我们的眼前。

现在留校的很多老师,因为学校考核压力,非升即走等因素,压得他们不愿意把过多时间花在听老教师上课这件事情上。而且不少年轻老师可能认为微积分的内容,我们当年在大学数学分析中都学过,虽然时间久了难免会遗忘部分内容,但想来也不难捡起来,这也就给了自己不去听课的借口。我当时没有想那么多,只是觉得每堂课都收获满满,不自觉就坚持了一年,时至今日我回想起来仍觉得那一年的听课经历影响了我整个的教学生涯。我也是以他为标杆,才慢慢评上了校教学名师、省教学名师。可以说没有当时那一年潜移默化的影响,就没有今天我教学的感悟和体会。不少人也去听过刘锐老先生的课,但一次听课却只能学到皮毛,一年的坚持才能不断地反思和领悟到教学的真谛。

第一点是心中对学生要有爱。有些老师上课会抱怨学生不听话,抱怨学生不懂事,抱怨学生……而老先生不会,他把学生当成自己的孩子一样宽容,对待学生一些不正确的做法时,他会非常有技巧地用开玩笑的方式去描述,让你觉得他讲的时候是在说其他人,但当他讲完你会心一笑的时候,会发现"埋汰"的居然是自己。于是在笑声中你已经认识到了自己的错误,这种如沐春风式的批评方式,让我至今都觉得是教育方法的"最高境界"。我想能做到不生气、不烦躁,这一切都必须源于爱,因为爱就会去包容,爱就会去原谅,爱就会去引导。

第二点是对自身的要求高。现在有些老师上课喜欢用PPT,不怎么备课,上课照着念。一堂课下来没有问题,可能老师觉得省了时间,但其实学期结束评教,学生并不认可。其实照本宣科学生之所以不喜欢,原因是老师不是在讲课。所谓"讲课",要讲的是对知识点的理解,帮助学生尽快掌握知识,而不是通过"念书",强化一遍学生的记忆。因此对自己要求高的老师,必须将知识完全融会贯通,烂熟于心,才能做到游刃有余。如果带了教案或者PPT,思维反而会受到形式的限制,像刘锐老师一样,思维信马由缰,却又符合学生学习的习惯。知识点在哪,思维就在哪,课堂变得灵动了起来,学生也不会觉得枯燥和乏味。这种自由的讲课方式,实际对教师的要求是非常高的,没有充足的课前准备,一切只能是空谈。

记得刘锐老师生前一次聊天谈到教学时,笑吟吟的模样忽然变的严肃,他说:"做老师啊,业务一定要过硬。"十多年过去了,这句话我却一直记忆到现在。虽然可能他当时就是不经意的一句感慨,我却把这句话当作鞭策自己的信条。如果老师业务不过硬,又怎么对得起自己的良心;如果老师业务不过硬,怎么去面对你的学生;如果老师业务不过硬,怎么对得起老师这个职业。

3. 传帮带

我留哈工大任教后,完整地听过刘锐老师一年的课,之后两三年又有三四位老师也同样坚持了下来。我们当时的听课笔记现在已经成为了新教师必备的"工具书"。如今新来的老师已经没有机会再聆听老先生的课堂,但老先生的上课教案我们已经传了下来,也将继续传递下去。

刘锐老师退休之后也没有闲着,又在威海校区继续上课,5 年之内在威海又带起来一批老师,哈工大一校三区教学的融合实际上数学做的最好,而这其中居功至伟的就是刘锐老先生。后来由于身体不好,刘锐老师回到哈尔滨,病中我还去看望过他几次,依然是那么健谈,依然是笑吟吟的慈祥模样,宛如第一次见到他的样子。那个时候他还在编写教材,散发最后的光芒。后来病重也没让家人告诉我们,我想他是想把最好的一面留在我们心中。

刘老师过世后我才知道,原来比我大十岁的很多老师,我也很佩服的、学生非常认可的哈工大数学中流砥柱的很多老师,其实也是听过刘锐老先生的课才站上讲台的。可以毫不夸张地说,哈工大的微积分没有他就没有现在的模样。而哈工大传帮带的传统,到我们这一代显然挑战更大,不仅要传承,更要创新。我想只有这样才能无愧于学生;只有这样,才能无愧于自己;也只有这样,才能无愧于哈工大"规格严格,功夫到家"的校训精神。

结语:仅以此文,悼念我的老师——刘锐!

——尹逊波,于 2022 年 12 月 29 日

附录4　李冬松

李冬松

2020 年 9 月 22 日,一条讣告在哈工大校内信息网上发布,李冬松老师永远的离开了我们,57 岁的年龄让人唏嘘。我作为教研室主任,既为失去了一位好的师长感叹,也为他曾经教授过的学生惋惜!

还记得当时讣告发布不久,就有他曾经教过的学生在网上看到这个信息,虽然远在北京工作也打电话找到了我,要对他的家人表示慰问。也许那个学生只是李老师曾经教过的班级里普普通通的一个,但在工作之后仍然记得自己大学的一位非本专业的数学老师,那一定是这位老师曾深深地影响了他。我想这才是数学课真正的力量。那种学生感恩的情感,必然也是支撑所有哈工大热爱教学的老师前行的动力和源泉。

我认识李冬松老师是在 2005 年教研室老师的一次聚餐中,爽朗的笑容,风趣的谈吐,让我一下子就在二十多个人中记住了这位我吉林大学的校友。他年龄比我大十几岁,关键是性格非常好,没有架子,大家开他玩笑,他也不生气,还能讲各种段子把大家逗得哈哈大笑。当时我就想,这么风趣幽默的人讲课也一定不会差。

果然,之后慢慢开始更加深入地了解李老师,更多的是从学生对他的反馈,学生评比的"我心目中的优秀教师""2018 年哈尔滨工业大学教学突出贡献奖""第十二届教学优秀奖一等奖"等荣誉。在微积分这个教学团队中,他这些荣誉虽然不是最多的,但也绝对属于出类拔萃的。如果说他不够优秀,我只能说原因是微积分教学团队实在是太过亮眼,以至于像他这么优秀的老师都没那么显眼。但这依然不影响学生对他的评价和认可,我想能让学生毕业还记得的老师那都是学生心目中一辈子的好老师。

我和李冬松老师的关系可以说是亦师亦友。2005 年留校之后,虽然主要是听刘锐老师的课,但教研室这些老教师的课堂我都去学习过。他们每个人都有自己的风格,都有自己的特点。李老师的课堂自不必说,平时的健谈必然也与他表达能力的突出不无关系,而平时的幽默自然也一定会在课堂中随时闪光。我听他课最大的收获就是"如何在课堂上幽默地表达数学的概念"。数学本身是枯燥的,我们的语言却可以改变数学的枯燥,而要想使数学发光,就要发挥语言的魅力。接地气的语言也许是学生最适应也是最喜欢的。

除了语言方面对我的影响之外,课堂教学的很多问题,我也总向他请教。我后来想,可能是因为李老师和蔼没有架子的原因,我向他请教的次数比别的老师更多些。比如课堂上手机响了怎么办?学生迟到怎么办?有些学生坐后面不听讲怎么办等等,各种"疑难杂症"。李老师总有一套理论能说的你心悦诚服,我也在他的帮助下不断成长起来。现在还能记得当时下课我们总是坐一趟车从二校区回一校区,那个时候别人都比较累了不太愿意说话,他却侃侃而谈,一上午四节课的课堂教学丝毫不影响他继续向我们年轻教师传授经验的热情。那美好的景象我想一直会留存在我的记忆中。

正是有这样一批兢兢业业的教师,才有了哈工大数学的今天。李老师可能在大师云集的哈工大并不突出,但在学生的心目中,他就是真正的大师,他就是数学微积分课堂上那颗最耀眼的明星!

结语:仅以此文,悼念我的良师益友——李冬松!

——尹逊波,于 2022 年 12 月 29 日